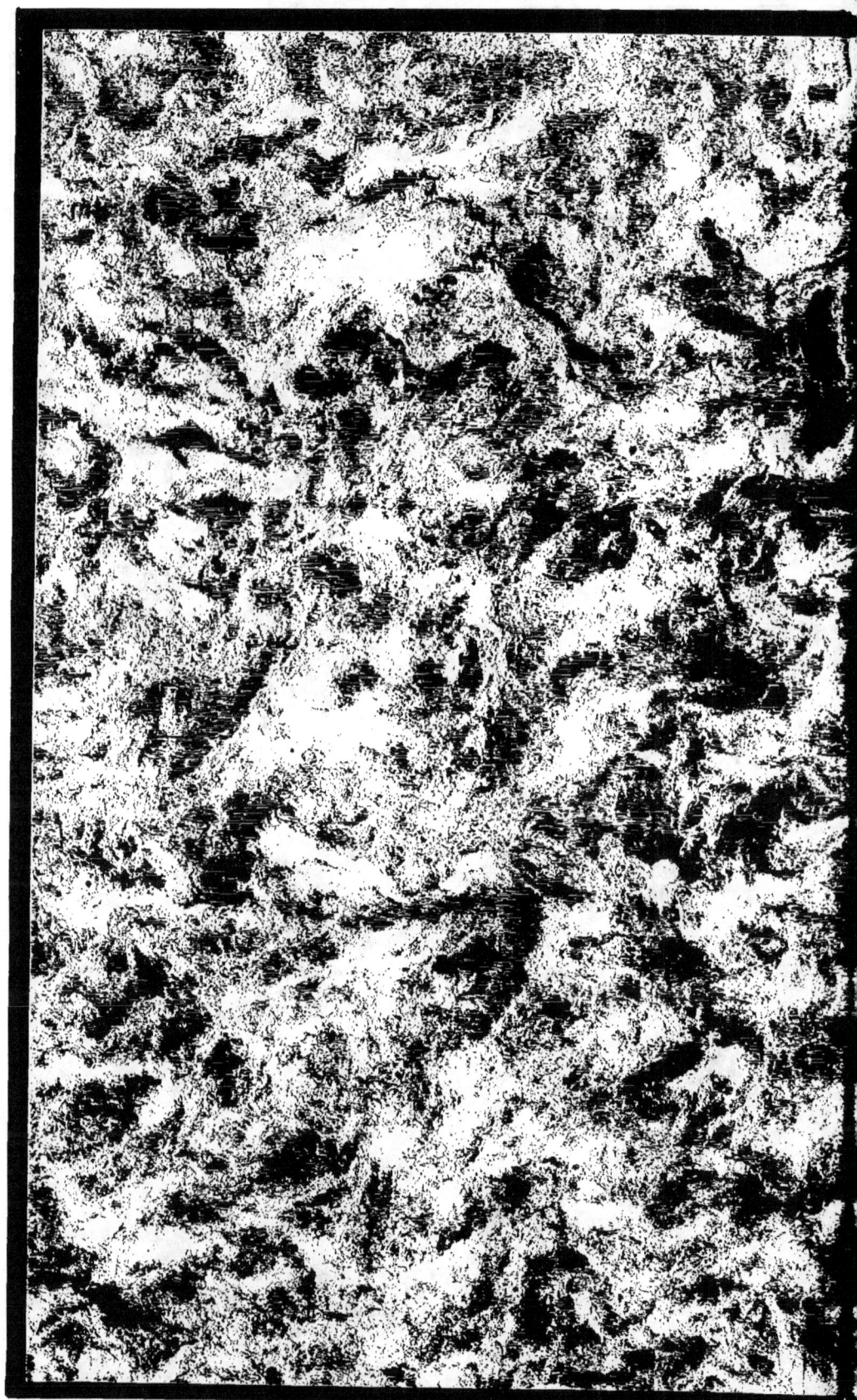

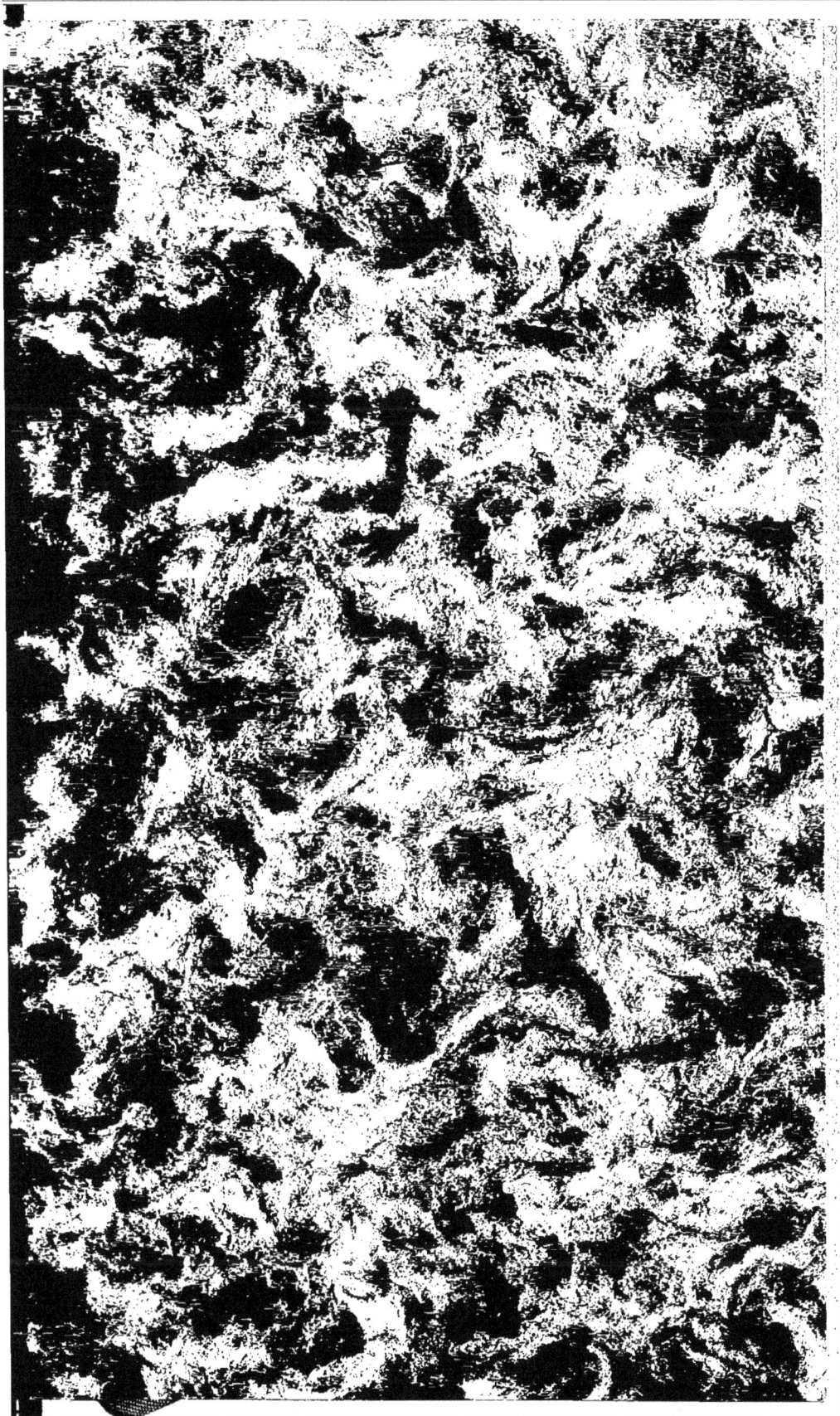

766

VILLE DE BELFORT

CATALOGUE

DE LA

BIBLIOTHÈQUE MUNICIPALE

VILLE DE BELFORT

CATALOGUE

DE LA

BIBLIOTHÈQUE MUNICIPALE

PUBLIÉ SOUS LA DIRECTION

DU COMITÉ DE LA SOCIÉTÉ BELFORTAINE
D'ÉMULATION

BELFORT

TYPOGRAPHIE ET LITHOGRAPHIE J. SPITZMULLER

1887

CATALOGUE

——————— ❊<❋>❊ ———————

HISTOIRE, GÉOGRAPHIE, VOYAGES

1. **De rebus publicis hanseaticis,** auct. Joh. Ang. VERDER-
HAGEN, avec portr. et front. — Lugduni Batavorum, apud
Joan. Maire, 1637. 4 vol. in-32, parch.

2. **Rhetia,** auct. SPRECHERI, av. front. — Lugduni Batavorum.
ex off. Elzeviriana, 1633. 1 vol. in-32, parch.

3. **De Republicâ Venetorum,** auct. Casparis CONTARENI, av.
front. — Lugduni Batavorum, ex off. Elzeviriana, 1627,
1 vol. in-32, parch.

4. **Suecia sive Suecorum Regis** Henrici SOTERI, av. front.
— Lugduni Batavorum, ex off. Elzeviriana, 1631, 1 vol.
in-32, parch.

5. **De Regno Daniæ et Norvegiæ** a Stephano JOANO, avec
front. — Lugduni Batavorum, ex off. Elzeviriana, 1629,
1 vol. in-32, parch.

6. **De Leodiensi republicâ,** auct. Valerio ANDRÆA, av. front.
— Amstelodamum, apud J. Janssonium, 1633, 1 vol. in-32.
parch.

7. **Respublica Scotiæ et Hyberniæ,** auct. BUCHANI, avec
front. — Lugduni Batavorum, ex off. Elzeviriana, 1627,
1 vol. in-32, parch.

8. **De Constantinopoleos topographia,** auct. Peter GYLLIUS,
av. front. — Lugdini Batavorum, ex off. Elzeviriana, 1632,
1 vol. in-32, parch.

9. **De Republicâ Hebræorum** Petri CUNEI, av. front. —
Amstelodami, apud Joan. Janssenium, 1666. 2 vol. in-32,
parch.

10. **Respublica Hungariæ et Statu Regni,** av. front. —
Lugduni Batavorum, ex off. Elzeviriana, 1634. 1 vol.
in-32, parch.

11. **Belgii confederati respublica,** av. front. — Lugduni
Batavorum, ex off. Elzeviriana, 1630. 1 vol. in-32, parch.

12. **Hispania sive de Regis Hispaniæ regnis,** auct. Joan. de LAET, avec front. — Lugduni Batavorum, ex off. Elzeviriana, 1629, 1 vol. in-32, parch.

13. **Portugallia sive de Regis Portugalliæ regnis,** av. front. — Lugduni Batavorum, ex. off. Elzeviriana, 1641, 1 vol. in-32, parch.

14. **Persiæ sive Regni Persici Status C. aliquot inconibus incolarum,** av. front. et grav. — Lugduni Batavorum, ex off. Elzeviriana, 2ᵉ édition, 1646, 1 vol. in-32, parch.

15. **Respublica Bojema** a Paulo STRANSKI, av. front. — Lugduni Batavorum, ex off. Elzeviriana, 1633, 1 vol. in-32, parch.

16. **Grœcorum Respublica** a Ubbone EMMIO, av. front. — Lugduni Batavorum, ex off. Elzeviriana, 1632, 1 vol. in-32, parch.

17. **Africæ descriptio Leonis Africani,** av. front. — Lugduni Batavorum, ex off. Elzeviriana, 1632, 1 vol. in-32, parch.

18. **Respublica et Status imperii Romano germanici,** av. front. — Lugduni Batavorum, ex. off. Elzeviriana, 1630, 1 vol. in-32, parch.

19. **Respublica Lutzenburgensis, Hannovriæ et Namuriensis** a Joan. BERTHELIO. — Amsterdami, apud Guiljelmum Blaeu, 1635, 1 vol. in-32, parch.

20. **Sabaudiæ respublica** Lamberti van der BURCHII, av. front. — Lugduni Batavorum, ex off. Elzeviriana, 1634, 1 vol. in-32, parch.

21. **Respublica romano** a Domenico FLOCCO, av. front. — Lugduni Batavorum, ex off. Elzeviriana, 1629, 1 vol. in-12, parch.

22. **Regni Chinensis** ex variis auctoribus, av. front. — Lugduni Batavorum, ex off. Elzeviriana, 1639, 1 vol. in-32, parch.

23. **Monarchia hebræorum** a Adriano HOUTTUYN, av. front. — Lugduni Batavorum apud Felicem Lopez, 1685, 1 vol. in-32, parch.

24. **Respublica Venetorum** Donati JANNOTII, av. front. et fig. — Lugduni Batavorum, ex off. Elzeviriana, 1632, 1 vol. in-32, parch.

25. **Valezia et Alpium descriptio** Jos. SIMLERI, av. front. — Lugduni Batavorum, ex off. Elzeviriana, 1637, 1 vol. in-32, parch.

26. **De Principatibus italiæ** tractatus VARY, av. front. — Lugduni Batavorum, ex. off. Elzeviriana, 1628, 1 vol. in-32, parch.

27. **Respublica Moscoviæ et Urbes,** av. front. — Lugduni
 Batavorum, apud Joan. Mairc, 1630, 1 vol. in-32, rel. parch.

28. **Respublica Hollandiæ et Urbes** Ugonis Grottius, av.
 front. — Lugduni Batavorum, apud Joan. Maire, 1630,
 1 vol. in-32, rel. parch.

29. **De imperio magni Mogolis sive India vera** variis
 auctoribus, av. front. — Lugduni Batavorum, ex off.
 Elzeviriana, 1631, 1 vol. in-32, rel. parch.

30. **Turcici imperii Status,** auct. J. B. Montalbano, av. front.
 — Lugduni Batavorum, ex off. Elzeviriana, 1634, 1 vol.
 in-32, rel. parch.

31. **Descriptio regni Japoniæ,** auct. Bernardi Varenii, av.
 front. — Amstelodami, apud Lud. Elzevirium, 1649, 1 vol.
 in-32, rel. parch.

32. **De Republicâ Ebræorum,** auct. Bertramus, av. front. —
 Lugduni Batavorum, apud Joan. Maire, 1641, 1 vol. in-32,
 parch.

33. **Historiæ de Gentibus septentrionalibus,** auct. Corn.
 Said. Graphæo. — Anstverpiæ, apud Joan. Bellerum,
 av. fig., 1616, 1 vol. in-18, rel. parch.

34. **J.** Carionis **Mathematici Chronicorum.** — Lugduni, apud
 Antonium Vincentium, 1554, 1 vol. in-18, rel. parch. g.

35. Carionis **Chronicorum ab Orbe.** — Parisis, ex off. Pu-
 teana, 1563, 1 vol. in-18, rel. parch. g.

36. **Compendium belli germanici** ab an. 1617 ad an. 1650,
 av. fig. et front. — Viennæ et Lucernæ, apud Davidis
 Houth, 1657, 1 vol. in-18, rel. parch.

37. **Elenchi motuum nuperorum in Anglia brevis enna-
 ratio,** av. front., a Georg. Bateo. — Amstelodami, 1663.
 1 vol. in-18, cart.

38. **Histoire de la Vie des Papes.** Nouvelle édition. — Lyon,
 chez F. Camba, 1672, 1 vol. in-18, veau.

39. Chr. Besoldi. **Synopsis rerum gestarum,** apud J. Spei-
 delii, 4e édition. — Ingoldstadt, Greg. Hænlin, 1639, 1 vol.
 in-18, rel. parch.

40. **Principum et illustrium Virorum epistolæ,** av. front. —
 Amstelodami, apud Lud. Elzevirum, 1644, 1 vol. in-18,
 rel. par.

41. Horatii Tursellini, **Epitome historiarum.** — Coloniæ
 agrippinæ, apud Bern. Guâlterim, 1621, 1 vol. in-18, rel.
 parch.

42. Horatii Tursellini, **Epitome historiarum.** — Edit. recens,
 Lugduni, apud Antonium Molin, 1661, 1 vol. in-18, veau.

43. **Testament politique,** de Louvois. — Cologne, chez le
 Politique, 1695, 1 vol. in-18, cart.

44. **Historia auxilia,** auct. Anselmo Delfing, texte allemand.
av. fig. — Regensburg, apud Hieronimo Lentzen, 1734,
1 vol. in-18, cart.

45. **Harangues des historiens latins et grecs,** av. front., tome
1er. — Lyon, J. Girin et Barthelemy Rivière. 1669. 1 vol.
in-12, veau.

46. **Histoire des différents entre les Jésuites missionnaires
et les Dominicains.** — 1692, 1 vol. in-18. veau.

47. **Recueil des actions mémorables de Philippe II.** Trad.
de l'espagnol. — Cologne, chez Pierre Marteau. 1671,
1 vol. in-18, rel. parch.

48. **Histoire du ministère du cardinal Mazarin,** par Gualdo
Priorato, incomplet. — A Amsterdam, chez H. et Th.
Boom, 1671, 1 vol. in-18, rel. parch.

49. Leo Hollandicus, all., **Guerre contre les Français,** grav.
— Freyburgensis, apud Amad. Frieleben. 1679. 5 vol.
in-12, rel. parch.

50. **Mémoires du duc de Guise,** par un homme de grande
qualité. — Cologne. par Pierre de la Place, 1668. 1 vol.
in-18, parch.

51. **Courte histoire universelle de géographie,** par Defing.
texte allem. — Regensburg. bei Joan. Gastl, 1746, 1 vol.
in-18. veau.

52. Même ouvrage. — Augsburg et Grætz, bei Martin Veith,
1736. 1 vol. in-18. veau.

53. **Histoire des Croisades,** par Maimbourg, 4 diff. édit. —
Paris, chez Mabre-Cramoisi. 1676-1681. veau. 4 vol.
in-18.

54. **Histoire de l'Hérésie des Iconoclastes,** par Maimbourg,
2e édit. — Paris. chez Mabre-Cramoisi. 1679. veau. 2 vol.
in-18.

55. **Histoire chronologique des Conciles généraux,** par
J.-B. Truillot. — Lyon. chez Pierre Thened. 1697. veau,
1 vol. in-12.

56. **Mémoires du Duc de Navailles et Lavallette.** —
Amsterdam. chez J. Malherbe, 1702, veau. 1 vol. in-18.

57. **Le Mercure hollandais,** par Louvet, avec une carte. —
Lyon, chez Et. Baritel. 1673. veau, 1 vol. in-12.

58. **Histoire du Luthérianisme,** par Maimbourg. — Paris.
chez Mabre-Cramoizi, 1680. veau. 2 vol. in-18.

59. **Histoire du Royaume de Siam en 1688,** par Marcel
Leblanc. — Lyon, chez Horace Molin. 1692. veau. 2 vol.
in-12.

60. **Chronique de l'Evêché de Constance,** par Merck (texte allem.). —, Constance, typographie Ordin, 1627, 1 vol. in-18, parch.

61. **Histoire de l'Arianisme,** par Maimbourg (manque le 1er vol.). — Paris, chez Mabre-Cramoisy, 1678, 5e édit., veau, 2 vol. in-18.

62. **Florus gallicus,** auct. P. Berthault, av. front. (2 exempl. dans la même reliure). — Paris, chez Claudius Thibeast, sans date, 1 vol. in-18, veau.

63. **Epistolæ Japonicæ.** — Louanii, ap. Rutgerum Velpirem, 1570, parch. 1 vol. in-12.

64. **Histoire de Charles XII,** par Voltaire, 6 édit. — Bâle, chez Christophe Revis, 1732, veau, 2 vol. in-12.

65. **Epitome annalium Trevirensium** Jacob Masenium. — Trèves, chez Ch. Wilh. Reuland, 1676, veau, 1 vol. in-12.

66. **Duces Boiariæ,** auct. Brunner (grav.). — Monachii apud Cornel. Leysserii, 1637, parch., 1 vol. in 12.

67. **Vita sancti Benedicti** (texte grec et latin). — Ingoldstadt, apud Adam Sartorii, 1602, parch. 1 vol. in-12.

68. **Le Siége de Vienne par les Turcs,** par un officier autrichien (texte allem.). — Ulm, Matheus Vagner, 1683, avec portraits, cart., 1 vol. in-12.

69. **Historiæ miscellæ a Paulo aquilegiensi collectæ a H. Canisius.** — Ingoldstadt, apud Andream Angermarium, 1603, parch., 1 vol. in-12.

70. **Histoire mémorable des grands et merveilleux jugements de Dieu,** par J. Chassanion. — Heidelberg, chez Jean Le Preux, 1586, parch., 1 vol. in-12.

71. **Rudimenta historica et geographica** (latin-allem.). — Augsbourg, apud Mathias et Joseph Wolff (édit. diverses), 1729-1729-1739-1755, avec cartes, veau, 5 vol. in-12.

72. **Courte Chronique de nos temps,** par d'Isselt et Gasp. Ulenberger (texte allem.). — Cologne, chez G. Calenium et J. Quentels, 1686, parch., 1 vol., in-12.

73 **Tabulæ chronologicæ,** auct. Pantaleone Candido. — Argentinæ, apud Josias Rihelius, 1697, parch., 1 vol. in-18.

74. **Courte introduction à l'étude des médailles** (texte allem.), Oliv. Legipontio. — Vurtzbourg, chez Ph. Wilh. Fückert, 1747, cart., 1 vol. in-12.

75. **Rerum memorabilium libri,** auct. Pancirollo, trad. latin, a H. Salmuth. — Ambergæ, typis Forsterianis, parch. gauf., 1599, 1 vol. in-12.

76. **Pauli Jovii historiæ sui temporis.** — Basilium, 1567, parch. gauf., 3 vol. in-12.

77. **Historiæ Philippi Comminæi** a Nicol. Hæniger. — Basileæ, apud Seb. Henricpetri, 1574, parch. gauf., 1 vol. in-12.

78. **Osorii de rebus Emmanuelis.** — Coloniæ Agrippinæ, apud Birckmannum, 1674, parch. gauf., 1 vol. in-12.

79. **Jarrici Thesaurus rerum judicarum** (front.). — Coloniæ Agrippinæ, apud Petrum Henning, 1615, parch. gauf., 3 vol. in-12.

80. **Antiquités et Recherches sur les Villes de France,** par André Duchesne. 2ᵉ édit. — Paris, chez Jean Petitpas, 1614, parch., 1 vol. in-12.

81. **Generalis temporum notio,** auct. Petro Ludoc. Danes. — Styriæ, typ. Jahniana, 1738. cart.. 1 vol. in-12.

82. **Inventaire général de l'Histoire de France,** de Jean de Serres. — St-Gervais, chez Paul Marceau, 1606, parch., 2 vol. in-12.

83. **Annalium virtutis et fortunatæ Boiorum,** auct. Brunner, av. front. — Monachii, apud Hertsroyanos heredes et Corn. Leysserianum, 1626, parch.. 1 vol. in-12.

84. **Collegia historica,** auct. Ignatio Schwartz. — Weissenburg. apud Johan. André, 1737, veau. 9 vol. in-12.

85. **Abrégé de l'Histoire de l'Eglise,** par un ecclésiastique. — Lyon, chez J.-B. Barbier. 1694, veau. 4 vol. in-12.

86. **Histoire d'Elisabeth d'Angleterre,** par Leti. trad. de l'italien. — Sans titre, veau, 2 vol. in-12.

87. **Histoire des Conciles,** par Hermant. — Rouen, chez J.-B. Besongne. 1704, veau, 4 vol. in-12.

88. **Histoire du Calvinisme,** par Maimbourg. — Paris, chez Mabre-Cramoisy, 1684, veau. 2 vol. in-18.

89. **Conjuration de Rienzi,** par Du Cerceau. — Paris, chez Vve Etienne, 1733, veau. 1 v. in-12.

90. **Histoire universelle** de Bossuet, manque le 1ᵉʳ volume. — Amsterdam, Etienne Roger, 1714, veau, 1 vol. in-12.

91. **Vita sancti Francisci Xavierii** a Bouhours, trad. en latin par P. Python. — Monachii, apud J.-J. Remy, 1712, veau, 1 vol. in-12.

92. **De ruinis gentium et regnorum,** auct. Bozio Eugubino. — Coloniæ. apud Joan. Gymnicum, 1598, parch. gauf., 1 vol. in-12.

93. **Histoire romaine,** par Rollin, nouv. édit. — Paris, chez les Frères Etienne, 1758, veau, 16 vol. in-12,

94. **Histoire ancienne,** par ROLLIN, nouv. édit. — Paris, chez Vve Etienne, 1736, veau, 12 vol. in-12.

95. **Histoire du Bas-Empire,** par LE BEAU, (manquent les 1er et 2e volumes). — Paris, Desaint et Saillant, 1759, veau, 10 vol. in-12.

96. **Abrégé chronologique de l'Histoire sacrée et profane,** par Ph. LABBÉ. — Paris, à la Société des Libraires du Palais, 1661, veau, 5 vol. in-12.

97. **Histoire du Schisme des Grecs,** par MAIMBOURG. — Paris, Mabre-Cramoisy, 1680, veau, 2 vol. in-12.

98. **Eléments d'Histoire de l'Angleterre,** par MILLOT. — Paris, E.-G. Durand, 1769, veau, 3 vol. in-12.

99. **Histoire des troubles de France sous Henri III et Henri IV.** — Rouen chez Claude Le Vilain, 1603, veau, 1 vol. in-12.

Suivi (en même reliure) de : **Véritable Histoire des Guerres entre les Maison de France et d'Espagne.** — Paris, chez Claude Le Vilain, 1603.

100. **Discours sur l'Histoire ecclésiastique,** par FLEURY. nouv. édit. — Paris, chez J.-C. Hérissant. 1772, veau, 1 vol. in-12.

101. **Justifications des discours sur l'histoire ecclésiastique.** — Nancy, chez J. Nicolai, 1737, veau, 2 vol. in-12.

102. **Histoire sainte,** par le P. GAUDRUCHE, 15e édit. — Paris, chez Nicolas Le Gras, 1700, veau, 4 vol. in-12.

103. **Histoire des Templiers et Hospitaliers.** — Paris, chez Lottin, 1725, veau, 2 vol. in-12.

104. **Histoire sainte de la ville de Chatillon,** par le Pr GRAND. — Autun, chez Bl. Jeannot, 1651, veau, 1 vol. in-12.

105. **Mémoires sur la Chine,** par LE COMTE. — Paris, chez Jean Anisson, 1697, veau, 2 vol. in-12.

106. **Histoire des Croisades contre les Albigeois,** par LANGLOIS. — Paris, J. Guilletat, 1703, veau, 1 vol. in-12.

107. **Journal encyclopédique pour l'année 1769.** (3e vol.) — A Bouillon, chez Weissenbruck, veau, 1 vol. in-12.

108. **Histoire de la nouvelle France,** par CHARLEVOIX, 4e, 5e et 6e vol. — Paris, chez Rollin fils, 1744, veau, 3 vol. in-12.

109. **Eléments d'histoire générale,** par MILLOT. — Paris, chez Prault, 1773, veau, 7 vol. in-12.

110. **Histoire de la République de Venise,** par l'abbé LAUGIER. — Paris, chez Duchesne, 1759-68, veau, 12 vol. in-12.

111. **Histoire d'Angleterre,** de Smolett, trad. de l'anglais par Targe. — Orléans, chez L. Rouzeau-Montaut, 1759-64, veau, 18 vol. in-12.

112. **Histoire moderne pour servir de suite à l'Histoire ancienne,** de Rollin. — Paris, chez Desaint et Saillant, 1754 à 1760, veau. 8 vol. in-12.

113. **Histoire de la Réformation de la Suisse,** par Ruchat. — Genève, chez Michel Bousquet, 1728, veau, 6 vol. in-12.

114. **Histoire des Helvétiens,** par d'Alt. — Fribourg (Suisse), chez J. N. Hault, 1749. veau. 10 vol. in-12.

115. **Series romanorum pontificum,** auct. Kolbs. — Augustæ Vindelicorum, apud M. Veith, 1739, veau gauf., 1 vol. in-4.

116. **Series romanorum imperatorum,** auct. Kolbs. — Augustæ Vindelicorum, G. Schlüter et M. Happach, 1728, 3e édit., veau gauf.. 1 vol. in-4.

117. **Histoire ecclésiastique,** par Fleury. — Manquent les 1er, 2e, 3e et 36e vol. — Paris. libraires réunis, 1750 à 1771, veau, 37 vol. in-4.

118. **Histoire du Hohenbourg ou du mont Sainte-Odile,** par Allebrecht (allem.). — Schlestadt. chez J. J. Langenbacher. 1751, veau, 1 vol. in-4.

119. **Vie de saint Athanase,** par Hermant. — Paris, chez Pierre Aubouin, 1671, veau. 2 vol. in-4.

120. **Vie de saint Bazile et de saint Grégoire de Naziance,** par Hermant. — Paris, chez Jean Du Puis. 1674, veau, 2 vol. in-4.

121. **Histoire dogmatique de la Religion,** par Sommier. — Paris. chez J.-L. Bouchard, 1708, veau, 2 vol. in-4.

122. Même ouvrage et même éditeur. — 2 vol. in-4.

123. **Histoire générale des auteurs sacrés,** par Remy Cellier. — Paris. chez Barois, 1729 à 1763, veau, 23 vol. in-4.

124. **Abrégé de l'histoire ecclésiastique,** par l'abbé Racine. — Cologne. librairie de la Compagnie, 1767. veau, 13 vol. in-4.

125. **Histoire du Concile de Pise,** par Lenfant. — Amsterdam, par Pierre Humbert. 1724, veau, 2 vol. in-4. rel. ensemble, manquent les portraits.

126. **Histoire du Nestorianisme,** par L. Doucin. — Paris, chez G. de Luyne et J. Guignard. 1698, veau, 1 vol. in-4.

127. **Histoire des révolutions arrivées en Europe en matière de religion,** par Varillas. — Paris, chez Cl. Barbin, 1686, veau, 6 vol. in-4.

128. **Histoire du Concile de Trente,** par Soave Polano, trad. en franç. par J. Diodati. — Sans nom de ville ni d'édit., 1627, parch., 1 vol. in-4.

129. **Mémoires historiques sur les missions des Indes orientales,** par Norbert. — Lucques, J. et J. D. Marescandol, 1744, parch., 2 vol. in-4.

130. **Histoire de l'Hérésie de ce Siècle,** par Rœmond. — Rouen, chez Et. Vereuil, 1618, veau, 1 vol. in-4.

131. **Epitome annalium ecclesiasticorum C. Baroni,** a J. G. Bisciola. — Coloniæ agrippinæ, apud A. Hierat, 1602, parch. gauf. avec front., 1 vol. in-4.

132. **F. Guillaumi Habsburgica.** — Medjalani, apud Pandulphi et Tulii Malætestæ, 1605, parch., 1 vol. in-4.

133. **Histoire de saint Grégoire,** par de Sainte-Marthe. — Rouen, chez Vve L. Behourt et G. Behourt, 1697, veau, 1 vol. in-4.

134. **Histoire de la Guerre des Hussites et du Concile de Bâle,** par J. Lenfant. — Utrecht, chez C. G. Lefèbvre, 1731, veau, 2 vol. in-4, même reliure.

135. **Alexandri historia ecclesiastica,** ed. nova, a J. D. Mansi. — Venetiis, a sumptibus socretatis, 1771, veau, 18 vol. in-4, reliés deux par deux.

136. **Histoire du Concile de Constance,** par J. Lenfant. — Amsterdam, chez Pierre Humbert, 1714, veau, 1 volume in-4.

137. **Histoire de Charles VIII,** par Varillas. — Paris, chez Claude Barbin, 1691, veau, 1 vol. in-4.

138. **Histoire du Concile de Trente,** par Sarpi, traduit de l'italien par Courayer. — Bâle, chez J. Brandmuller et fils, 1738, veau, 1 vol. in-4.

139. **Annales des Frères mineurs,** trad. par Sylv. Castel. — Tolose, chez G.-L. Colomiez et J. Posüel, 1680, 8 vol. in-4, veau, en 4 reliures.

140. **Mémoires du Prince de Montécuculli,** trad. allem. avec plans et portraits. — Leipzig, à la Librairie des Chasseurs, 1773, veau, 1 vol. in-4.

141. **Histoire de la Constitution Unigenitus,** par Lafiteau. — Florence, chez J. Mamis, 1737, pour le premier vol., et Avignon, chez Fort, Labaye, 1738, pour le second, 2 vol. in-4, reliés en 1 vol., veau.

142. **Chiffletii 'Vesontio civitas imperialis,** avec gravures. —
Ludgduni, apud Claudum Cayne, 1617, veau, 1 vol. in-4.
Visontini, pars altera, 1618, dans la même reliure.

143. **Histoire des Guerres civiles de France,** par Davila,
trad. par Baudoin. — Paris, chez Pierre Rouelat, **1657,**
veau, av. front., 2 vol. in-4.

144. **Britania,** auct. Camden. — Londini, apud Georges Bishop,
1600, parch. 1 vol. in-4.

145. **Limnæi notitia regni Franciæ,** avec front. — Argentorati, apud Fred. Spoor, 1655, parch., 2 vol. in-4.

146. **De Christianis apud Japonicos triumphis,** auct. Nicoleo
Trigantio. — Monachii, sans indic. d'édit, 1622, parch.,
1 vol. in-4, avec gravures.

— **Vita Matris Theresæ Carmelitarum,** auct. Francisco
Ribera, trad. en latin par Martinez. — Coloniæ agrippinæ, apud Kinckum, 1620, parch.

— **De l'Amérique et du Nouveau-Monde,** trad. du franç.
en all. — Augsbourg, chez Sara Mangin, 1620.

— **Mort glorieuse au Japon des Missionnaires,** par Pierre
Gomez, trad. en all. — Mayence, chez Antonio Stoheckern, 1629.

— **Relation des croyances chrétiennes au Japon,** par
Vitellescum. — Mayence, chez Antonio Stoheckern,
1628, av. front.

Ces cinq ouvrages sous la même reliure.

147. **Histoire critique du vieux Testament,** par Simon. —
Paris, sans indication d'édit., 1681, parch., 1 vol. i-4.

148. **Doudini historia de rebus gestis in Galia** ab Alex.
Franesio, av. front. — Parmæ et Placentiæ, 1675, parch.,
1 vol. in-4.

149. **Chronique d'Alsace et de Strasbourg de Jacob de
Kœnigshoven,** par Jos. Schiltero, av. front. — Strasbourg, chez Jos. Stœdel, 1698, texte all., parch., 1 vol.
in-4.

150. **Lexicon historique,** par Nehring, latin-all. — Gotha,
chez Jacob Mevius, 1736, parch., 1 vol. in-4.

151. **Histoire de Mahomet et des Turcs,** par Schustern, all.
— Franckfort, chez J. B. Schœnvettern, 1669, cart., 1 vol.
in-4.

152. **Lexique historique des Héros et Héroïnes,** par Gauben,
allem. — Leipzig, chez Fréd. Gleditsch, 1716, cart. 1 vol.
in-4.

153. **Anima historiarum de Carolo V et de Ferdinando I** a J. MASENNIO. — Coloniæ agrippinæ, apud J. W. Friessem, veau, 1 vol. in-4.

154. **Chronique du règne de Ferdinand,** par BOUER, allem. — Augsbourg, chez Stayner, avec grav. sur bois, 1543, parch., 1 vol. in-fol.

155. **Les vingt-quatre Harpes d'Or,** trad. en allem. par J. NIDER. — Strasbourg, chez Martin Schott, 1493, avec majusc. illustrées et arabesques, cart., 1 vol. in-fol.

156. **Histoire et description des Pays-Bas,** par MANNEVEL, allem., avec portraits, manque le titre. — 1598, parch., 1 vol. in-fol.

157. **Romanorum antiquatum liber** a Rosino BARTHOLOMÆO. — Basiliæ, ex off. Heredium Petri Pernæ, 1583, veau, 1 vol. in-fol., avec grav.

158. **Germaniæ antiqua** a Ph. CLUVERIS adjunctæ VENDELIA et NORICUM. — Lugduni Batavorum, apud Lud. Elzevirium, parch., 1 vol. in-fol., en 2 parties, avec cartes et gravures.

159. **Histoire ecclésiastique,** par Cornelius HAZARD, allem., avec grav. — Vienne, chez Léon Voigt, 1701, parch., 1 vol. in-fol. en 3 parties.

160. **Chronique bâloise,** par VURTISEN, allem., avec vign. — Bâle, chez Seb. Henricpetrus, 1580, veau, 1 vol. in-fol.

161. **Histoire du Monde d'après la Bible,** par CALIN, allem. — Augsbourg et Grætz, chez Ph. J. Weith et Wolff, 1750, cart., 2 vol. in-fol.

162. **Histoire des Papes depuis saint Pierre jusqu'à Clément XI,** par Antoine FORESTI. — Augsbourg, chez G. Schlüter et M. Happart, 1717, 1 vol. in-fol. cart.

163. **Chronique du règne de Ferdinand II,** par Ph. ABELINUM, allem., avec grav. de Merian. — Franckfort, chez M. Merian, 1633, 1 vol. in-fol., parch.

164. **Chronique des princes d'Autriche,** par Gérard de Roo, allem. — Augsbourg, chez Joan Schultes, 1621, gravures interc., parch., 1 vol. in-fol.

165. **Annales de la Suisse,** par M. STETLER. — Berne, 1627, parch., 1 vol. in-fol.

166. **Histoire de l'Empire sous Ferdinand II,** par Nicolas BELLUN, allem., avec cartes et grav. — Franckfort, chez Theob. Schœnwetter, 1626, veau, 1 vol. in-fol.

167. **Histoire du Règne de Charlès V,** de SLEIDANI, trad. Michel BEUTER, allem. — Franckfort, chez. G. Raben, S. Feirabon et Hauen Erben, 1567, parch. gauf., 1 vol. in-fol.

168. **Chronicon Alsatiæ,** par Bernard HERTZOG, allem. — Strasbourg, chez Bernard Jobin, 1592, cart., 1 vol. in-fol.

169. **L'Europe bouleversée,** par MULLER et VALKENIER, all., avec grav. — Amsterdam, chez J. Van Someren et H. et D. Boom, 1680, 3 vol. in-fol., veau.

170. **L'Europe bouleversée,** par .Petrus VALKENIER, avec grav., allem. — Amsterdam, chez Jacob von Meurs, von Someren et H. et D. Boom, 1677, 1 vol. in-fol., veau.

171. **Chronique de Bavière,** de Jean AVENTIN, allem.—Franckfort, avec grav., 1566, 1 vol. in-fol., parch.

172. **Histoire catholique du XVIᵉ Siècle,** par de COSTE. — Manque le titre, 1625, avec grav., 1 vol. in-fol., parch.

173. **Portraits des grands Hommes, Rois, etc.,** par BEUTHER, allem., av. grav. — Bâle, Peter Perna, 1582, 1 vol. in-fol., parch.

174. **Corpus germanicæ historiæ** a STRUVIO. — Ienæ, apud Bielckii,1730, veau, 2 vol. in-folio.

175. **Annales Suevici Crusii.** — Franckfort, apud Bassæum, 1595, veau, 1 vol. in-folio.

176. **Historiæ ecclesiasticæ scriptores græci** a CHRISTOPHORSOXO. — Coloniæ agrippinæ, apud heredes A. Birckmanii, 1681, parch., 1 vol. in-folio.

177. **Opus chronographicum,** auct. OPMERO et LAURENTIO, avec grav. — Antverpiæ, ext. typ. Hierom. Verdussii, 1611, cart., 1 vol. in-folio.

178. **Histoire romaine,** par COEFFETEAU. — Paris, chez Sébast. Cramoisy, 1623, veau, 1 vol. in-fol.

179. **Annales ecclesiastici,** auct. BARONIO, avec portrait. — Coloniæ agrippinæ, apud J. Gymnicum et Ant. Hieratum, 1609, veau, 1 vol. in-folio.

180. **Des états, empires du monde,** par T. D. V. S., av. cartes. — Lyon, chez Cl. La Rivière, 1659, veau, 1 vol. in-folio.

181. **Histoire généalogique de la Maison de France,** par les FRÈRES SAINTE-MARTHE. — Paris, chez Seb. Cramoisy, 1647, veau, 2 vol. in-folio.

182. **Histoire de l'Eglise gallicane,** par LONGUEVAL. — Paris, chez Pierre Simon, 1730, veau, 18 vol. in-4.

183. **Histoire de l'église et de la ville de Besançon,** par
   DUNOD. — Besançon, chez C. J. Daclin et J. B. Charmet,
   1750, veau, 2 vol. in-4.

184. **Mémoires pour servir à l'histoire du comte de Bourgogne,** par DUNOD. — Besançon, chez J. B. Charmet,
   1746, veau, 1 vol. in-4.

185. **Histoire de Henri III,** par VARILLAS. — Paris, chez
   Claude Barbin, 1694, veau, 2 vol. in-4.

186. **Histoire de l'Eglise du Japon,** par CRASSET, av. grav. —
   Paris, chez Montalant, 1715, veau, 2 vol. in-4.

187. **Histoire de l'établissement du Christianisme,** par
   BULLET. — Besançon, chez Fantei Cadet, 1764, veau,
   1 vol. in-4.

188. **Histoire des souverains pontifes qui ont régné à
   Avignon,** par un anonyme. — Avignon, chez J. Aubert,
   1774, veau, 1 vol. in-4.

189. **Histoire généalogique des Sires de Salins,** par GUIL-
   LAUME, av. grav. — Besançon, chez J. A. Vieille, 1758,
   veau, 2 vol. in-4.

190. **Histoire d'Espagne,** de FERRERAS, annotée par D'HER-
   MILLY, av. cartes. — Paris, chez Ch. Osmond, J. Clousier
   et L. Et. Ganeau, 1742, veau, 10 vol. in-4.

191. **Histoire du traité de Westphalie,** par le Père BOUGEANT.
   — Paris, chez Musier et Durand neveu, 1767, veau, 3 vol.
   in-4.

192. **Histoire de saint Louis,** par l'abbé de la CHAIZE (anon.),
   tête de chap. ill. — Paris, chez J. B. Coignard, 1688,
   veau. 2 vol. in-4.

193. **Histoire de la Maison royale de France,** par ANSELME.
   — Paris, chez Etienne Loyson, 1674, veau, 2 vol. in-4.

194. **Histoire de Charles VI,** par de CHOISY. — Paris, chez
   J. B. Coignard, 1695, veau, 1 vol. in-4.

195. **Histoire de François Ier,** par VARILLAS, av. tête de chap.
   ill. — Paris, chez Claude Barbin, 1685, veau, 2 vol. in-4.

196. **Histoire de Henri II,** par VARILLAS. — Paris, chez
   Claude Barbin, 1692, veau, 2 vol. in-4.

197. **Histoire de Charles IX,** par VARILLAS. — Paris, chez
   Claude Barbin, 1686, veau, 2 vol. in-4.

198. **Mémoires du Bussy Rabutin.** — Paris, chez Jean Anisson, 1696, veau, 2 vol. in-4.

199. **Historia mediani in monte Vosago monasterii** a VI-TONI et HIDULFI, av. grav. et cartes. — Argentorati, sumptibus J. R. Dulsserckeri, 1714, cart., 1 vol. in-4.

200. **Histoire de Charles V,** par de CHOISY, av. cartes et fig. — Paris, chez Antoine Dezallier, 1689, veau, grav., 1 vol. in-4.

201. **Histoire de France,** par VELLY, VILLARET et GARNIER. — Paris, chez Saillant, Nyon, Desaint, 1770, veau, 15 vol. in-4, manque le 1er vol.

202. **Histoire d'Angleterre,** par RAPIN DE THOYRAS, av. cartes. — La Haye, n. éd., 1749, veau, manque le 2e vol., 16 vol. in-4.

203. **Platinæ historiæ pontificum romanorum,** avec fig. — Coloniæ, apud Bernard Gualtherinium, 1600, cart., 1 vol. in-4.

204. **Histoire du peuple de Dieu,** par BERRUYER. — Paris, chez Knopper, Caillien, Saugrain, etc., 1728, veau, 12 vol. in-4.

205. Supplément à l'**Histoire du peuple de Dieu** ou **Paraphrase des épîtres des Apôtres,** par BERRUYER. — La Haie, chez Neaulin, 1757, 2 vol. in-4, veau.

206. **Critiques qui ont paru sur l'Histoire du peuple de Dieu.** — A Amsterdam, 1753, 1 vol. in-4, veau.

207. **Histoire romaine,** par ROLLIN et CREVIER, av. cartes. — Paris, chez Ve Etienne et fils, Desaint et Saillant, 1752, 8 vol. in-4, veau.

208. **Histoire des empereurs romains,** par CREVIER, av. cartes. — Paris, chez Desaint et Saillant, 1752, 6 vol. in-4, veau.

209. **Annales veteri testamenti** a J. Usserio ARMACHANO. — Londoni, ex off. Flesher et Sadlœr, 1650, 2 vol. in-4, veau.

210. **Inventaire de l'histoire générale des Turcs.** — Manque le titre, 1 vol. in-4, veau.

211. **Histoire universelle,** de D. CALMET. — Strasbourg, chez J. B. Doulssecker, 1735, 17 vol. in-4, veau.

212. **Histoire ancienne,** de ROLLIN, av. cartes. — Paris, chez Ve Etienne, 1740, 6 vol. in-4, veau.

213. **Souvenirs de Numismatique de 1848.** — Paris, chez Rousseau, 1849, 1 vol. in-4, demi-rel.

214. **Histoire de Polybe,** trad. du grec par Vinc. THUILLER, revue par de FOLARD, av. fig. — Paris, chez Ch. Ant. Jombert et chez Gaudouin, 1753, 6 vol. in-4, veau.

215. **Histoire de l'établissement de la Monarchie française dans les Gaules,** par Dubos. — Paris, chez Osmond, Hauser, etc., 1733, 3 vol. in-4, veau.

216. **Curiosités historiques d'Alsace,** par Bartholdi. — Colmar, chez Eugène Barth, 1861-62, av. fig., 2 vol. in-4, demi-rel.

217. **Histoire de Napoléon III,** par Alb. Mansfeld, av. fig. — Paris, 1860, 2 vol. in-4, demi-rel.

218. **Histoire de tous les peuples,** par Gaudeau, 3e édit. — Paris, au Bureau de publication, 1841, 3 vol. in-4, demi-rel.

219. **Strasbourg après le bombardement,** par J. Flach. — Strasbourg, chez G. Fischbach, 1873, 1 vol. in-4, demi-rel.

220. **Histoire de France,** par Théodore Burette, av. fig. — Paris, Benoist, édit., et Lehuby, 1840, 1 vol. in-4, demi-rel.

221. **Dictionnaire des sciences, lettres et arts,** par Boulliet. — Paris, chez L. Hachette, 1861, nouv. édit., 1 vol. in-4, mar.

222. **Dictionnaire d'histoire et de géographie,** par Bouillet. — Paris, chez L. Hachette, 1861, nouv. édit., 1 vol. in-4, mar., 2 exemplaires.

223. **Biographie universelle,** dirigée par Michaud (de Ab à Com). — Paris, chez Thoisner, 1843-44, incomplet, 8 vol. in-4, demi-rel.

224. **Histoire du 42e Régiment,** par un groupe d'officiers, av. introd. de C. Picard. — Montbéliard, chez Barbier, 1875, 1 vol. in-4, demi-rel.

225. **Fastes de la France,** par Mullié, 7e édit. — Paris, chez Bertin, 1858, 3 vol. in-4, demi-rel.

226. **Histoire de Paris,** par Dulaure, nouv. édit. par Batinier. — Paris, chez Furne et Cie, 1846, av. fig., 1 vol. in-4, demi-rel.

227. **Guerres des frontières du Rhin,** par Rustow, trad. par David de Larclause. — Paris, chez Dumaine, 1871, 2 vol. in-4, demi-rel.

228. **L'Alsace,** de Schœpfflin, trad. par Ravenez, av. fig. — Mulhouse, chez F. Perrin, 1851, 4 vol. in-4, demi-rel.

229. **Insurrection du 18 Mars, enquête parlementaire.** — Versailles, chez Cerf et Cie, 1872, 3 vol. in-4, demi-rel.

230. **La Défense nationale, enquête parlementaire.** — Versailles, chez Cerf et Cie, 1872, 1 vol. in-4, demi-rel.

231. **Famiani Stradæ de bello belgico**, avec. fig. — Francfort, chez Joh. Martin Schœnwetter, 1699, 1 vol. in-4, demi-rel.

232. **Dictionnaire historique de la France,** par Ludovic LALANNE. — Paris, chez Hachette et Cie, 1872, demi-rel., 1 vol. in-8.

233. **Relations historiques,** par Sigismond LATOMUS, allem. — Franckfort, 1617, avec cartes et figures, parch., 2 vol. in-4.

234. **Chronique de l'Empire romain,** par GOTTFRIEDEN, avec figures. — Franckfort, chez Mathias Merian, 1629, parch., 2 vol. in-4.

235. **Basilea Sepulta et retæcta,** auct. J. TONJOLAM. — Basileæ, apud Emm. Kœnig et fils, 1661, parch., 1 vol. in-4.

236. **Guillami de rebus Helvetiorum.** — Fribourg, Aventicorum, apud Wilh. Mœss, 1598, parch., 1 vol. in-4.

237. **Histoire de l'Introduction du Catholicisme en Chine,** trad. allem. Nicolas TRIGAUTIUS. — Augsbourg, chez Ant. Hierat, 1617, parch., 1 vol. in-4.

238. **Histoire des Peuples nommés Sevarambes,** par ROBERTS, allem. — Soultzbach, chez Alb. Lichtenhalen, 1689, cart., 1 vol. in-4.

Sous la même reliure et par le même auteur : **Histoire d'un Marchand anglais, esclave en Algérie,** même éditeur.

239. **Recherches historiques sur la Morée,** par BUCHON. — Paris, au Comptoir des Imprimeurs, 1843, demi-reliure, 2 vol. in-8 et un atlas in-fol.

240. **Chronique et Mémoires de l'Histoire de France,** par BUCHON. — Paris, chez Desrez, 1836, demi-rel., 13 vol. in-8.

241. **Chroniques de Froissard,** par BUCHON. — Paris, chez Desrez, 1837, demi-rel., 2 vol. in-8, 1er vol. double.

242. **Histoire d'Italie,** de GUICCIARDINI, par BUCHON. — Paris, chez Desrez, 1836, 1 vol. in-8, demi-reliure.

243. **Histoire de la Décadence de l'Empire romain,** de GIBBON, annotée par BUCHON. — Paris, chez Desrez, 1837, 2 vol. in-8, demi-reliure.

244. **Chroniques étrangères,** par BUCHON. — Paris, 1840, 1 vol. in-8, demi-reliure.

245. **Œuvres complètes de Machiavel,** par BUCHON. — Paris, chez Desrez, 1837, demi-reliure, 2 vol. in-8.

246. **Œuvres complètes de Robertson,** par BUCHON. — Paris, chez Desrez, 1837, demi-reliure, 2 vol. in-8.

247. **Chronologie universelle,** par BRUNTON. — Aix-en-Provence, chez Remondet-Aubin, 1872, brochée, 2 vol. in-4.

248. **Histoire numismatique de la Révolution,** av. planches. — Paris, chez J.-S. Merlin, 1826, demi-rel., 2 vol. in-4.

249. **Histoire du 42ᵉ régiment d'infanterie,** av. une préface du colonel PICARD. — Montbéliard, chez Barbier frères, 1875, 1 vol. in-8, demi-rel.

250. **Appendice à la Campagne de l'Est,** par POULLET. — Charleville, imp. Devin, sans date, in-8 broché.

251. **Etudes critiques sur quelques Papes du moyen âge,** par l'abbé REINHARD. — Paris, chez Bordes frères, 1865, in-8 broché.

252. **Livre de compte de Samuel Méquillet,** par Léon SAHLER. — Mulhouse, chez Vᵉ Bader et Cⁱᵉ, 1881, 1 broch. in-8.

253. **Cavelier de la Salle de Rouen,** par G. GRAVIER. — Paris, chez Maisonneuve et Cⁱᵉ, 1871, in-8 broché.

254. **Entretien d'un jeune prince avec son gouverneur M. G.....l,** 4ᵉ volume. — Paris, chez Moutard, 1785, veau (en 4 vol.), 1 vol in-12.

255. **Histoire de France sous Louis XIV,** par de LARREY, av. fig. — Rotterdam, chez Michel Bohm et Cⁱᵉ, 1738, veau, 9 vol. in-12.

256. **Histoire des empereurs romains,** par CREVIER, av. cartes. — Paris, chez Desaint et Saillant, 1749, veau, 12 vol. in-12, manque le 1ᵉʳ vol.

257. **Extraits des principales histoires de l'Europe,** allem. — Zurich, chez Henri Lindenners, 1701, parch., 1 vol. in-12.

258. **Gualterii Chronicon Chronicorum.** — Francoforti, ex off. Aubriana, 1614, parch., 1 vol. in-12.

259. **Chronologica ecclesiastica-politica.** — Le titre manque, 1613, parch., 1 vol. in-8.

260. **Historia Abyssini regis,** auct. Adamo CONTZEN. — Coloniæ agrip., ex off. Joan Kinckii, 1628, parch., 1 vol. in-8.

261. **Opus variarum historiarum** a QUINTINO. — Basileæ, ap. Barth. Westremerum, 1541, parch. gauf., 1 vol. in-12.

262. **Histoire des variations des Églises protestantes,** par
BOSSUET. — Paris, chez L. Cellor, 1772, veau, 5 vol. in-12.

263. **Histoire romaine,** par ECHARD, nouv. édit., trad. de
l'anglais. — Amsterdam, chez Zacharie Chatelin et fils,
1754, 12 vol. in-12, veau.

264. **Histoire de l'empire,** par HEISS, nouv. édit. — Paris, à
la Compagnie des Libraires, 1731, 10 vol. in-12, veau.

265. **Principes de morale et de droit public,** par MOREAU.
— Paris, à l'imp. royale, 1777, 21 vol. in-8, manque le
13ᵉ vol., veau.

266. **Nouveau dictionnaire historique,** par une SOCIÉTÉ DE
GENS DE LETTRES. — Paris, chez Le Jai, 1772, 6 vol. in-8,
veau.

267. **Histoire de France,** par MÉZERAI. — Paris, typ. des
Ouvriers réunis, 1830, 18 vol. in-8, demi-rel.

268. **Histoire des guerres civiles des Espagnols dans les
Indes,** par Garcillasso de la VEGA. — Paris, typ. des
Ouvriers, 1830, 4 vol. in-8, demi-rel.

269. **Histoire d'Ethiopie,** par don Francisque ALVAREZ, manque
le titre. — Paris, ateliers des Ouvriers réunis, 1830, 1 vol.
in-8, demi-rel.

270. **Histoire des Incas, rois du Pérou,** par don F. ALVAREZ.
— Paris, typ. des Ouvriers réunis, 1830, 3 vol. in-8,
demi-rel.

271. **Histoire de la Colombie,** par LALLEMANT, av. cartes. —
Paris, chez Alexis Eymery, 1826, 1 vol. in-8, demi-rel.

272. **Introduction à l'histoire de l'Europe,** par PUFFENDORFF,
allem. — Franckfort, chez Fred. Knochens, 1705, parch.,
1 vol. in-12.

273. **Ce qu'il y a de remarquable chez l'homme, les animaux, les choses, etc.,** par Odilo SCHREGER. — Hof,
chez Jean Burgerl, 1756, 1 vol. in-12, cart.

274. **Historiarum indicarum libri,** auct. Joan. Petry MAFFEI.
— Lugduni, ap. Lud. Champion, 1687, 1 vol. in-12, veau.

275. **Mémoires concernant l'Institut des Jésuites,** nouv.
édit. — Rennes, chez N.-P. Vatar, 1762, 1 vol. in-12,
broché.

276. **Abrégé de l'histoire d'Alsace,** de SCHŒPFFLIN, par
CHAUFFOUR. — Colmar, chez J.-H. Decker, 1825, 3 vol.
in-12, broché.

277. **Abrégé d'histoire ancienne.** — Paris, chez Delalain,
1828, 1 vol. in-12, broché.

278. **Cahiers d'histoire ancienne,** par BURETTE. — Paris, chez Chamerot. 4 vol. in-12. cart.

279. **Introduction à l'histoire des temps anciens et modernes,** allem., av. cartes. — Fribourg en Brisgau, chez Ant. Wagner. 1774. 1 vol. in-12, cart.

280. **Annales de l'empire depuis Charlemagne,** incomplet, allem. — Bâle, chez J.-H. Decker, 1753, 1 vol. in-12, cart.

281. **Mémoires pour servir à l'histoire ecclésiastique,** nouv. édit. — 1739, 3 vol. in-12, veau.

282. **Brevi breviarum historiæ ecclesiasticæ** a J. L. BERTI. — Augustæ Vendelicorum, off. Matth. Rieger et filiorum, 1775, 2 vol. in-12, veau.

283. **Histoire de Belfort,** par CORREY, av. plans. — Belfort, chez J.-B. Clerc, 1857, 1 vol. in-12, 1 exempl. demi-rel., 1 exempl. cart.

284. **Histoire générale de la Compagnie de Jésus,** nouv. édit. — Amsterdam, par la Compagnie, 1761, 4 vol. in-12, brochés.

285. **Introduction à l'histoire de l'Eglise en France,** par OSTERWALD, allem. — Munich, chez Andreas Luber, 1761, 1 vol. in-12, cart.

286. **Dissertations sur divers sujets de l'histoire de France,** par BULLET. — Besançon, chez C.-A. Charmet, 1759, 1 vol. in-12, broché.

287. **Alstedii Thesaurus chronologiæ.** — Herbornæ Nassiovorum, 1628, 1 vol. in-8, cart.

288. **Vie de Dom Calmet.** — Senones, chez J. Pariset, 1762, 1 vol. in-8, veau.

289. **Etat présent de l'Europe,** par TOZEN, allem. — Butzow et Wismar, chez L. A. Bergern, 1767, 2 vol. in-8, cart.

290. **Abrégé de l'histoire généalogique de la Maison de Lorraine,** par de LIGNIVILLE. — Commercy, chez Henri Thomas, 1 vol. in-8, cart.

291. **Histoire abrégée de la Vie de François de Marmiesse,** par lui-même. — Paris, chez l'auteur, 1828, 2 vol. in-8, brochés.

292. **Histoire de l'Université de Paris,** par Aug. DUBARLE. — Paris, chez Firmin-Didot, 1844, demi-rel., 2 vol. in-8.

293. **Histoire de France,** par J. MIGEON. — Paris, aux Comptoirs des imprimeurs unis, 1826, un exemplaire, demi-rel., 1 vol. in-8, un exempl. broché.

294. **Histoire des Emigrés français,** par Antoine. — Paris, chez Hivert. 1828, demi-rel., 3 vol. in-8.

295. **Introduction à l'Histoire du Moyen Age,** par Chesnon. — Bayeux, chez C. Groult. 1827, cart., 1 vol. in-8.

296. **Histoire du Ministère de Caning,** par l'auteur de la *Révolution d'Espagne.* — Paris, chez Moutardier, 1828, cart., 1 vol. in-8.

297. **Histoire de la Guerre de la Péninsule sous Napoléon,** par Foy. — Paris, chez Baudouin. 1828, cart., 3ᵉ et 4ᵉ vol. in-8, incomplet.

298. **Recherches sur le Comté de Dagsbourg,** par Beaulieu. — Paris, chez Le Normant, 1836, demi-rel., 1 vol. in-8.

299. **Le général de La Moricière,** par Em. Keller. — Paris, chez Dumaine, 1874, avec cartes et portraits, demi-rel., 1 vol. in-8.

300. **Etude sur les Juifs d'Espagne,** par Magnabal. — Paris, chez Pierre Dupont, 1861, demi-rel., 1 vol. in-8.

301. **Le Siège de Paris,** par le général Vinoy, 2 édit. — Paris, chez Henri Plon, 1872, demi-rel. 1 vol. in-8, atlas Nᵒ 813.

302. **L'Armistice et la Commune,** par le général Vinoy. — Paris, chez Henri Plon, 1873, demi-rel., 1 vol. in-8, atlas Nᵒ 813.

303. **Paris et Versailles il y a cent ans,** par Jules Janin. — Paris, chez Firmin-Didot, 1874, demi-rel., 1 vol. in-8.

304. **Rapports militaires du colonel Stoffel,** 3ᵉ édit. — Paris, chez Garnier frères, 1871, demi-rel., 1 vol. in-8.

305. **Les Sièges de Paris et de Belfort,** par le Comte de Geldern, trad. par V. Grillon. — Paris, chez Dejey et Cⁱᵉ, 1873, demi-rel., 1 vol. in-8.

306. **L'Armée, son histoire, son avenir,** par Corentin Guyot. — Paris, chez Ernest Thorin, 1870, demi-rel., 1 vol. in-8.

307. **Histoire d'Espagne,** par Rossieuw de Saint-Hilaire, nouv. édit. — Paris, chez Furne et Cⁱᵉ, 1844-1879, demi-rel., 1 vol. in-8, 2ᵉ et 3ᵉ manquent.

308. **Eloge du général Lecourbe,** par Bousson de Mairet. — Paris, à la Librairie militaire, 1854, 2 exempl., demi-rel., 1 vol. in-8.

309. **Mémoires du maréchal de Grouchy,** par le marquis de Grouchy. — Paris, chez Dentu, 1873, demi-rel., 4 vol. in-8.

310. **Histoire de la Révolution française,** par Michelet. — Paris, à la Librairie internationale. 1869, demi-rel., 4 vol. in-8.

311. **Histoire de France,** par Michelet. — Paris, chez Lacroix et Chamerot. 1866. demi-rel., 16 vol. in-8.

312. **Histoire de France,** par Cantu. — Paris, chez Firmin-Didot, 1843-1848, demi-rel., 19 vol. in-8.

313. **Documents pour l'Histoire de France : Papiers d'Etat de Richelieu,** par Avonel. — Paris, Imprimerie nationale, 1853-1877, cart., 8 vol. in-4.

314. — **Cartulaire de l'Abbaye de Redon,** par Aurélien de Courson. — Paris, Imprimerie impériale, 1863, cart., 1 vol. in-4.

315. — **Négociations à la Conférence de Loudun,** par Bouchétté. — Paris, Imprimerie impériale, 1862, cart., 1 vol. in-4.

316. — **Cartulaire de l'Abbaye de Savigny,** par Auguste Bernard. — Paris, Imprimerie impériale, 1863, cart., 2 vol. in-4.

317. — **Mémoires de N.-J. Foucault,** par Baudry. — Paris, Imprimerie impériale, 1862, cart., 1 vol. in-4.

318. — **Mémoires de Claude Haton,** par F. Bourquelot. — Paris, Imprimerie impériale, 1857, cart., 1 vol. in-4.

319. — **Journal d'Olivier Lefèvre d'Ormesson,** par Chéruel. — Paris, Imprimerie impériale, 1860, cart., 1 vol. in-4.

320. — **Lettres du cardinal de Mazarin,** par Chéruel. — Paris, Imprimerie nationale, 1872, cart., 3 vol. in-4.

321. — **Négociations de la France avec la Toscane,** par A. Desjardins. — Paris, Imprimerie impériale, 1859-1861, cart., 5 vol. in-4.

322. — **Œuvres d'Augustin Fresnel,** par H. de Senarmont. Emile Verdet et L. Fresnel. — Paris, Imprimerie impériale, 1866-1870, cart., 3 vol. in-4.

323. — **Cartulaire de l'Abbaye de St-Victor de Marseille,** par Guerard. — Paris, Imprimerie impérale, 1857, cart., 2 vol. in-4.

324. — **Cartulaire de Notre-Dame de Paris,** par Guerard. — Paris, Imprimerie impériale, 1850, cart., 4 vol. in-4.

325. — **Etudes sur les Monuments de la Syrie et de l'île de Chypre,** par E.-G. Rey. — Paris, Imprimerie nationale, 1871, cart., 1 vol. in-4.

326. — **Archives de la ville de Reims,** par VARIN. — Paris, Imprimerie nationale. 1839-1852, cart., 10 vol. in-4.

327. — **L'Eclaircissement de la Langue française,** par PALSERAVE. — Paris, Imprimerie impériale, 1852, cart., 1 vol. in-4.

328. — **Les Familles d'Outremer,** par E.-G. REY. — Paris, Imprimerie impériale. 1869, cart., 1 vol. in-4.

329. — **Cartulaire de la Cathédrale de Grenoble,** par J. MARION. — Paris, Imprimerie impériale, 1869, cart., 1 vol. in-4.

330. — **Lettres de Catherine de Médicis,** par Hector de la FERRIÈRE. — Paris, Imprimerie nationale. 1880, cart., 2 vol. in-4.

331. — **Comptes des Bâtiments du Roi,** par J. GUIFFREY. — Paris, Imprimerie nationale, 1881, cart., 2 vol. in-4.

332. — **Mémoires des Intendants de l'Etat des Généralités,** par A.-M. de BOISLILLE. — Paris, Imprimerie nationale, 1881, cart., 1 vol. in-4.

333. — **Mystère du Siège d'Orléans,** par GUÉRARD et de CERTAIN. — Paris, Imprimerie impériale, 1862, cart., 1 vol. in-4.

334. — **Cartulaire de l'Abbaye de Beaulieu,** par Maxime DELOCHE. — Paris, Imprimerie impériale. 1859, cart., 1 vol. in-4.

335. — **Inventaire des Sceaux** de la collection CLÉRAMBEAU. — Paris, Imprimerie nationale, 1885, cart., 2 vol. in-4.

336. — **Rôles des Gascons,** par Francisque MICHEL. — Paris, Imprimerie nationale. 1885, cart., 1 vol. in-4.

337. — **Cartulaire de l'Abbaye de St-Bertin,** par GUÉRARD. — Paris, 1861, suite par l'abbé MORAND, 1867, cart., 2 vol. in-4.

338. — **Comptes des Dépenses du Château de Gaillon,** par DEVILLE. — Paris. Imprimerie nationale. 1850, avec cartes, 1 vol. in-4, atlas.

339. **Archives nationales : Titres de la Maison ducale de Bourbon,** 1er vol. par BULLIARD-BRÉHOLLES. 1867, le 2e vol. par LECOY DE LA MARSA. — Paris, imp. H. Plon et Cie, 1874, 2 vol. in-4, cart., une table.

340. **Archives de l'Empire : Actes du Parlement de Paris,** par BOULARC. — Paris, imp. H. Plon et Cie, 1863-1867, cart., 2 vol. in-4.

341. **Musée des Archives nationales,** avec fig. et fac-simile. — Paris, chez Henri Plon, 1872, 2 vol. in-4.

342. **Rapport sur la Collection des Documents historiques,** par le Baron de WATTWILLER. — Paris, Imprimerie nationale, 1874, 2 vol. in-4, brochés.

343. **Documents de l'Histoire de France. Procédures politiques du règne de Louis XII,** par MAULDE. — Paris, Imprimerie nationale, 1885, cart., 1 vol. in-4.

344. **Histoire d'Alsace,** par GRANDIDIER. — Strasbourg, chez Levrault, 1787, 1 vol. in-4, broché.

345. **Histoire du Japon,** par E. KÆMPFER, av. grav., trad. de l'allem. par Gaspard SCHEUCHER. — La Haie, chez P. Gosse et Neaulme, 1729, 2 vol. in-fol., veau.

346. **Annales ecclesiastici Cæsaris Baronni,** avec portr. — Augustæ Vindelicorum, 1830, 4 vol. in-folio, en 2 rel., veau.

347. **Histoire de saint Louis,** par le CONFESSEUR DE LA REINE MARGUERITE, av. cartes. — Paris, Imp. royale, 1761, 1 vol. in-folio, veau.

348. **Alsatia illustrata,** auct. Dan. SCHŒPFLIN. — Colmariæ, ap. Fred. Schœpflin. 1751, 2 vol. in-folio, veau.

349. **Grand dictionnaire,** de MORERI. — Paris, imp. des Libraires associés, 1749, 8 vol. in-folio, veau.

350. **Annales sacri et ex profanis præcipui,** auct. TORNIELLO. — Antverpiæ, ex off. Plantiniana. 1860, 2 vol. in-folio, av. fig., parch.

351. **Table chronologique de l'état du christianisme,** par GAULTIER. — Lyon, chez Pierre Rigaud. 1621, 1 vol. in-folio. demi-rel., veau. 2 exempl.

352. **Iconologiæ Deorum,** par Joachim SANDRARD, allem. — Sans titre, av. grav., 1 vol. in-folio, cart.

353. **Chronica Naucleri,** allem. — Tubingæ, ap. Baselli, 1514, parch. gauf., 2 vol. in-folio en 1 vol.

354. **Mémoires de Michel de Castelnau,** par J. LE LABOUREUR. — Paris, chez Pierc Lamy. 1659, av. fig., 2 vol. in-folio, veau.

355. **Dictionnaire historique,** par Augustin CALMET. traduit par MANSI. av. fig. — Augustæ Vindelicorum. sumptibus Philippi ac Martini Weith et Joannis fratres heredium. 1739. 2 vol. in-folio. veau.

356. **Histoire d'Alsace,** par L. LAGUILLE. av. cartes et fig. — Strasbourg. chez Renault Doulssecker. 1727. 2 vol. in-folio, sous la même rel., veau.

357. **Alsatia diplomatica,** par Daniel Schœpflin. — Mannheim, imp. académique, 1762, av. fac-simile, 2 vol. in-folio, veau.

358. **Annales des provinces-unies,** de Basnage. — La Haye, chez Charles Le Vier, 1719, veau, 2 vol. in-folio.

359. **Annuaire historique,** par la Société d'Histoire de France. — Paris, 1838-63, 26 vol. in-12, brochés.

360. **De l'abolition de l'Esclavage ancien,** par Janoski. — Paris, Imp. impériale, 1860, cart., 1 vol. in-8.

361. **Relation de la bataille d'Espinosa,** av. plan. — Paris, 1808, broch. in-4.

362. **La presse et ses enfants,** par un Prophète de Malheur. — Paris, chez J.-B. Dumoulin, 1856, 1 vol. in-8, broché.

363. **Catalogue des monnaies mérovingiennes,** par Guille-mot. — La Rochelle, chez Fréd. Boulet, 1845, 1 vol. in-12, broché.

364. **La bataille de Marengo,** par Alex. Berthier, av. cartes. — Paris, Imp. impériale, 1805, 1 broch. in-4.

365. **Monuments de l'histoire de France,** par Hennin. — Paris, chez J. F. Delion, 1863, 10 vol. in-8, demi-rel.

366. **Discours et proclamations de Napoléon III.** — Paris, chez H. Plon, 1860, 1 vol. in-8, demi-rel.

367. **Histoire de la Révolution française,** par A. Thiers, 9e édit. — Paris, chez Furne et Cie, 1839, 10 vol. in-8, demi-rel.

368. **Méhul, sa vie, ses œuvres,** par A. Vieillard. — Paris, chez Ledoyen, 1859, 1 vol. in-12, broché.

369. **Histoire du Consulat et de l'Empire,** par A. Thiers. — Paris, chez Paulin, 1847-1862, 20 vol. in-8, demi-rel.

370. **Histoire des ducs de Bourgogne,** par Barante, nouv. édit., avec fig. — Paris, chez Belloye, 1839, 12 vol. in-8, demi-rel.

371. **Recherches historiques sur Mandeure,** par l'abbé Bouchey. — Besançon, chez J. Jacquin, 1862, 2 vol. in-8, av. cartes, demi-rel.

372. **Vies des hommes illustres,** par Plutarque, trad. de Ricard. — Paris, chez Lebigre frères, 1834, 9 vol. in-8, demi-rel.

373. **Histoire universelle,** par de Ségur. — Paris, chez Alexis Eymery, 1821, 10 vol. in-8, av. atlas, veau.

374. **Discours de Baroche et de Billault sur le Traité de Commerce.** — Paris, Imprimerie impériale, 1861, demi-rel., 1 vol. in-8.

375. **Œuvre posthume de Phil. Duplessis.** — Paris, chez Firmin Didot frères, 1853, cart., 5 vol. in-8.

376. **Le Cabinet historique.** — Paris, chez Pillet fils, 1861, cart., 6 vol. in-8. avec cartes, manquent les 3 premiers.

377. **Dictionnaire historique,** par une Société de Gens de Lettres. — Caen, chez G. Le Roy, 1779, 4e et 5e édit., veau, 8 vol. in-8, avec fig.

378. **La Toscane au moyen âge,** par G. ROHAULT DE FLEURY. — Paris, chez Veuve Morel et Cie, 1871, 2 vol. in-8, demi-reliure.

379. **Notice historique sur le Clos de la Rolière,** par A. BLANC-MONTBRUN. — Vienne, chez B. Timon. 1861, 1 broch. in-8.

380. **Histoire de La Tour-d'Auvergne,** par BUHOT DE KERSERS, 2e édit. — Paris, 1 broch. in-8.

381. **Galeries de Versailles,** av. vign. — Paris, Imprimerie royale, 1839, cart., 8 vol. in-8.

382. **Histoire de l'Europe,** par le comte de LACÉPÈDE, 2e édit. — Paris, chez Lebigre frères, 1833, demi-rel., 18 vol. in-8.

383. **Histoire de Louvois,** par Camille ROUSSET. — Paris, chez Didier et Cie, 1864, demi-rel., 4 vol. in-12.

384. **Histoire de France,** par Henri MARTIN. 4e édit. — Paris, chez Furne, Jouvet et Cie, demi-rel., 16 vol. et un de table in-8.

385. **Galerie chronologique et pittoresque de** PERRIN. — Paris, chez Isidore Pesron, 1840, cart., 1 vol. in-folio.

386. **Traité de la grande Guerre,** par le prince CHARLES. — Vienne, 1808, cart., 1 vol. in-folio, avec cartes.

387. **Beati rhenani Selestadiensi rerum,** 2 exempl. — Basileæ, Froben, 1551, 1 vol. in-folio, parch.

388. **Atlas historique universel,** de SCHNITZLER. — Strasbourg, chez Simon. 1860, demi-rel., 3 vol. in-folio.

389. **Bataille d'Eylau,** avec plans et cartes. — Paris, Imprimerie impériale. 1807. broch. in-folio.

390. **Dictionnaire biographique d'Alsace.** — Mulhouse, chez Bader. 1869, broch. in-4.

391. **Documents sur les législations étrangères concernant la vicinalité.** — Paris, Imprimerie nationale, 1873, broch. in-4.

392. **Concours régional de Colmar en 1860,** avec fig. — Colmar. chez Hoffmann, broch. in-4.

393. **Archives de Cernay,** par BRIÈLE, introd. d'INGOLD. — Colmar. chez Hoffmann, 1872, 2 exempl. 1 vol. in-4.

394. **Epigraphie de la Moselle,** par Ch. ROBERT, avec fig. — Paris. chez Didier et Cie, 1873, broch. in-4.

395. **Les Vosges avant l'Histoire,** par Félix VOULOT.— Paris, chez Sandoz et Fischbacher, avec atlas, 1875, veau, 1 vol. in-folio, 2 exempl., 1 broch. et 1 demi-rel.

396. **La 2e Armée de la Loire.** par CHANZY, atlas. — Paris, 1872, 1 broch. in-folio, texte v. N° 467.

397. **Le Musée historique de Versailles,** par Théod. BURETTE. — Sans titre. demi-rel., 2 vol. in-folio.

398. **Scènes historiques,** fac-simile de gravures du XVIe siècle, par TORTOREL et PERUSSIN, avec notice par divers auteurs. — Paris. chez Fischbacher, 1883-1885, in-folio.

399. **Les Césars,** par F. de CHAMPAGNY. — Paris. chez Amb. Bray, 1859, demi-rel., 3 vol. in-12.

400. **Histoire de la civilisation en France,** par GUIZOT. — Paris, chez Didier et Cie, 1868, demi-rel., 4 vol. in-12.

401. **Pensées des deux empereurs Napoléon Ier et III,** par Martial BERTIN. — Paris. chez Aug. Fontaine, 1859, 1 vol. in-12, demi-rel.

402. **Œuvres d'Edgar Quinet.** — Paris. chez Pagnerre, 1857, 2 vol. in-12, demi-rel.

403. **La Ligue, scènes historiques,** par VITET. — Paris, chez Charles Gosselin, 1844. demi-rel., 2 vol. in-12.

404. **Part qu'ont prise les Strasbourgeois à la Réforme dans le Palatinat,** par le Dr SCHMIDT. allem. — Strasbourg. chez C.-F. Schmidt. 1856. broch., 1 vol. in-12.

405. **L'Année historique,** par J. ZELLER. — Paris, chez Hachette et Cie, 1860, 2 vol. in-12, demi-rel.

406. **Histoire d'Alsace,** par de DOPPELMAYER, avec cartes. allem. — Franckfort et Leipzig, Felserkirsch, 1734, 1 vol. in-12, cart.

407. **Histoire des Chevaliers de Malte,** par de VERTOT. — Paris, chez Barbon, 1778, nouv. édit., veau, 7 vol. in-12.

408. **Histoire de Guillaume III**, par Mac-Aulay, trad. par Amédé Pichot. — Paris, chez Charpentier, 1862, demi-rel., 4 vol. in-12.

409. **Mémoire de saint Simon**, par Chéruel. — Paris, chez Hachette et Cie, 1865, 13 vol. in-12, demi-rel.

410. **Dix ans d'Etudes historiques**, par Augustin Thierry. nouv. édit. — Paris, chez Garnier frères, 1867, 1 vol. in-12, demi-rel.

411. **Description de Strasbourg**, par un Anonyme. — Strasbourg, chez Armand Kœnig, 1785, 1 vol. in-12, demi-rel.

412. **Notice sur la ville de Strasbourg**, par Schmidt. avec figures et cartes. — Strasbourg, chez Schmitt et Gruber, 1842, 1 vol. in-12.

413. **Histoire de la Cathédrale de Strasbourg**, par Grandidier. — Strasbourg, chez Levrault. 1783, cart., 1 vol. in-12.

414. **Histoire universelle**, par l'évêque de Meaux, nouv. édit. — Paris, chez Christ. David, 1759, veau, 2 vol. in-12, incomp.

415. **Histoire des Croisades**, par Voltaire. — Berlin, 1751, demi-rel., 1 vol. in-12.

416. **Aperçu sur l'Histoire d'Alsace**, par Sitzmann. — Belfort, chez Pélot, 1878, broch., 1 vol. in-12.

417. **Histoire secrète de la Révolution française**, par Garnier-Pagès. — Paris, 1798, cart., 6 vol. in-12, manque le 1er.

418. **La Gaule poétique**, par Marchangy. — Paris, chez F. Patris. 1813-1817, demi-rel., 4 vol. in-8.

419. **Le cardinal Ximenés**, par Héfelé, trad. par les abbés Sisson et Champion, 2e édit. — Paris, chez Pelagaud, 1860, cart., 1 vol. in-8.

420. **Biographie des Contemporains**, par Rabbe, Vieilh de Boisjolin et Saint-Pierre. — Paris, chez Pommeret-Guenot, 1836, demi-rel., 5 vol. in-8.

421. **Correspondance de Napoléon Bonaparte**. — Paris, chez Panckourk. 1819, veau, 7 vol. in-8.

422. **Histoire de l'Eglise réformée de Montpellier**, par Ph. Corbière. — Montpellier, chez Poujol, 1861, cart. 1 vol. in-8.

423. **Histoire de Savoie**, par Victor Saint-Genis. — Chambéry, chez Bonne-Contegrand et Cie. 1868, br., 3 vol. in-8.

424. **Le prince Albert,** par GUIZOT. — Paris, chez Michel Lévy frères, 1863, br., 1 vol. in-8.

425. **Les Fêtes de Gutenberg à Strasbourg,** avec fig. — Strasbourg, chez Simon, 1841, cart., 1 vol. in-8.

426. **Journal du Siége de Paris en 1590,** par Alfred FRANCK-LIN. — Paris, chez Léon Wilhelm, 1876, avec fig., br., 1 vol. in-8.

427. **Dona Isabella II de Bourbon.** — Madrid-Paris, chez Didier et Cie, 1854, br., 1 vol. in-18.

428. **Révélations sur les relations de la Sardaigne avec l'Autriche et la Russie,** par le comte de GREPPI. — Paris, chez Amyot, 1859, br., 1 vol. in-8.

429. **La paix sociale,** par LE PLAYE. — Tours, chez Alp. Mame, 1871, br., 1 vol. in-12.

430. **La Société politique de Strasbourg,** par HEITZ. — Strasbourg, chez Heitz, 1863, cart., 1 vol. in-8.

431. **Histoire de la ville de Strasbourg,** allem., — Strasbourg, chez Dœmbach, 1789, cart., 1 vol. in-12.

432. **Histoire de la Guerre de 1870-71,** par DUSSIEUX. — Paris, chez Lecoffre fils et Cie, 1873, 2 vol. in-12, manque le 1er.

433. **Vie du Général Kléber,** par LUBERT. D'HÉRICOURT. — Paris, chez Haquin, 1801, demi-rel., 1 vol. in-8.

434. **Dialogues des Morts.** Electeur de Saxe, Catherine Alexienne, Guillaume Tell, etc., allem. — Leipzig, chez Wolfgang Deer, 1732, avec fig., veau 8 vol. in-4.

435. **Essai sur l'histoire du Mexique,** par Lorenzo de ZÆVALA, espagnol. — Paris, chez Pierre Dupont et Laguionie, 1831, br., 2 vol. in-8.

436. **Histoire de Versailles,** par LEROY, avec fig. — Versailles, chez Paul Oswald, 1868, demi-rel., 2 vol. in-8.

437. **Monuments de l'histoire de France,** par HENNIN. — Paris, chez J.-F. Delion, 1863, demi-rel., 10 vol. in-8., avec 2 vol. de tables.

438. **Histoire de l'Abbaye de St-Benoit,** par l'Abbé ROCHER, avec cartes et fig. — Orléans, chez Herlusson, 1865, 1 vol. in-8, br.

439. **Cartulaire de l'Abbaye de Notre-Dame de Léoncel,** par CHEVALIER. — Montélimart, chez Bourron, 1869, 1 vol. in-8, br.

440. **Histoire des Français des divers Etats,** par Alexis
  Monteil, 3ᵉ éd. — Paris, chez Coquebert et Gontier,
  1847, 5 vol. in-8, br.

441. **Documents historiques tirés des Archives de Strasbourg,** par Krentzinger. — Strasbourg, chez Levrault,
  1818-19. 2 vol. in-8, br.

442. **Histoire contemporaine d'Espagne,** par G. Hubbart.
  — Paris, chez Armand Anger, 1869, 2 vol. in-8, br.

443. **Le livre des Vassaux de Champagne et de Brie,** par
  Aug. Longnon. — Paris, chez Franck, 1869, br., 1 vol.
  in-8.

444. **Histoire des Perses,** par le comte de Gobineau. — Paris,
  chez Henri Plon, 1869, br., 2 vol. in-8.

445. **Histoire politique de l'Autriche,** par Alf. Michels. —
  Paris, chez Dentu, 1866, cart., 1 vol. in-8.

446. **Diane de Poitiers au Conseil du Roi,** par l'Abbé C.
  Chevalier. — Paris, chez Aug. Aubry, 1866, cart., 1 vol.
  in-8.

447. **Histoire de la formation territoriale de l'Europe centrale,** par Aug. Himly. — Paris, chez Hachette et Cⁱᵉ,
  1876, br., 2 vol. in-8.

448. **Histoire du Règne de Louis XIV,** par le comte de
  Cosnac. — Paris, chez Veuve Renouard, 1868, br., 8 vol.
  in-8, manque le 1ᵉʳ.

449. **Histoire des Papes,** sans nom d'auteur, avec fig. —
  Paris, éditée par une administration de librairie, cart.,
  10 vol. in-8.

450. **Etat général de la noblesse française.** — Paris, chez
  Bachelin-Deflorenne, 1873, br., 1 vol. in-8, 4ᵉ édit.

451. **La Suède, son développement industriel et commer-
  cial,** par Ljungberg, trad. par de Lillïe-Hœck. — Paris,
  chez Dubuisson et Cⁱᵉ, 1867, br., 1 vol. in-8.

452. **Annuaire de la Société d'histoire,** par la Société. —
  Paris, chez Veuve Renouard, 1864-1884, br., 18 vol. in-8.

453. **Histoire du moyen âge,** par Engelhardt. — Strasbourg,
  chez Veuve Lagier, 1838, br., 1 vol. in-8.

454. **Portraits forésiens.** par J. Delarue. — Saint-Etienne,
  chez Chevalier, 1869, br., 1 vol. in-8.

455. **L'Armée de l'avenir,** par un officier supérieur. 2ᵉ édit.—
  Paris, chez Dumaine, 1872, br., 1 vol, in-8.

456. **Esquisse historique du comté de Ferrette,** par GOUTZ-VILLER. — Colmar, chez Veuve Decker, 1854, br., 1 vol. in-8.

457. **L'Alsace à table,** par GÉRARD. — Paris, chez Veuve Berger-Levrault. 1877. br.. 1 vol. in-8.

458. **Histoire du Peuple français,** par CHALAMEL. — Paris, chez Hachette et Cⁱᵉ, 1866-1873. br.. 8 vol., manque le 5ᵉ.

459. **Victoires et Conquêtes des Français,** par une Société de Militaires et de Gens de lettres. — Paris, chez Panckoucke. 1817-1822, avec cartes et plans, demi-rel., 26 vol. in-8.

460. **Les Campagnes de la Prusse en 1866,** par BORTSTÆDT, trad. par RAYNAU. — Paris, chez Dumaine. 1866. cart., 1 vol. in-8.

461. **Histoire d'Italie,** par DIEGO-SORIA. — Paris, chez Grassart. 1859. demi-rel.. 2 vol. in-8.

462. **Huningue et Bâle devant le traité de 1815,** par Franck LATRUFFE. — Paris, chez Paul Dupont. 1863. demi-rel., 1 vol. in-8.

463. **La Vie du maréchal Lœwendal.** par le marquis de SINÉTY. — Paris. chez Bachelin-Deflorenne. 1867. avec cartes. 2 vol. in-8. demi-rel.

464. **Histoire de la Guerre 1870-71,** par le général AMBERT. — Paris, chez Henri Plon. 1873, demi-rel.. 1 vol. in-8, atlas. V. Nᵒ 812.

465. **La première Armée de la Loire,** par d'AURELLE DE PALADINE. 3ᵉ édit. — Paris, chez Henri Plon. avec cartes, 1872. demi-rel., 1 vol. in-8.

466. **La deuxième Armée de la Loire,** par le Général CHANZY, 2ᵉ édit. — Paris, chez Henri Plon. 1871, demi-rel., 1 vol. in-8. Atlas V. Nᵒ 396.

467. **La deuxième Armée de la Loire,** par le Général CHANZY. 3ᵉ édit. — Paris, chez Henri Plon, 1871. demi-rel.. 1 vol. in-8.

468. **La Vie de Rancé,** par CHATEAUBRIANT. — Paris, chez Delloye. 1844, 2ᵉ édit., demi-rel. 1 vol. in-8.

469. **Merlin l'Enchanteur,** par Edgard QUINET, manque le 1ᵉʳ vol. — Paris. chez Michel Lévy. 1860. demi-rel. 2 vol. in-8.

470. **Notice sur Henri Beyle (Stendhal)**, par R. COLOMB, 2ᵉ édit. — Paris, chez Veuve Dondey-Dupré, 1833, demi-rel., 1 vol. in-8.

471. **Histoire de l'Art en France**, par plusieurs artistes. 1 seul vol. — Paris, chez Ferdinand Sartorius, demi-rel., 1 vol. in-8.

472. **La Marine au Siège de Paris**, par le baron LA RONCIÈRE-LE-NOURY. 2ᵉ édit. — Paris, chez Henri Plon, 1872, avec fig., demi-rel., 1 vol. in-8. Atlas V. Nº 811.

473. **Lettres de Mirabeau**, rassemblées par MANUEL. — Paris, chez Garnery, 1792, demi-rel., 4 vol. in-8.

474. **Le Gouvernement de Normandie**, par HIPPEAU. — Caen, chez Goussiaume de Laporte, 1864-1869, br., 9 vol. in-8.

475. **Belain d'Esnambuc**, par Pierre MARGRY. — Paris, chez Ach. Faure, 1863, avec fig., br., 1 vol. in-8.

476. **Le lieutenant-général Tarayre**, par Jules DUVAL. — Paris, chez Annuyer, 1860, br., 1 vol. in-8.

477. **Œuvres de Grandidier**, par LIEBLIN. — Colmar, chez Decker, 1865-1869, br., 6 vol. in-8.

478. **Histoire du 15ᵉ Chasseurs.** — Belfort, chez Spitzmuller, 1877, br., 1 vol. in-8.

479. **Revue de l'Est.** Janvier-Février 1864. — Metz, chez Rousseau-Pallez, brochure in-8.

480. **Le Gouvernement nécessaire**, par Jules GRÉVY. — Paris, chez Armand Le Chevalier, 1873, brochure in-8.

481. **Essai sur l'Ephébie attique**, par Alb. DUMONT. — Paris, chez Firmin-Didot et Cⁱᵉ, 1875, br., 2 vol. in-8.

482. **Chronique de Godefroy d'Ensmingen**, tirée de GRANDIDIER par LIEBLIN. — Strasbourg, chez Simon, 1868, br., 1 vol. in-8.

483. **Histoire de Hongrie**, par Ed. SAYOUS. — Paris, chez Didier et Cⁱᵉ, 1876, br., 2 vol. in-8.

484. **Chronique du duc Loys de Bourbon**, par A. M. CHAZAUD. — Paris, chez Veuve Renouard, 1876, br., 1 vol. in-8.

485. **Anecdotes historiques sur Etienne de Bourbon**, par LECOQ DE LA MARCHE. — Paris, chez Henri Loones, 1877, br., 1 vol. in-8.

486. **Récits du Ménestrel de Reims**, par NATALIS DE WAILLY. Paris, chez Henri Loones, 1876, br., 1 vol. in-8.

487. **Correspondance de Madame de Pompadour,** par MALASSIS. — Paris, chez J. Baur, 1878, br., 1 vol. in-8.

488. **Essai sur le ministère de Turgot,** par P. FONCIN. — Paris, chez Germer-Baillière et Cie, 1877, br., 1 vol. in-8.

489. **Correspondance de Caylus,** par NISARD. — Paris, Imprimerie nationale, 1877, br., 2 vol. in-8.

490. **Le Mont-Blanc,** par Ch. DURIER, avec fig. — Paris, chez Sandoz et Fischbacher, 1877, br., 1 vol. in-8.

491. **Etude sur le Peloponèse,** par BEULÉ. — Paris, chez Firmin-Didot frères, 1855, br., 1 vol. in-8.

492. **Les criées faites en la cité de Genève,** par CASENOVE. — Montpellier, chez Camille Coulet, 1879, br., 1 vol. in-4.

493. **Etat actuel de l'Algérie,** par le Général Chanzi. — Alger, chez Gojosso et Cie, 1873, br., 1 vol. in-8.

494. **Capitulations militaires de la Prusse,** par E. BONNAL. — Paris, chez Dentu, 1879, br., 1 vol. in-8.

495. **Histoire de la Guerre de 30 ans,** par CHARVERIAT. — Paris, chez Plon et Cie, 1877, br., 2 vol. in-8.

496. **Les ducs de Guise,** par FORNERON. — Paris, chez Plon et Cie, 1877, br., 2 vol. in-8.

497. **Le siége de Cambrai par Louis XIV,** par DURIEUX, avec fig., et cart. — Cambrai, chez Renaut, 1877, br., 1 vol. in-8.

498. **La guerre franco-allemande et le siége de Paris,** par Rollet. — Amsterdam, chez Levisson frères, 1878, br., 1 vol. in-8.

499. **L'Alsace illustrée,** de SCHŒPFFLIN, trad. par RAVENEZ. — Mulhouse, chez Michel Perrin, 1852, br., 2 vol. in-8.

500. Carton renfermant diverses brochures :

  1° **Fédération alsacienne. Journée des 5 et 6 Juin 1815.** — Strasbourg, Levrault, in-8.

  2° **Procès de la prétendue Conspiration de Strasbourg en 1822.** — Strasbourg, J.-H. Heitz, in-8.

  3° **Champ de bataille d'Arioviste,** par CESTRE. — Belfort, Pélot, 1873, avec cartes.

  4° **Arioviste et César,** par DÉPIERRES. — Société d'Emulation du Doubs, 1864.

  5° **Uxellodunum,** par A. SARRETTE. — Société des archéologies de France, Caen, 1865.

6° **La question d'Alaise,** par A. Sarrette. — Besançon, Dodivers et Cie, 1865.

7° **Eloge du Général Kléber.** — Strasbourg, 1818.

8° **La voix d'Alsace,** de Vendling. — Paris, chez Ghio, 1872.

9° **Les Monnaies alsaciennes,** par Arthur Engel. — Mulhouse, 1874.

10° **Le Musée historique du vieux Mulhouse,** par Engel-Dollfus, 1874.

11° **Le conventionnel De Laporte.** par H. Bardy, *Revue d'Alsace.*

12° **Gœtzmann et sa famille,** par Huot, de la *Revue d'Alsace.*

13° **Jeunesse, famille, amis de Grandidier,** par l'abbé Mercklen, 1873.

14° **Les deux Germanies cis-rhénanes,** par l'abbé Martin, de Colmar, 1863.

15° **L'Alsace romaine,** par A. Coste. — Mulhouse, Risler, 1859.

501. 2e Cartons :

1° **Essai historique sur les invasions des Hongrois en Europe,** par Dussieux, 2e édit. — Paris, Lecoffre, 1879.

2° **Affaires d'Alsace-Lorraine. Discours au Parlement.** — Strasbourg, 1874.

3° **Histoire de la baronnie de Montjoie,** par l'abbé Richard. — Besançon, 1860.

4° **Biographie de Béranger,** par Ed. Pompery. — Paris, 1865.

5° **Eloge du baron de Gérando,** par Bayle-Mouillard. — Paris, 1846.

6° **Etudes sur l'origine et les caractères de la Révolution communale,** par Klipffel. — Strasbourg, 1865.

7° **Notice sur Antoine Masson.** — Orléans, 1866.

8° **Pierres bornales, Armoiries,** par Louis Benoit. — Nancy, 1870.

9° **Les Boulangers de Colmar,** par l'abbé Mercklen. — Colmar, 1871.

502. **Histoire de la Société des blessés militaires,** par de
    Riencourt. — Paris, chez Dumaine, 1875, br., 2 vol.
    in-8.

503. **Histoire de Léonard de Vincy,** par Arsène Houssaye.
    — Paris, chez Didier et Cie, 1869, avec fig., 1 vol.
    in-8.

504. **Etude historique sur Louvois et Dubois,** par un
    inconnu. — Paris, chez Dentu, 1868, br., 1 vol. in-8.

505. **La prise d'Alexandrie par Guillaume Marchand,** par
    de Mas de Latry. — Genève, chez J.-G. Fick, 1877,
    Société de l'Orient latin, br., 1 vol. in-8.

506. **Testimonia de quitto bello sacro,** par Reinbold
    Rœhricht. — Genève, chez J.-G. Fick, 1881, veau, 1 vol.
    in-8.

507. **Histoire des Institutions de l'Evêché de Bâle,** par
    Quiquerez. — Delémont, chez Boéchat, 1877, br., 1 vol.
    in-8.

508. **Le marquis d'Argenson,** par Edgard Levort. — Paris,
    chez Germer-Baillière, 1880, br., 1 vol. in-8.

509. **L'ancien Régime et la Révolution,** par Alexis de
    Tocqueville, 5e édit. — Paris, chez Michel Lévy frères,
    1866, br., 1 vol. in-8.

510. **Chronique de Colmar,** par Lieblin, 1re et 2e parties. —
    Mulhouse, chez L.-L. Bader, 1867, br., 1 vol. in-8.

511. **Introduction à la bibliographie de la Belgique,** dres-
    sée par la Section de la Commission d'échange. — Amster-
    dam et Bruxelles, chez Manceaux, 1877, br., 1 vol. in-8.

512. **Observations d'un citoyen à l'Assemblée nationale,**
    par Mirabeau. — Paris, 1790, broch. in-8.

513. **Le Procès des Ministres de 1830,** par Ern. Daudet. -
    Paris, chez Quantin, 1877, br., 1 vol. in-8.

514. **Histoire de la Marine française pendant la guerre de
    l'indépendance de l'Amérique,** par E. Chevalier. —
    Paris, chez Hachette et Cie, 1877, br., 1 vol. in-8.

515. **Le cloître d'Œlenberg,** par Stœber et Ingold. — Mul-
    house, chez E. Kœnig, 1872, broch. in-8.

516. **L'Europe et la France sous Louis XIV,** par Marius
    Topin. — Paris, chez Didier et Cie, 1868, br., 1 vol. in-8

517. **Notice sur Vieux-Brisach,** par A. Coste. — Mulhouse,
    chez Risler, 1860, br., 1 vol. in-8.

518. **Relation diplomatique de l'ancienne République de Mulhouse,** par Ch. Doll. — Mulhouse, chez Emile Perrin, 1869, br.. 1 vol. in-8.

519. **Mémoires du comte Roguet.** — Paris, chez Dumaine, 1862-1865, br., 4 vol. in-8.

220. **L'Empereur Héraclius,** par Drapeyron. — Paris, chez Ernest Thorin, 1869, br., 1 vol. in-8.

521. **Histoire de la réunion du Dauphiné à la France,** par Guiffrey, édit. par l'Académie des Bibliophiles, 1868, br., 1 vol. in-8.

522. **Les Colonies françaises,** par Rambosson, avec cartes. — Paris, chez Delaporte et Cie, 1868, br., 1 vol. in-8.

523. **La Serbie,** par St-René Taillandier. — Paris, chez Didier et Cie, 1872, br., 1 vol. in-8.

524. **La Bohême et la Hongrie,** par St-René Taillandier. — Paris, chez Didier et Cie, 1869, br., 1 vol. in-8.

525. **Histoire de la Musique,** par Chouquet. — Paris, chez Firmin Didot frères, 1873, demi-rel.. 1 vol. in-8.

526. **Mémoires sur Béranger,** par Leynadier, avec fig. — Paris, chez Firmin Didot frères, demi-rel., 1 vol. in-8.

527. **Campagne de l'armée du Nord,** par Faidherbe.—Paris, chez E. Dentu, 1871, br., 1 vol. in-8.

528. **Description du Bas-Rhin,** par Migneret. — Strasbourg, chez Veuve Berger-Levrault, 1858, demi-rel., 4 vol. in-8.

529. **Notice sur la vie de J.-B. Schwilgué,** par Charles Schwilgué. — Strasbourg, chez Silbermann, 1857, br., 1 vol. in-8.

530. **Le procès de Bazaine,** par le général Rivière, — Paris, chez Garnier frères, 1874, demi-rel., 1 vol. in-4.

531. **Inventaire des archives civiles du Haut-Rhin,** par Brièle. — Colmar, chez Ch.-M. Hoffmann, 1863, br., 1 vol. in-4.

532. **Les Dinastes de Cossonay,** par Charrière. — Lausanne, chez Georges Bridel, 1865, br., 1 vol. in-4.

533. **Les Dinastes de Granson,** par Charrière. — Lausanne, chez Georges Bridel, 1866, br., 1 vol, in-4.

534. **Histoire de France,** par Guizot, avec fig. — Paris, chez Hachette et Cie, 1879, demi-rel., 5 vol. in-8.

535. **Documents et mémoires pour servir à l'histoire du Territoire de Belfort,** par Léon VIELLARD. — Besançon, chez P. Jacquin, 1884, br., 1 vol. in-8.

536. **L'ancien Evêché de Bâle,** par TROUILLAT. — Porrentruy, chez V. Michel, demi-rel., 5 vol. in-8.

537. **Histoire de la Guerre franco-allemande,** par A. LE-FAURE. — Paris, chez Garnier frères, avec fig. et cartes, 1882, demi-rel., 2 vol in-4.

538. **Histoire de la Guerre d'Orient,** par A. LEFAURE, avec cartes et fig. — Paris, chez Garnier frères, 1873, br., 2 vol. in-4.

539. **Cartulaires de Mulhouse,** par MOSSMANN. — Strasbourg, chez Ed. Heitz, 1884, br., 2 vol. in-4.

540. **Essai d'une description de Mulhouse,** avec fig, — Mulhouse, chez Ed. Græub, 1885, br., 1 vol. in-4.

541. **Les hautes études pratiques,** par WURTZ. — Paris, chez Masson, 1882, br., 1 vol. in-4.

542. **Séances de l'Assemblée provinciale d'Alsace en 1787.** — Strasbourg, chez Levrault, 1787, br., 1 vol. in-4.

543. **La colonne Vendôme,** par Amb. TARDIEU, avec fig. — Paris, édit. par Amb. Tardieu, 1882, cart., 1 vol. in-4.

544. **Le royaume de Siam,** par M.-A. GRÉAN, avec fig. et cartes. — Paris, chez Challamel aîné, 1885, 3e édit., demi-rel., 1 vol. in-8.

545. **Rapport sur la Campagne de l'Est,** par J. JUTEAU. — Paris, chez Victor Goupy, 1871, demi-rel., 1 vol. in-8.

546. **L'Alsace en 1789,** par F.-Ch. HEITZ. — Strasbourg, chez Heitz, 1860, cart. 1 vol. in-8.

547. **David d'Angers,** par H. JOUIN. — Paris, chez E. Plon et Cie, 1878, br., 2 vol. in-4.

548. **Dionisii Byzantii,** par Carolus WESCHER, texte latin-grec. — Paris, chez Firmin Didot et Cie, 1874, br., 1 vol. in-4.

549. **Les maximes d'Etat de Richelieu,** par Gab. HANOTEAU. — Paris, Imprimerie nationale, 1880, br., 1 vol. in-4.

550. **Discours parlementaires de A. Thiers.** — Paris, chez Calmann-Lévy, 1879-83, br., 15 vol. in-8.

551. **Histoire des princes de Condé,** par le duc d'AUMALE. — Paris, chez Michel Lévy frères, 1863, avec fig., br., 2 vol. in-8.

552. **Campagnes de l'armée d'Afrique,** par le duc d'Orléans, publiées par ses fils. — Paris, 1870, br., 1 vol. in-8.

553. **Discours du général Foy.** — Paris, Librairie Moutardier, 1826, br., 2 vol. in-8.

554. **Histoire du Peuple suisse,** par Dœnlicker. — Paris, chez Germer-Baillière, 1879, br., 1 vol. in-8.

555. **Le seizième Siècle et les Valois,** par le comte de la Ferrière. — Paris, Imprimerie nationale, 1878, br., 1 vol. in-8.

556. **Histoire critique des doctrines d'éducation,** par Compayré. — Paris, chez Hachette et Cie, 1879, br., 1 vol. in-8.

557. **Essai historique sur Ternier et St-Julien,** par C. Duval. — Genève, chez Georg, 1879, br., 1 vol. in-8.

558. **Le maréchal Fabert,** par Bourelly. — Paris, chez Didier et Cie, 1880, br., 2 vol. in-8,

559. **Discours politiques de Ledru-Rollin.** — Paris, chez Germer-Baillière, 1879, br., 2 vol. in-8.

560. **Discours parlementaires de Jules Favre.** — Paris, chez E. Plon et Cie, 1881, br., 4 vol. in-8.

561. **Plaidoyers de Jules Favre.** — Paris, chez E. Plon et Cie, 1882, br., 1 vol. in-8.

562. **L'Administration des Intendants,** par d'Arbois de Jubainville. — Paris, chez H. Champion, 1880, br., 1 vol. in-8.

563. **Journal d'histoire de l'Allemagne de l'Ouest de la Linth. Campagne d'Arioviste,** par le général Von Veith. — Trèves. 1879, 1 vol. in-8, br., allem.

564. **Biographie générale des Gaules,** par Ruelle. — Paris, chez Chamerot. 1880, 4 liv., in-8, br.

565. **Histoire de Philippe II,** par Forneron. — Paris, chez E. Plon et Cie, 1881-82, br., 4 vol. in-8.

566. **Les papiers de Noailles,** par L. Paris. — Paris, chez Dentu, 1875, br., 2 vol. in-8.

567. **Revue alsacienne,** par Senguerlet. — Paris, chez Berger-Levrault et Cie, 1879-84, br., 5 vol. in-8.

568. **Souvenirs d'un Nonagénaire, mémoires de Bernard,** par C. Port. — Paris, chez H. Champion, 1880, br., 2 vol. in-8.

569. **Les états provinciaux**, par Antoine Thomas. — Paris, chez H. Champion, 1879, br., 2 vol. in-8.

570. **L'Angleterre,** par Escott, traduit par Iréné Lubersal. — Paris, chez Maurice Dreyfous, br., 2 vol. in-8.

571. **Souvenirs de mon exil,** par Kossuth. — Paris. chez E. Plon et Cie, 1880, br., 1 vol. in-8.

572. **Louis XV et Elisabeth de Russie,** par Vandal. — Paris, E. Plon et Cie, 1882, br., 1 vol. in-8.

573. **Saint Vincent de Paul et les Gondi,** par Chantelauze. — Paris, chez E. Plon et Cie, 1882, br., 1 vol. in-8.

574. **Richelieu et les Ministres de Louis XIII,** par Zeller. — Paris. chez Hachette et Cie, 1880, br., 1 vol. in-8.

575. **Strasbourg pendant la Révolution,** par Senguerlet. — Paris, chez Berger-Levrault et Cie, 1881, br., 1 vol. in-8.

576. **Henri Martin,** par Mainard et Buquet. — Paris, librairie de la Jeunesse, 1884, br., 1 vol. in-8.

577. **Critique de Rabelais,** par Ligier. — Paris, chez Fischbach, 1880, demi-rel., 1 vol. in-8.

578. **Belfort, Reims et Sedan,** par le prince Bibesco. — Paris, chez E. Plon et Cie, 1879, br., 1 vol. in-8.

579. **L'invasion,** par le général Ambert. — Paris, chez Bloud et Barral, 1885, br., 1 vol. in-8.

580. **Sedan,** par le général Ambert. — Paris, chez Bloud et Barral, 1885, br., 1 vol. in-8.

581. **La Loire et l'Est,** par le général Ambert. — Paris, chez Bloud et Barral, 1885, br., 1 vol. in-8.

582. **Le Siège de Paris en 1870-1871,** par le général Ambert. — Paris, chez Bloud et Barral, 1885, br., 1 vol. in-8.

583. **La Révolution française,** par Lanfrey. — Paris, chez Charpentier, 1873, demi-rel., 1 vol. in-12.

584. **Dynastie des Bourbons d'Espagne,** par Guillotte. — Versailles, chez Aug. Montalant, 1862, br., 1 vol. in-12.

585. **Quelques mots sur l'Etude de la Paléographie,** par Léon Gruttner. — Paris, chez Aug. Aubry, 1884, avec fig., br., 1 vol. in-12.

586. **Conspiration de Belfort de 1822,** compte-rendu du procès. — Colmar, 1822, demi-rel., 1 vol. in-8.

587. **Ephémérides du Comté de Montbéliard,** par Duver-
noy. — Besançon, chez Deis, 1832, demi-rel. in-8.

588. **Tableau des Révolutions de l'Europe,** par Koch. —
Paris, chez Schœll, 1887, demi-rel., 3 vol. in-8.

589. **Procès des ministres de Charles X,** par A. Boltz, avec
portraits. — Paris, imprimerie Gœtschy, 1830, cart.,
2 vol. in-8.

590. **Belfort et son Territoire,** par Lieblin, 2e édit. — Mulhouse, chez Veuve Bader et Cie, 1877, br., 2 vol. in-8.

591. **Lakanal,** par Marcus, avec préf. de Pascal Duprat et
portrait. — Paris, chez Marpon et Flammarion, 1879, br.
in-8.

592. **L'Abbaye de Senones,** par Dinago. — Saint-Dié, chez
Humbert, 1877-1881, br., 1 vol. in-8.

593. **Collection d'articles de journaux concernant l'Inau-
guration du « Quand-Même ».** — Paris, 1884, br., in-4.

594. **Budget de la ville de Belfort de 1874 à 1885.** —
Belfort, imp. Spitzmuller, cart., 1 vol. in-4.

595. **Histoire des Voyages,** par J.-F. Laharpe. — Paris,
chez Et. Ledoux, 1820, demi-rel., 24 vol. in-8, l'atlas
manque.

596. **Promenades archéologiques à Rome et à Pompei,**
Gaston Boissier, avec plans. — Paris, chez Hachette et
Cie, 1880, br., 1 vol. in-8.

597. **Dictionnaire du Haut et du Bas-Rhin,** par Baquol. —
Strasbourg, 1849, cart., 1 vol. in-12.

598. **Essai sur la nouvelle Armée,** par le colonel Poullet.
— Paris, chez Dentu, 1872, br., 1 vol. in-8.

599. **Le général Cremer,** par le colonel Poullet, 5e édit.,
avec cartes. — Paris, chez E. Lachaud, 1872, br., 1 vol.
in-8.

600. **Géographie du Bassin du Rhin,** par Pichat, avec plans.
— Paris, chez Delagrave, 1876, demi-rel., 1 vol. in-8.

601. **La campagne du Luxor,** par Léon de Joannis. — Paris,
chez Veuve Hussard, 1835, demi-rel., 1 vol. in-8. Atlas
V. No 750.

602. **Géographie du Territoire de Belfort,** par Armbruster
et Perezot. — Paris, chez Delagrave, 1879, 1 vol. in-8,
cart.

603. **Inventaires des manuscrits de la Bibliothèque nationale,** par Léopold Delisle. — Paris, chez H. Champion,
1878, br., 2 vol. in-8.

604. **Abrégé de l'histoire d'Allemagne,** par Pfeffel, 3ᵉ édit. — Mannheim, chez Michel Pierson, 1758, cart., 1 vol. in-4.

605. **Rapport sur les antiquités de la France,** par Gaston Paris. — Paris, chez Firmin Didot et Cⁱᵉ, 1880, br., in-4.

606. **L'Alsace en fête,** par Le Roy de Sainte-Croix. — Strasbourg et Paris, chez Hagemann et Cⁱᵉ, 1880, br., 1 vol. in-4.

607. **La Ville et l'Acropole d'Athènes,** par Emile Burnouf. — Paris, chez Maisonneuve et Cⁱᵉ, 1877, br., 1 vol. in-4.

608. **Catalogue des Manuscrits des Bibliothèques des départements.** — Paris, Imprimerie nationale, 1849-1885, cart., 7 vol. in-8.

609. **Code historique et diplomatique de Strasbourg.** - Strasbourg, chez G. Silbermann, 1843, br., 2 vol. in-4.

610. **Statistique de la France, Dénombrement de 1876.** — Paris, Imprimerie nationale, 1878, br., 1 vol. in-4.

611. **Statistique du département de la Drôme,** par Delacroix, nouv. édit. — Valence, chez Borel. 1835, cart., 1 vol. in-4.

612. **Chronique de la ville de Spire,** par Christophe Lehmann, allem. — Francfort-sur-Main, chez G.-H. Derlings, 1698, veau, 1 vol. in-fol.

613. **Inventaire des Archives de la Corrèze,** par Lacombe. — Paris, imp. P. Dupont, 1874, br., 1 vol. in-4.

614. **Notice sur les vitraux peints de l'Eglise de Saint-Julien (Jura),** par B. Prost, avec planches par Clos. — Lons-le-Saulnier, chez Declarme frères, 1885, br., in-4.

615. **Réparations des dommages causés par l'invasion,** par H. Durangel. — Paris, Imprimerie nationale, 1876, br., 1 vol. in-4.

616. **Rapport sur les Tombes militaires (1870-1871).** — Paris, Imprimerie nationale, 1876, 1 vol. in-4.

617. **Inscriptions chrétiennes dans la Gaule,** par Edmond Leblanc. — Paris, Imprimerie impériale, 1865, cart., 2 vol. in-4.

618. **Essai sur les institutions de l'empire des Incas,** par Ch. Viéné. Paris, chez Maisonneuve et Cⁱᵉ, 1874, br., 1 vol. in-4.

619. **Histoire d'Alsace,** par Grandidier. — Strasbourg, chez Levrault, 1787, br., 1 vol. in-4.

620. **Rapport sur les Caisses d'Epargne,** par CUNIN-GRI-DAINE. — Paris, Imprimerie royale, 1845, 1 vol. in-4, br.

621. **Rapport sur les Sociétés de secours mutuels,** par M. WELSCHE.

Rapport sur les Sociétés de secours mutuels, par M. LEPÈRE. — Paris, Imprimerie nationale, 1877-1879, 2 vol. in-4. br.

622. **Dictionnaire géographique, historique, littéraire de la Perse,** par BARBIER-MAYNARD. — Paris, Imprimerie impériale, 1861, 1 vol. in-8, br.

623. **Géographie comparée de la province romaine d'Afrique,** par Ch. TISSOT. — Paris, Imprimerie nationale, 1879, 1 vol. in-4, br.

624. **Géographie de la Gaule au VIe siècle,** avec cartes et port., par A. LONGNON. — Paris, chez Hachette et Cie, 1878, 1 vol. in-8, br.

625. **Histoire de France populaire,** par H. MARTIN, avec grav. et un autog. de l'auteur. — Paris, chez Furne, Jouvet et Cie, 1879, 5 vol. in-4, demi-rel.

626. **Voyage de Vancouvert,** trad. de l'anglais. — Paris, Imprimerie de la République, an VIII, 3 vol. in-4, avec atlas N° 754.

627. **Expédition en Mésopotamie,** par Jules OPPERT. — Paris, Imprimerie impériale, 1863, 2 vol. in-4, demi-rel., avec atlas N° 753.

628. **Histoire des grands panetiers de Normandie.** — Paris, chez J.-B. Dumoulin, 1856, 1 vol. in-8, br.

629. **Milet et le golfe Latmique,** par RAYET et THOMAS. — Paris, chez Baudry, 1877, 1 vol. in-4. br., avec atlas V. N° 760.

630. **Chronique de Morée aux XIIIe et XIVe siècles,** publiée par la Société de l'Orient latin, par MOREL-FATIO. — Genève, chez J.-G. Fick, 1885, 1 vol. in-8, br.

631. **Introductio in universam geographicam** a Philip CLAVERIO. — Lugduni Batavorum, ap. Elzevirios, 1641, parch., 1 vol. in-32.

632. **Dictionnaire abrégé de géographie ancienne,** par PERNET, 2e édit. — Paris, chez Aug. Delalain, 1826, 1 vol. in-32, br.

633. **Nouvelle géographie de l'Europe,** allem., incomplet, 1 vol. in-18.

634. **Courtes questions de géographie,** par Hubner, allem. — Leipzig, chez Gleditsch, avec carte, 1704, parch., 1 vol. in-18.

635. **Courtes questions de géographie,** par Hubner, allem. — Leipzig, chez Gleditsch, 1734, sans carte, parch., 1 vol. in-18.

636. **Courtes questions de géographie,** par Hubner, allem., avec carte. — Leipzig, chez Gleditsch, 1736, veau, 1 vol. in-18.

637. **Sito et antichita citta di Pozziolo di Mazzetta.** — Naples, Gioseppo Bonfadino, 1596, fig., ital., parch., 1 vol. in-8, avec fig.

638. **Deliciarum Germaniæ,** latin. — Coloniæ, apud Wilh. Lutzenkirchen, 1609, parch., 1 vol. in-18.

639. **Le guide des Pays-Bas,** par Boussingault. — Paris, chez Augustin Besoigne, 1677, cart., 1 vol. in-12.

640. **Sphère historique,** par Lartigant. — Paris, 1715, cart., 1 vol. in-12.

641. **Description de Paris,** par Brice, tome 1er. — Paris, chez Nicolas Le Gras, 1698, veau, 2 vol. in-12, tome 2 manque.

642. **Rudimenta geographicœ** a Societate Jesus. — Augustæ Vindelicorum, ex off. Matheœ Wolff, 1736, cart., 1 vol. in-12.

643. **Compendium geographicæ ecclesiasticæ** a C. A. Stadel. — Romæ, ap. Rocchi Bernarbo, 1712, parch., 1 vol. in-12.

644. **Etat de la Corse,** de Paseo Paoli, trad. par James Boswel. — Londres, 1769, cart., 2 vol. in-12.

645. **De Italia** a Nicolas Reusneri. — Argentinæ, apud Bernardum Jacobinum, 1595, parch., 1 vol. in-12.

646. **Geographica Jacobi,** allem. — Augsburg, apud Burglen, 1815, cart., 1 vol. in-12.

647. **Viaggi per l'Italia, Franciæ, Germaniæ di Madrizio.** — Venetiæ, ap. Gabriel Hertz, 1718, ital., parch., 1 vol. in-12, manque le 1er vol.

648. **Guide de l'émigrant,** par Etourneau. — Paris, chez Petit Pierre, 1855, br., 1 vol. in-12.

649. **Cahiers de géographie,** par Th. Burette, Duruy et Wallon. — Paris, chez Chamerot, br., 1 vol. in-12, 2e édit.

650. **Description de la Confédération Suisse,** par Conrad FUESCHLIN. — Schaffouse, chez Benoit Hurter, 1770, allem., demi-rel. in-12.

651. **Voyage au Sénégal,** par LABARTHE, avec cartes. — Paris, chez Dentu, 1802, cart., 1 vol. in-12.

652. **Voyage dans l'océan Pacifique,** par BROUGHTON. — Paris, chez Dentu, 1808, cart., 2 vol. in-12.

653. **Géographie universelle,** par HUBNER. — Chez Jean-Rodolphe Im-Hoff, 1746, cart., 6 vol. in-12.

654. **Carte du cours du Rhin.** — Lith. Simon, à Strasbourg.

655. **Carte de la Suisse.** — Lausanne, gr. Granot, 1769, entoilée.

656. **Carte du Haut-Rhin en 1790,** gr. par CHANLAIRE.

657. **Carte de Luxeuil,** gr. par PRÉQUET, à Paris, entoilée.

658. **Carte de Langres,** gr. par PRÉQUET, à Paris, entoilée.

659. **Carte de Dijon,** par PRÉQUET. — Paris, entoilée.

660. **Carte de Besançon,** par PRÉQUET. — Paris, entoilée.

661. **Carte du Hohwald et ses environs,** par KUNTZ, lithog. par FASSOLI, à Strasbourg, 1864.

662. **Carte du margraviat de Mæhren,** par MULLER, gravée à Vienne en 1804 par TRANQUILLO-MOLLO, ayant servi au général Corbineau.

663. **Carte de la Wetteravie et du cercle du Haut-Rhin.** — Chez W. Jæger, à Franckfort, ent.

664. **Carte d'Allemagne (rive gauche du Rhin),** ent. — Chez Jæger, à Francfort.

665. **Carte de Wetteravie.** — Chez Jæger, à Francfort.

666. **Carte du cercle du Haut-Rhin de 1786,** par GUSSEFELD, à Nuremberg, gr. par HOMANN, ent.

667. **Carte de Normandie en 1780,** par CLERMONT. — Paris, chez Esnault et Rappilly, 2 feuilles, ent.

668. **Carte de la Bretagne en 1775.** — Rennes, ent.

669. **Carte de l'électorat de Trèves,** par GUSSEFELD, gr. par HOMMANN, 1789, Nuremberg, ent.

670. **Carte de la Champagne,** par Robert de VAUGONDY. — Paris, De la Marche, 1782, ent.

671. **Carte de Paris et des environs.** — Paris, chez Esnault et Rapilly, 1781, ent.

672. **Carte de France en 1764,** par DELISLE et BUACHE. — Paris.

673. **Carte des postes de France en 1787,** 1 feuille ent.

674. **Carte du duché de Savoie,** par R. de VAUGONDY. — Venise, gr. Santini, 1778, 1 feuille, ent.

675. **Carte d'Irlande,** par LE ROUGE. — Paris, gr. par Basset, 1 feuille, ent.

676. **Carte de la Haute-Alsace,** par BEAURAIN. — Paris, carte des campagnes 1674 et 1675.

677. **Carte de France,** par EHRARD. — Paris, chez Hachette et Cie, 1874, sur toile montée, murale.

678. **Carte du territoire de Belfort,** par L. PARISOT. — Paris, chez Delagrave, 1878, sur toile montée, murale.

679. **Carte de Suisse,** par ZIEGLER. - Zurich, chez Wurster, entoilée, murale, ornée de gravures.

680. **Carte géologique du Haut-Rhin,** de DELBOS et KŒCHLIN, 1867. — Paris, sur toile montée.

681. **Collegia geografico-politicæ,** par Ams. DESINGUE, allem. — Regensbourg, 1744, chez Jeon GASTL, veau, 1 vol. in-4.

682. **Happeli mundus mirabilis tripartiti,** allem. — Ulm, ap. Mathæ Wagner, 1689, parch., 1 vol. in-4.

683. **Voyage de Benjamin et divers autres.** — Paris, imp. de Betherne, demi-rel., 1 vol. in-8.

684. **Voyage en Afrique, en Asie, etc.,** par MOCQUET. — Paris, atelier des Ouvriers réunis, 1830, cart. 1 vol. in-8.

685. **Voyage en Afrique,** par Léon l'AFRICAIN. — Paris, atel. des Ouvriers réunis, 1830, cart., 2 vol. in-8.

686. **Les voyages aventureux,** par MINDEZ-PINTO. — Paris, atel. des Ouvriers réunis, 1830, cart., 3 vol. in-8.

687. **Voyage de Barthème et autres.** — Paris, atel. des Ouvriers réunis, 1830, cart., 1 vol. in-8.

688. **Voyage de Bernier.** — Paris, atel. des Ouvriers réunis, 2 vol. in-8.

689. **Voyage de Champlain.** — Paris, atel. des Ouvriers réunis, 1830, cart., 2 vol. in-8, 1er manque.

690. **Cours de cosmographie,** par MENTELLE. — Paris, chez Bernard, 1804, veau, 3 vol. in-8, manque le 1er.

691. **L'art Khmer : Etude historique sur le Cambodge,** par le comte de CROISIER, orné de vig. — Paris, chez Ernest Leroux, 1875, br., in-8.

692. **Notes d'un voyage dans l'Ouest de la France,** par MÉRIMÉE. — Paris, chez Fournier, 1836, cart., 1 vol. in-8.

693. **Compendium totius Orbis,** avec fig. — Augustæ Vendelicorum, ap. Martin Harrach, 1733, veau, 1 vol. in-4, tranche dorée.

694. **Relation d'un voyage en Morée,** par BORY-SAINT-VINCENT, avec fig. — Paris, chez F.-G. Levrault, 1836, demi-rel., 2 vol. in-8, atlas N° 749.

695. **Géographie du Canada,** par SHERIDAN-HOGAN. — Montréal, chez John Lovell, 1855, br., 1 vol. in-8.

696. **Voyage d'un amateur en Angleterre,** par Alfred MICHELS. — Paris, chez H. Loones, 1872, br., 1 vol. in-8, 4e édition.

697. **L'Afrique de Marmal,** par Nicolas PERROT D'ABLANCOURT. — Paris, chez Thomas Jolly, 1667, veau, 3 vol. in-4.

698. **Relation d'un voyage fait au Levant,** par THEVENOT. — Paris, chez Louis Billaine, 1665, veau, 1 vol. in-4.

699. **Voyage en Chine,** par divers. — Paris, chez Christ. Journel, 1681, veau, 1 vol. in-4.

700. **Histoire générale des voyages,** trad. de l'anglais par l'abbé PRÉVOST, avec fig. et cartes. — Paris, chez Didot, 1746, veau, Panckouke, 19 vol. in-4.

701. **Dictionnaire des communes de France,** par GIRAULT-SAINT-FARGEAU, avec fig. — Paris, chez Firmin Didot, 1844, demi-rel., 3 vol. in-4.

702. **La Toscane et le Midi de l'Italie,** par MERCEY. — Paris, chez Bertrand, 1858, cart., 2 vol. in-8.

703. **Notes d'un voyage en Auvergne,** par MÉRIMÉE. — Paris, chez H. Fournier, 1838, demi-rel., 1 vol. in-8.

704. **Campagne dans les mers de l'Inde et de la Chine à bord de l' « Erigone ».** — Paris, chez Arthur Bertrand, 1847, 4 vol in-8.

705. **Voyage au Caucase,** par POTOCKI, avec fig. et cartes. — Paris, chez Merlin, 1829, demi-rel., 2 vol. in-8.

706. **Voyage à la côte orientale d'Afrique,** par Guillain, avec fig. — Paris, chez Arthur Bertrand, 1856, cart., 3 vol. in-8, atlas v. N° 761.

707. **Voyage de circumnavigation de l' « Artémise »,** par Laplace, avec fig. — Paris, chez Arthur Bertrand, 1848, 6 vol. in-8, cart., manquent 1er, 2e et 3e vol., avec atlas.

708. **Voyage en Abyssinie,** par divers auteurs, avec fig. — Paris, chez Arthur Bertrand, 1845, 6 vol. in-8, cart., atlas v. N° 752.

709. **Voyage dans les mers du Nord,** par Ch. Edmond. — Paris, chez Michel Lévy frères, 1857, demi-rel., 1 vol. in-4.

710. **Glossaire nautique,** par A. Jal. — Paris, chez Firmin Didot frères, 1848, demi-rel., 1 vol. in-4.

711. **Statistique du Haut-Rhin,** par A. Penot, avec fig. — Mulhouse, chez Jean Risler et Cie, 1831, demi-rel., 1 vol. in-4.

712. **La France illustrée,** par Malte-Brun, avec fig. — Paris, chez Gust. Barba, 1855, demi-rel., 3 vol. in-4, manque le 2e.

713. **Le nouveau royaume d'Italie,** par Dutil. — Paris, chez Henri Plon, 1862, demi-rel., 1 vol. in-4.

714. **Voyage de Leurs Majestés en Algérie,** par un rédacteur de l'*Illustration*. — Paris, chez Henri Plon, 1860, avec fig., demi-rel., 1 vol. in-4.

715. **Géographie universelle,** de Malte-Brun, nouv. édit. — Paris, chez Poulain et Cie, avec fig., demi-rel., 8 vol. in-8.

716. **L'Italie, la Sicile, la Sardaigne,** par divers auteurs, publié par Andot père. — Paris, chez Andot fils, demi-rel., 5 vol in-8, avec fig.

717. **Relation du Yucatan,** par Diego de Landa, trad. par A. Brasseur de Bourgbourg. — Paris, chez A. Durand, 1864, cart., 1 vol. in-8.

718. **Voyage en Terre sainte,** par de Saulcy, avec cartes et fig. — Paris, chez Didier et Cie, 1865, demi-rel., 2 vol. in-8.

719. **Dictionnaire statistique de la France.** — Paris, imprimerie nationale, br., 9 vol. in-4.

1. **Département de la Dordogne,** par le vicomte de Gourgues, 1873.

  2. **Département de la Mayenne,** par Léon MAITRE, 1878.

  3.   —   **du Gard,** par Georges DAVID, 1878.

  4.   —   **du Haut-Rhin,** par STOFFEL, 1868.

  5.   —   **de la Moselle,** par BOUTEILLIER, 1874.

  6.   —   **des Hautes-Alpes,** par ROMAN, 1874.

  7.   —   **de l'Eure,** par le marquis de BLOSSE-
            VILLE, 1878.

  8.   —   **du Calvados,** par HIPPEAU, 1883.

  9.   —   **de la Vienne,** par REDET, 1881.

720. **Livraisons.**

721. **Géographie universelle** d'Elysée RECLUS, avec cartes et
fig. — Paris, chez Hachette et Cie, 1877-1884. 9 vol. in-4,
broché.

722. **La terre,** par Elysée RECLUS, 1re partie, 1re édit., 1869,
2e partie, 3e édit., 1874. — Paris, chez Hachette et Cie,
demie-rel., 2 vol. in-4.

723. **Notes de voyage d'un Architecte,** par F. NARJOUX. —
Paris, chez A. Morel et Cie, 1875, br., 1 vol. in-8.

724. **Cartes de Munich,** entourée de vign., ent. — Munich,
chez Lindauer.

725. **Exploration du Soudan,** par Gustave SAHLER, avec
cartes. — Montbéliard, chez Barbier, 1879, br., in-8.

726. **Un continent perdu en Afrique,** par Joseph COOPER,
trad. par LABOULAYE, avec cartes. — Paris, chez Hachette
et Cie, 1876, br., 1 vol. in-8., 2e édit.

727. **Au cœur de l'Afrique,** par G. SCHWEINFURTH, trad. par
LOREAU. — Paris, chez Hachette et Cie, 1875, demi-rel.,
2 vol. in-8, avec cartes et fig.

728. **Atlas Migeon,** revu par VUILLEMAIN. — Paris, édité par
Migeon, 1861, demi-rel., 1 vol. in-4.

729. **Dictionnaire géographique et politique,** par HORRER.
—Strasbourg, chez Levrault, 1787, demi-rel., 1 vol. in-4.

730. **Voyage en Asie,** par Pierre BERGERON, avec fig. — La
Haye, chez Jean Neaulme, 1835, avec fig., veau, 1 vol.
in-4.

731. **Le canal de Suez,** par RIOU, illust. — Paris, chez
Aug. Marc et Cie, 1869, br. in-8.

732. **Voyage de J.-B. Tavernier,** allem., avec fig. — Genève,
chez Hermann Widerholds, 1681, veau, 1 vol. in-folio.

733. **Voyage à Jérusalem**, par Bernard de BREITENBACH, de Mayence, avec fig. gr. par Erhard REWICH, d'Utrecht, 1483, veau, 1 vol. in-folio.

734. **Voyage à Jérusalem**, par Bernard de BREITENBACH de Mayence, avec planches gr. par Erhard REWICH, d'Utrecht. 1483, veau, 1 vol. in-folio.

735. **Description des Voyages en Orient**, du père LA VALLÉE, allem., avec fig. — Genève, chez J.-Herm. Widerholds, 1671, cart., 2 vol. in-folio.

736. **Description sur la ville de Vienne**, par ABERMANN, 1545, cart., 1 vol. in-folio.

737. **Cosmographie**, de Sébastien MUNSTER, avec cartes et plans. — Bâle, chez Henrich Peter, 1556, parch., 1 vol. in-4, allem.

738. **Voyage au Brésil**, par Jean de LERIUS, avec gr. sur cuivre de Théodore de BRY. — Francfort, 1591-1600, parch.

Sous la même reliure : **Description des Sauvages de l'Amérique**, par J. LEMOINE, avec gr. de Th. de BRY. — 1591-1599, parch., 1 vol. in-folio.

739. **Voyage aux Indes**, par Erasme FRANTZ, avec gr. — Nuremberg, chez André Endler et Wolfgang, 1670, parch., 1 vol. in-folio.

740. **Visite aux Jardins de Plaisance des Chinois**, par Erasme FRANTZ. — Nuremberg, chez André Endler et Wolfgang, 1668, parch., 1 vol. in-folio.

741. **Voyage dans l'Afrique occidentale** (atlas), par Anne RAFFENEL. — Paris, chez Arthur Bertrand, 1846, cart., 1 vol. in-folio.

742. **Voyage de l'empereur en Bretagne et en Normandie.** par DAVONS, 2e édit. — Paris, chez Alf. Bouchard, 1858, cart., 1 vol. in-folio.

743. **L'Espagne**, par DAVILLIER, illustrée par Gustave DORÉ. — Paris, chez Hachette et Cie, 1874, demi-rel., 1 vol. in-4.

744. **Dictionnaire géographique** de LA MARTINIÈRE, nouv. édit. — Paris, chez Boudet et Cie, 1768, veau, 6 vol. in-fol., comprenant les **40 Tables de la Suisse**, par le pasteur FABER, 1846.

745. **Atlas universel**, par ROBERT et R. de VAUGONDY. — Paris, chez Bader, 1751, veau, 1 vol. in-folio.

746. **Atlas universel,** par Robert et R. de Vaugondy. — Paris, chez Bader, 1757, veau, 1 vol. in-folio.

747. **Description de l'Asie Mineure,** par Ch. Texier. — Paris, chez Firmin Didot, 1849, demi-rel., 1 vol. in-folio, figures.

748. **Voyage en Perse,** par Burnouf, Lebas et Leclerc, planches par Flandin et Coste. — Paris, chez Gide et Baudry, demi-rel., 6 vol. in-folio.

749. **Voyage en Morée,** par Bory de Saint-Vincent, atlas, 1 vol. in-folio, pour texte voir N° 694.

750. **Campagne du Luxor,** atlas par Léon de Joannis. — Paris, chez Mad. Huzard, 1835. 1 vol. in-folio. demi-rel., texte voir N° 133.

751. **Excursion en Dalmatie et en Montenegro,** par Charles Pelerrin. — Paris, chez Dubuisson. 1860, demi-rel., 1 vol. in-folio.

752. **Voyage en Abyssinie,** atlas, par Th. Lefèvre, Petit, Quentin-Dillin, texte voir N° 708. — Paris, chez Arthur Bertrand, 1847, 2 vol. in-folio.

753. **Expédition en Mésopotamie,** par Jules Oppert. — Paris, Imprimerie impériale. 1863. 2 vol. in-4, demi-rel., atlas, texte voir 627, gr. par Thomas.

754. **Voyage de Vancouver à l'océan Pacifique,** atlas. — Paris, Imprimerie de la République, an VIII. 1 vol. in-folio, texte voir N° 626.

755. **Voyage de Leurs Majestés Impériales dans le Sud-Est et en Algérie,** par Aug. Marc. — Paris, chez Alf. Leroux., 1860, demi-rel., 1 vol. in-folio.

756. **Voyage de Dentrecastraux,** par Rossel. — Paris, Imprimerie impériale, 1808, 2 vol. in-4, un atlas in-folio, cart.

757. **Voyage aux deux Nils,** par G. Lejean. atlas gr. par Erhart. — Paris, chez Hachette et Cie. 1866. 1 vol. et 1 atlas in-folio, demi-rel.

758. **Atlas russe.**

759. **Le golfe Latmique,** atlas gr. par pour le texte voir N° 629.

760. **Voyage à l'oasis de Syouah,** par Janard, avec cartes gr. par Erhart. — Paris, chez Ch. Delagrave, 1823, incomplet.

761. **Voyage à la côte orientale de l'Afrique,** par Guillon, atlas in-folio, texte voir N° 706.

762. **Diplomata et Chartæ Merovingicæ æstatis** a A. LE-
TIONNE. — Parisiis, ex off. Kæppelini, sans date, 1 vol.
in-folio, demi-rel.

763. **Musée des archives départementales,** par DESJARDINS.
— Paris, Imprimerie nationale, 1878, 1 vol. texte et 1 vol.
atlas, in-folio, demi-rel.

764. **Monuments anciens du Mexique,** par l'abbé BRASSEUR
DE BOURBOURG, dessins de DE WALDECK. — Paris, chez
Arthur Bertrand, 1866, 1 vol. texte et 1 vol. atlas, in-fol.,
demi-rel.

765. **Les fêtes de Versailles,** reprod. de gravures anciennes
datant de 1664. — Paris, 1 vol. in-folio, demi-rel.

766. **Nouvelle évaluation du revenu foncier des proprié-
tés non bâties de la France.** — Paris, Imprimerie
nationale 1884, 1 vol. in-folio, demi-rel.

767. **Atlas universel,** par STIELER, allem. — Gotha, chez
Julius Perthes, 1881-1882. 1 vol. in-folio, demi-rel.

768. **Le peintre Louis David,** par Jules DAVID. — Paris, chez
V. Havard, 1880. 1 vol. in-folio, br. avec portrait.

769. **Tableau des pertes des Armées allemandes,** par LE-
CLERC. — Paris, chez Dumaine, 1873, 2 vol. in-folio, cart.

770. **Costumes du grand-duché de Bade,** par VALERIO. —
Paris, chez Gihant frères, 1841, 1 vol. in-folio, cart.

671. **Portefeuille de l'Italie,** par Eugène CICERI, dessins de
de MERCEY. — Paris, chez Lemercier, sans date, 1 vol.
cart., in-folio.

772. **Dernier journal de Livingston,** par Horace WALTER,
trad. par M. LOREAU. — Paris, chez Hachette et Cie,
1876, 2 vol. in-8. br.

773. **Second voyage dans le royaume de Choa,** par ROCHET
D'HÉRICOURT. — Paris, chez Arthur Bertrand, 1846, 1 vol.
in-8, demi-rel., avec fig.

774. **Géographie illustrée,** de CHAUCHARD et MUNTZ. — Paris,
chez Garnier frères, 1884, avec fig., 1 vol. in-8, in-8.

775. **Orient latin : Itinéraire de Jérusalem,** par H. MICHELANT
et G. REYNAUD. — Genève, chez J.-G. Fick. 1882, 2 vol.
in-8, br.

776. **Orient latin : Itinéraire de Jérusalem,** texte latin, par
TOBLER. — Genève, chez J.-G. Fick, 1877, 2 br. in-8.

777. **Description de l'Egypte,** par PANCKOUCKE. — Paris,
Imp. Panckoucke, 1821, 22 vol. in-8, br.

778. **La guerre franco-allemande,** trad. de l'allem. par Costa da Serda. — Berlin, chez Siegfried Mitler et Cie, Paris, chez Dumaine, 1872-1882, 5 vol. in-8, demi-rel. et 5 cartons de cartes.

779. **A travers l'Afrique,** par Cameron. trad. de l'anglais par Mme Loreau, avec cartes et gr. — Paris, chez Hachette et Cie, 1878, in-8, demi-rel.

780. **Revue de géographie,** de Drapeyron. — Paris, chez Ch. Delagrave, 1880-86, 13 vol. in-8, br.

781. **Club alpin français.** — Paris, chez Hachette et Cie, 1876-1882, 5 vol. in-12, br.

782. **Histoire de la réunion de la Franche-Comté à la France,** par Piepape. — Paris, chez Champion, 1881, 2 vol. in-8, br.

783. **Rapport sur les progrès de l'histoire et de la littérature,** par Dauer. — Paris, Imprimerie impériale, 1810, 1 vol. in-8, br.

784. **Rapport sur les progrès des sciences,** par Delambre. — Paris, Imprimerie impériale, 1810, 1 vol. in-8, br.

785. **Histoire de France,** par Guizot, 1789-1848, avec grav. — Paris, chez Hachette et Cie, 1880, 2 vol. in-8, br.

786. **Histoire d'un village,** par le docteur Muston, avec grav. — Montbéliard, chez Barbier frères, 1882, 3 vol. in-8, br.

787. **Le siège de Belfort en 1870-71,** par Wolff. trad. par Bodenhorst. — Bruxelles, chez É. Guyot, 1878, 2 vol. in-8, demi-rel., avec cartes.

788. **Légende territoriale de la France,** par Pfeiffer, avec cartes et vign. — Paris, chez Charles Delagrave, 1877, 1 vol. in-12, br.

789. **Etat des villes, villages, bourgs, etc. du comté de Bourgogne.** — Besançon, chez Cl.-Jos. Daclin, 1754, 1 vol. in-8, veau.

790. **Le traité d'Utrecht,** par Ch. Giraud. - Paris, chez Plon frères, 1847, 1 vol. in-8, br.

791. **Annuaire du Doubs,** par Laurens. — Besançon, chez Sainte-Agathe ainé. 1838, 1 vol. in-12.

792. **Les grands écuyers et les grandes écuries,** par Ed. de Barthélemy. — Paris, imp. Bonaventure, 1863, broch. in-8.

793. **Beati rhenani liber institutionorum trerum germanicorum.** — Ulmæ, apud Georg Wilhelm, 1693, 1 vol. in-4, cart.

794. **Histoire de la Révolution à Strasbourg,** allem. — Strasbourg, sans titre, 1 vol. in-8, cart.

795. **Géographie universelle,** par de La Croix. — Lyon, chez Nicolas de Ville, 1705, 1 vol. in-12, veau, avec cartes sur monture.

796. **Procès de Jules Migeon.** Résumé du compte rendu des journaux. — Paris, imp. J. Claye, 1857, 1 br. in-8.

797. **Etat des troupes de France.** — Paris, sans titre, 1753, 1 vol. in-12, br.

798. **Le théâtre scientifique,** par Louis Figuier. — Paris, imp. Capiomont et Renault, 1886, 1 br. in-8, 2 exempl.

799. **Plan de l'Exposition de 1878.** — Paris, maison Logerot-Gaultier, éditeurs, 1878, carte entoilée.

800. **Voyage en Egypte,** par Ch. Blanc, avec dessins de Firmin Delange. — Paris, imp. Renouard, 1876, 1 vol. in-8, br.

801. **Biographie de Dauphin, le comte de la Suze,** par Henri Bardy., — G.-F. Renaud, 3 br. in-8, 1881-1886.

802. **Actes civils d'artistes français,** par Herluison. — Orléans, chez Herluison, 1872-1873, 2 vol. in-8, br.

803. **Armorial de la généralité d'Alsace.** — Colmar, chez E. Barth, 1861, 1 vol. in-8, br.

804. **Rubens et l'école d'Anvers,** par A. Michels. — Paris, chez Adolphe Delahays, 1854, 1 vol. in-8, br.

805. **Correspondance des Saulx-Tavanes au XVIe siècle,** par Pingaud. — Paris, chez Champion, 1877, 1 vol. in-8, broché.

806. **L'art et les artistes hollandais,** par Henri Havard, avec gra. et port. — Paris, chez Quantin, 1880, 2 vol. in-8, br.

807. **Bayard** (1495-1524), par E. Hardy. — Paris, chez Dumaine, 1880, 1 vol. in-8, br.

808. **Ossian,** sujets tirés du poëme, par Chenavard. — Lyon, chez Louis Perrin, 1868, 1 vol. in-fol., demi-rel.

809. **Bibliographie des travaux historiques et archéologiques.** — Paris, Imprimerie nationale, 1885, br. in-4.

810. **Les vieux châteaux d'Alsace,** par C.-E. Thiery. — Mulhouse, chez Veuve Bader, 1873, in-folio, cart.

811. **La marine au siège de Paris,** par La Roncières-le-Noury. — Paris, chez Henri Plon, 1872, atlas, in-folio, cart.

812. **La guerre de 1870-1871,** par le général AMBERT Paris, chez Henri Plon. 1872. atlas in-folio, cart., texte.

813. **Le siège de Paris,** par le général VINOY. **L'Armistice et la Commune,** par le même. — Paris, chez Henri Plon, 1873, atlas in-folio, cart.

814. **Atlas de Herrad von Landsperg,** von ENGELHARDT. — in-folio, cart., texte voyez N° 824.

815. **Lettres adressées au baron Gérard.** — Paris, imprim. Quantin, 1886, 2 vol. in-8, br.

816. **Bibliographie des travaux historiques et archéologiques.** — Paris, Imprimerie nationale, 1885. 2 vol. in-4, broché.

817. **Histoire de la mode en France,** par Aug. CHALLAMEL. avec planches coloriées par LIX. — Paris, chez Hennuyer, 1 vol. in-8, demi-rel.

818. **Histoire de dix ans (1830-1840),** par Louis BLANC. 2e édit. — Paris, chez Pagnerre, 1842, 5 vol. in-8, br.

819. **Discours du général de Cubières.** — Paris, chez Pourreau. 1845. 1 vol. in-8, br.

820. **Histoire de Grégoire VII,** par VILLEMAIN, 2e édit. — Paris, chez Didier et Cie, 1874, 2 vol. in-8, br.

821. **Thèses d'histoire et nouvelles historiques,** par B. JULIEN. — Paris, chez Hachette et Cie, 1865, 1 vol. in-8, br.

822. **Marc-Aurèle et la fin du monde antique,** par E. RENAN. — Paris, chez Calmann-Lévy, 1882, 1 vol. in-8, br.

823. **L'art Kmer,** par le comte de CROIZIER. — Paris, chez Ernest Leroux, 1875, 1 vol. in-8, br.

824. **Herrad von Landsperg,** von Ch. Mor. ENGELHARDT. — Stuttgard und Tubingen, in der J. G. Gotta'schen Buchhandlung, 1818, 1 vol. in-12, cart., avec atlas voir N° 814.

825. **Mathieu de Dombasle,** par E. BECUS. — Paris, chez Veuve Bouchard-Huzard, 1874, 1 br. in-8.

826. **Quatre relations historiques,** par GUY-PATIN. — Bâle, 1673, 1 vol. in-18, parch.

827. **Journal du siège de Belfort (1870-1871),** réimprimé à Lyon, chez Rosier, 1871, 1 vol. in-4, demi-rel.

828. **Alesia de Vercingetorix,** par un chercheur (LACHANAL). — Aux Avenières (Isère), chez Mlle Constance Chaboud, 1887, 1 vol. in-18, br.

829. **Histoire de la Restauration,** de VAULABELLE. — Paris, 1860, 8 vol. in-8, br.

830. **Voyage de Paris à Mulhouse pittoresque et technique,** par E.-A. Lami. — Paris, Librairie des Dictionnaires, 1887, 1 vol. in-8, br.

831. **Etude sur la limite géographique sur la langue d'oc et sur la langue d'oïl,** par Tourtoulon et Bringuier, avec carte. — Paris, Imprimerie nationale, 1876, 1 br. in-8.

832. **Inventaire de la collection d'estampes d'Hennin.** — Paris, chez Alphonse Picard, 1879, 3 vol. in-8, br.

833. **Inventaire des manuscrits,** suppl. grec, par H. Omont. — Paris, imprimerie Daupeley-Gouverneur, 1883, 1 vol. in-8, br.

834. **Inventaire des manuscrits du fond de Cluny,** par Léon Delislé. — Paris, chez Champion, 1884, 1 vol. in-8, br.

835. **Ninive et l'Assyrie,** par Victor Place. – Paris, Imprimerie impériale, 1867, 2 vol. de texte et 1 vol. planches, in-folio, demi-rel.

SCIENCES

1. **Les retranchements, d'après Turenne,** Principes d'architecture militaires, allem., par J.-H. BEHR. — Francfort et Leipzig, chez Ch. Weidmann, 1877, avec fig., parch., 1 vol. in-12.

2. **Les manœuvres d'infanterie,** nouv. édit., Anonyme. — Paris, chez Anselin, 1826, br., 1 vol. in-18.

3. **Flora Francicæ** a G. FRANCO. — Argentorati, apud Josiæ Stædeli, 1725, parch., 1 vol. in-12.

4. **Histoire naturelle des crustacés et des insectes,** par DESMAREST. — Paris, chez Roret, 1828, demi-rel., 11 vol. in-18, avec planches.

5. **Manuel du boulanger et du meunier,** par BENOIT, avec fig. — Paris, chez Roret, 1856, cart., 2 vol. in-12.

6. **Manuel du fabricant d'indiennes,** par L.-J.-S. THILLAY, nouv. édit. augm. par VERNAUD. — Paris, chez Roret, 1857, cart., 1 vol. in-12.

7. **Des hermaphrotides,** par G. BAUHIN, texte latin avec planches.— Oppenheim, chez Hieron. Galler, 1614, veau, 1 vol. in-12.

8. **Petit dictionnaire de mythologie,** comp. par V. PARISOT. — Paris, chez Hachette et Cie, br., 1 vol. in-12.

9. **Tractatus varii, de vero preparatione et usu medicamentorum** a Bernh. PENOTO. — Basiliæ, apud Lud. Regis, 1616, veau, 1 vol. in-12.

10. **Leçons de physique,** par NOLLET, avec fig. — Paris, chez les frères Guérin, 1749, veau, 4 vol. in-12.

11. **De reptilibus et animalibus sacræ scripturæ** a BUSTAMENTI. — Lugduni, sumpt. Ant. Pillehotte, 1620, parch., 2 vol. in-12, manque le 1er.

12. **Instructions pour les infirmiers.** — Metz, chez Charles Dosquet, 1828, demi-rel. 1 vol. in-12.

13. **Clauses et conditions imposées aux entrepreneurs,** par CHATIGNIER. — Paris, chez Cosse et Marchal, 1857, demi-rel., 1 vol. in-12.

14. **Le Magasin général des arts,** par Fréd. Gottl. EYSVOGEL, allem. — Bamberg, chez Martin Gœbhart, 1756, cart., 1 vol. in-12.

15. **Essai des merveilles de la nature,** par René François, avec fig., 9e édit. — Lyon, chez Claude Rigaud et Phil. Botde, 1636, parch., 1 vol. in-12.

16. **Géométrie de Beaulieu,** avec planches. — Paris, chez Charles de Serey, 1676, parch., 1 vol. in-12.

17. **Physica generalis,** auct. Horwarth, avec fig. — Angustæ Vindelicorum, ex. off. Math. Bieger filiorum, 1775, veau, 1 vol. in-12.

18. **Magnis experimentis,** auct. Augustino Rodier. — Dilingæ, apud J. J. Schwertlen, 1770, cart., 1 vol. in-12.

19. **Manœuvres de l'infanterie,** nouv. édit., Anonyme, avec fig. — Paris, chez Anselme, avec portrait, 1821, cart., 1 vol. in-12.

20. **Catalogue des Camées de la bibliothèque impériale,** par Chabouillet. - Paris, chez Claye, 1858, demi-rel., 1 vol. in-12.

21. **Années scientifiques de Figuier, 1857, 1858, 1859, 1861, 1866.** — Paris, chez Hachette et Cie, demi-rel., 6 vol. in-12.

22. **Tournefortius Alsaticus,** auct. Lindern. — Argentorati. apud Heinr. Leonh. Stein, 1738, parch., 1 vol. in-12.

23. **Les inventeurs et leurs inventions,** par Emile With. — Paris, chez Eugène Lacroix, 1864, demi-rel., 1 vol. in-12.

24. **Lettre d'Euler sur la physique,** par Emile Saisset. — Paris, chez Charpentier, 1859, demi-rel., 2 vol. in-12.

25. **Les applications à la science et à l'industrie,** par Louis Figuier, 2e édit. — Paris, chez Hachette et Cie, 1859, demi-rel., 1 vol. in-12.

26. **De rerum varietate** a Hieronimo Cardeno, fig. et planches. — Basiliæ, per Sebast. Hericpetri, 1556, 1 vol. in-12.

27. **Magasin général des arts,** texte allem., avec grav. — Leipzig, chez Gleditsch, 1753-1756, cart., 8 vol. in-8.

28. **Physicæ generalis et particularis** a Bivald. — Græcii Sumptibus J. M. Lethner, 1769, veau, 2 vol. in-8.

29. **Oculus hoc est fundamentum opticum,** auct. Christ. Schneider. — Œniponti, apud Danielem Agricolam, 1619, parch., 1 vol. in-8.

30. **Tabula geographico-horoga** Adami Aigenler. — Ingolstadt, apud Joan Ostermayerium, 1648, parch., 1 vol. in-8.

31. **Le soin de la santé,** par Buxdorf, texte allem. — Bâle, chez Schweighauser, 1772, parch., 1 vol. in-8.

32. **Traité d'architecture civile,** par W**olf**, avec planches.
— Augsbourg, chez G. Christ. Kilian, 1752, allem., demi-rel., 1 vol. in-8.

33. **De horologiis sciotherisis Valli.** — Turnoni, apud Ch. Mithoclem et T. Sonbron, 1608, parch., 1 vol. in-8.

34. **Rapport sur le cholera morbus,** A**libert**, B**ardin**, etc.
— Paris, chez Luchevardier, 1832, br., 1 vol. in-8.

35. **Essai sur l'art du briquetier,** par C**lerc**. — Paris, chez Carilian-Gaury, 1828, br., 1 vol. in-8.

36. **Tables de Martin,** par C.-F. M**artin**. — Chez l'auteur, 1817, veau, 1 vol. in-8.

37. **Eléments de géométrie,** de B**ezout**, avec planches. — Paris, chez Bachelier, 1828, cart., 1 vol. in-8.

38. **Considérations sur le recrutement de l'armée.** — Paris, chez Anselin, 1828, br., 1 vol. in-8.

39. **Homme et nature,** par K**œppelin**. — Paris, chez Ernest Thorin, br., 1 vol. in-8.

40. **Les fumiers et les compostes,** par F**ouquet**. — Paris, à la Librairie de la Maison rustique, 2e édit., br., 1 vol. in-8.

41. **Sur la bibliothèque de St-Victor.** — Paris, chez Auguste Aubry, 1865, br., 1 vol. in-8.

42. **Bernard de Palissy,** par Louis A**udiat**. — Paris, chez Didier et Cie, 1868, demi-rel., 1 vol. in-12.

43. **Documents sur l'architecture,** par Jean B**elfenzrieder**, texte allem., avec planches. — Augsbourg, chez Mathieu Rieger et fils, 1787, br., 1 vol. in-8.

44. **Histoire de la gravure en France,** par D**uplessis**. — Paris, chez Rapilly, 1861, demi-rel., 1 vol. in-8.

45. **Les substances alimentaires,** par P**ayen**. — Paris, chez Hachette et Cie, 1865, demi-rel., 1 vol. in-8.

46. **Traité de pathologie interne,** par H**ardy** et B**ehier**. — Paris, chez Méquillon-Marvis fils, 1844, demi-rel., 3 vol. in-12.

47. **Les oubliés ; Bernard de Palissy,** par Louis A**udiat**. — Saintes, chez Fontanier, 1864, demi-rel., 1 vol. in-12.

48. **Eléments d'algèbre,** par R**eynaud**. — Le titre manque, demi-rel., 1 vol. in-8.

49. **Eléments de physique,** de M**ussenbrock**, allem. — Venise, chez J.-B. Recarty, 1745, avec planches, veau, 1 vol. in-8.

50. **Recueil de machines militaires,** par F. Thybouret et J. Appier. — Pont-à-Mousson, chez Ch. Marchand, 1820, planches, carton., 1 vol. in-12.

51. **Précis d'hydrologie médicale,** par Isidore Bourdon. — Paris, chez Baillière et fils et Hachette et Cie, 1860, br., 1 vol. in-12.

52. **Histoire du Conservatoire de musique,** par Lassaba-thier. — Paris, chez Michel Lévy, 1860, br., 1 vol. in-12.

53. **Traité de la peste,** en allem. — Constance, chez David Hautt le jeune, 1667, parch., 1 vol. in-12.

54. **Opera omnia predica** a Sydenhamo, ed. novios. — Genevii, apud Fratres de Tournes, 1696, veau, 1 vol. in-12.

55. **La Russie et les chemins de fer,** par Pegot-Ogier, 8e édit. — Paris, chez H. Plon frères, 1857, br., 1 vol. in-12.

56. **Arithmétique de Legendre.** — Paris, chez les Libraires associés, 1810, 1 vol. in-12, cart.

57. **Manuel Barême de l'escompte,** par Casimir Delanone. — Paris, chez Passard, 1856, br., 1 vol. in-12.

58. **Tarif pour la réduction des bois,** par Lecoq. — Tours, chez Placé, 1851, br., 1 vol, in-12.

59. **Le langage des fleurs,** par Zaccone. — Paris, chez Veuve Lecou, 1855, br., 1 vol. in-12.

60. **Traité de la comptabilité du matériel des chemins de fer,** par Hubert. — Paris, chez Napoléon Chaix, 1854, br., 1 vol. in-12.

61. **Sur les accouchements,** par Morel, allem. - Colmar, chez Decker, 1837, br., 1 vol. in-12.

62. **La soie c'est de l'or,** par Laub. — Lyon, chez Vintrimier, 1856, br., 1 vol. in-12.

63. **Fons aquæ Salientis invitam**, par Léonard Edel, allem. — Fribourg en Brisgau, chez Marie-Catherine Felncrin, 1758, br., 1 vol. in-12.

64. **Le génie de la France.** — Paris, chez H. et Cl. Noblet, 1855, br., 1 vol. in-8.

65. **Traité sur les filatures de lin et de chanvre,** par Ancelin. — Paris, chez Mallet-Bachelier, 2e édit., br., 1 vol. in-8.

66. **Rubens et l'école d'Anvers,** par Alfred Michels. — Paris, chez Ad. Delahays, 1854, demi-rel., 1 vol. in-8.

67. **Théorie légale des opérations de banque,** par Eugène Paignon. — Paris, chez Guillaumin et Cⁱᵉ, 1854, demi-rel., 1 vol. in-8.

68. **Vie des peintres,** par Vasari, avec portraits. — Paris, chez Just. Tessier, 1840, demi-rel., 10 vol. in-8 et un atlas, voir Nᵒ

69. **Cours de mathématiques,** par Camus, nouv. édit. — Paris, chez Durand, 1758, veau, 4 vol. in-8.

70. **Essai sur la constitution géognostique des Pyrénées,** par Charpentier. — Paris, chez F.-G. Levrault, 1823, veau, 1 vol. in-8.

71. **Commentarii collegii coniurbreusis in physicorum libros Aristotelis.** — Coloniæ sumptibus Lazar. Letzneri, 1722, veau, 1 vol. in-4.

72. **Polyorceticum libri,** Justi Lipsii, cum fig. — Antverpiæ, ex off. Joan. Moreli, 1539, parch.. 1 vol. in-4.

73. **In Aristotelis naturalem philosophiam commentarius.** — Basileæ, apud Math. Bryling, 1562, parch., 1 vol. in-4.

74. **Nouvelle méthode de la tenue de livres,** par Doublet, 6ᵉ édit. — Paris, éditée par l'auteur, 1857, demi-rel., 1 vol. in-4.

75. **Armée française : Questions administratives,** par Truchot. — Paris, chez Lachaud, 1873, br., 1 vol. in-8.

76. **Etude sur les tarifs de douanes,** par Amé, 2ᵉ édit., 2 exempl. — Paris, chez Guillaumin et Cⁱᵉ, 1860. br., 2 vol. in-8.

77. **La question des houilles.** — Paris, 1854, br., 1 vol. in-8.

78. **Les mystères des pompes funèbres à Paris,** par Balard. Paris, chez Emm. Allard, 1856, br., 1 vol. in-8.

79. **Rapport sur les progrès des sciences mathématiques depuis 1789,** par Demolombe. — Paris, Imprimerie impériale, 1810, br., 1 vol. in-8.

80. **Introduction à l'étude de l'harmonie,** par V. Derode, avec planches. — Paris, chez Treutel et Wurtz. 1828, br., 1 vol. in-8.

81. **Mémoire sur le traitement de la cataracte,** par Gondret, 3ᵉ édit. — Paris, chez Gabon et Cⁱᵉ, 1828, br., 1 vol. in-8.

82. **Le choléra épidémique traité par la méthode de Broussais.** — Paris, chez Mlle Delaunay, 1832, br., 1 vol. in-8.

83. **Relation des épidémies de choléra observées en Hongrie, en Moldavie, etc.,** par Sophianopoulo. — Paris, chez Mlle Delaunay, 1852, br., 1 vol. in-8.

84. **Le haras français,** par T.-J. Bryon, en français et en anglais. — Paris, chez Jules Didot aîné, 1828, br., 1 vol. in-8.

85. **Le Père Lachaise,** par F.-T. Salomon, avec cartes et vign. — Paris, chez Ledoyer, 1855, demi-rel., 1 vol. in-8.

86. **Esquisse géologique des environs de Belfort,** par L. Parisot, avec planches et cartes. — Montbéliard, chez H. Barbier, 1864, demi-rel., 1 vol. in-8.

87. **Agriculture du département du Puy-de-Dôme,** par J.-A. Baudet-Lafarge. — Clermont-Ferrand, chez Paul Hubler, 1860, br., 1 vol. in-8.

88. **Monographie de la Voie sacrée,** par F. Lenormand, avec cartes. — Paris, chez Hachette et Cie, 1884, demi-rel., 1 vol. in-8.

89. **Principes de physique,** par Mussenbrock, allem., avec préface de Gottsched. — Leipzig, chez God. Riesenetter, parch. 1 vol. in-8.

90. **Dæmoniæi Locis infectis Petro Thyræo.** — Coloniæ agrippinæ, ex off. Math. Rolini, 1604, parch., 1 vol. in-8.

91. **Le jardinier fleuriste,** par G. Weidmann, avec fig., allem. — Leipzig, chez J. Lud. Gleditsch, 1716, veau, 1 vol. in-8.

92. **Théories complètes du chant,** par Stephen de la Madeleine. — Paris, chez Amyot, sans date, avec planches, demi-rel., 1 vol. in-8.

93. **Recherches sur les Météores,** par Coulvier-Gravier. — Paris, chez Mallet-Bachelier, 1859, demi-rel., 1 vol. in-8.

94. **Histoire des arts du dessin,** par Rigollot, avec planches. — Paris, chez Dumoulin, sans date, demi-rel., 2 vol. in-8.

95. **Exposition nationale de Nantes,** par Courmaceul. — Nantes, chez Veuve Courmaceul, 1861, br., 1 vol. in-8.

96. **Mémoires de la Société des antiquaires de France,** avec grav. — Paris, chez Dumoulin, 1850-1884, br., 27 vol. in-8.

97. **Mémoires sur l'artillerie,** par Surirey de Saint-Rémy, avec grav. — Paris, chez Jean Anisson, 1697, veau, 2 vol. in-4.

98. **Maison rustique, horticulture,** sous la direction Alex. Bixio. — Paris, édité par la Maison rustique, 1837, demi-rel., 2 vol. in-4.

99. **La Maison rustique, l'agriculture,** par Bailly de Mertons et Malapeyre aîné. — Paris, 1835-1836, veau, 2 vol. in-4.

100. **Voyage minéralogique en Hongrie,** par F.-S. Beudant. — Paris, chez Verdière, 1822, demi-rel., 3 vol. in-4, avec atlas voir N°   .

101. **Dictionnaire des arts et métiers,** manque 1er et 16e vol. • — Paris, chez Thomine, 1822-1835, cart., 22 vol. in-8.

102. **Applications d'analyse et de géométrie,** par J.-V. Poncelet. — Paris, chez Mallet-Bachelier, 1862, demi-rel., 2 vol. in-8.

103. **La foudre,** par J. Sestier, complété par Mehu. — Paris, chez J.-B. Baillière et fils, 1866, demi-rel., 2 vol. in-8.

104. **L'art chrétien,** par A.-F. Rio. — Paris, chez Hachette et Cie, 1864, br., 4 vol. in-8.

105. **Médecin-pharmacien à la maison,** par Gontier de Chabannes. — Saintes, chez Fontanier, 1868, br., 1 vol. in-8.

106. **La chaleur et le froid,** par l'abbé Moigno. — Paris, chez Gauthier-Villars, 1868, br., 1 vol. in-12.

107. **La goutte, sa nature, son traitement,** par Aug. Ollivier, annoté par Charcot.— Paris, chez Adrien Delahaye, 1867, br., 1 vol. in-8.

108. **Les trois formes de la matière,** par le Dr H. de Martin. —Paris, chez Victor Masson et fils, 1868, br., 1 vol. in-8.

109. **Correspondance de François Gérard,** par Henri Gérard, précédé d'une notice par Viollet-le-Duc. — Paris, chez Adolphe Laine et J. Havard, 1867, br., 1 vol. in-8.

110. **Raphaël et l'antiquité,** par F.-A. Gruyer. — Paris, chez Veuve Jules Renouard, 1864, br., 2 vol. in-8.

111. **Essai sur les fresques de Raphaël au Vatican,** par F.-A. Gruyer. — Paris, chez Veuve Jules Renouard, 1859, br., 1 vol. in-8.

112. **Etude sur le Péloponèse,** par Eug. BEULÉ. — Paris, chez Firmin Didot frères, 1855, br., 1 vol. in-8.

113. **Traité expérimental et clinique de la régénérescense des os,** par le Dr OLLIER. — Paris, chez Victor Masson et fils, 1867, br., 2 vol. in-8.

114. **Description géologique et minéralogique du Haut-Rhin,** par P. DELBOS et J. KŒCHLIN-SCHLUMBERGER. — Mulhouse, chez Emile Perrin, 1866, demi-rel. avec planches, 2 vol. in-8.

115. **Formulaire à l'usage des hôpitaux de Paris.** — Paris, chez Paul Dupont, 1867, br., 1 vol. in-8.

116. **Dictionnaire d'histoire naturelle,** de D'ORBIGNY, 2e édit. — Paris. impr. par Martinet. 1867-1869, 28 vol., br., 3 vol., planches coloriées, demi-rel. in-8.

117. **Notice pomologique,** par Jules LERON-D'AYROLES. — Paris, chez Gouin, 1859, br., 1 vol. in-8.

118. **Vie et œuvres du sculpteur Pigalle,** par J. TARBE. — Paris, chez veuve J. Renouard, 1859. br., 1 vol. in-8.

119. **Etude sur les tarifs des douanes et les traités de commerce,** par AMÉ. — Paris. imprimerie nationale. 1876, br., 2 vol. in-8.

120. **Les mammifères sauvages de France,** par ROLLAND.
Les oiseaux sauvages, id.
Les reptiles, les poissons, les mollusques, id.
Paris, chez Maisonneuve et Cie, 1879-83, br., 4 vol. in-8.

121. **Les mammifères domestiques,** par ROLLAND.
Les oiseaux domestiques, id.
Paris, chez Maisonneuve et Cie, 1877-82, br., 2 vol. in-8.

122. **L'espèce humaine,** par QUATREFAGES, 3e édit. — Paris, chez Germer-Baillière, 1877, cart., 1 vol. in-8.

123. **De l'approvisionnement des armées,** par ROGUET. — Paris, J. Dumaine. 1848. br., 1 vol. in-8.

124. **Notions élémentaires de mécanique,** par Ch.-Ph. CAHEN. — Paris, chez Ch. Tenera, 1877, br., 1 vol. in-8.

125. **La gravure à l'eau-forte,** par Raoul ST-ARROMON, suivie de **Comment je devins graveur à l'eau-forte,** par le comte LEPIC. — Paris, chez veuve Cadart, 1876, br., 1 vol. in-8.

126. **Archéologie chrétienne,** par J. MALLET. — Paris, chez Poussielgue frères, 1874, br., 1 vol. in-8.

127. **La Seine-Inférieure historique et géologique,** par l'abbé COCHET. — Paris, chez Derache, 1857, avec vign., br., 1 vol. in-8.

128. **L'air comprimé,** par PERNOLLET. — Paris, chez Dunod, 1876, cart., 1 vol. in-8.

129. **Chimie élémentaire,** de GIRARDIN, 3ᵉ édit. — Paris, chez Victor Masson, 1860, demi-rel., 2 vol. in-8.

130. **Ossements fossiles,** de CUVIER. — Paris, chez J.-B. Baillière, 1832-1838, cart., 11 vol. in-8, 2 vol. atlas in-4.

131. **Anatomie comparée,** de CUVIER. — Paris, chez Crochart et Cⁱᵉ, 1836-40, br., 7 vol. in-8.

132. **Histoire naturelle des végétaux,** par SPACH, avec introduction, de Alph. DECANDOLLE. — Paris, chez Roret, 1835-1846, cart., 15 vol. in-8.

133. **Géologie,** de CONTEJEAN, avec grav. — Paris, chez Jean-Baptiste Baillière et fils, 1874, cart., 1 vol. in-8.

134. **Histoire de la médecine,** par DAREMBERG. — Paris, chez chez Didier et Cⁱᵉ, 1865, br., 1 vol. in-8.

135. **Docimasie,** par L.-E. RIVOT. — Paris, chez Dunod, 1861-1866, br., 4 vol. in-4.

136. **La lettre électrique,** par ARNOUX. — Paris, chez Arthur Bertrand, 1867, br., 1 vol. in-8.

137. **Théorie mécanique de la chaleur,** par G.-A. HIRN. — Paris, chez Gauthier-Villars, 1868, br., 1 vol. in-8.

138. **Les progrès de la stratigraphie,** par Elie de BEAUMONT. — Paris, imprimerie impériale, 1869, br., 1 vol. in-8.

139. **Les progrès de la géométrie,** par CHASLES. — Paris, imprimerie nationale, 1870, br., 1 vol. in-8.

140. **Aperçus financiers,** par Alph. NEYMARCK, 2ᵉ vol. — Paris, chez E. Dentu, 1875, br., 1 vol. in-8.

141. **Exploration géologique de Beni-Mzab, du Sahara, etc.,** par VILLE. — Paris, imprimerie nationale, 1872, avec planches, br., 1 vol. in-4.

142. **Paléographie française,** par Hyacinthe RENAUD. — Rochefort, imprimerie de Thèze, 1866, 1 broch. in-4.

143. **Œuvres complètes** de LAPLACE. — Paris, chez Gauthier-Villars, 1878-1884, br., 6 vol. in-4.

144. **Etude sur la navigation aérienne,** par Ivan Villarceau et Xavier de Magnan. — Paris, chez Guillemin et Cⁱᵉ, 1877, br., 1 vol. in-4.

145. **Etude sur le régime financier,** par Ad. Vuitry. — Paris, chez Guillemin et Cⁱᵉ, 1878, br., 1 vol. in-8.

146. **Traité de pisciculture,** par Bouchon-Bandresy, avec préface de Michel Chevalier. — Paris, chez Aug. Gouin, 1876, br., 1 vol. in-8.

147. **Ch.-M. de Weber, sa vie et ses œuvres,** par Barbedette. — Paris, chez Heugel et Cⁱᵉ, 1874, 2ᵉ édit., br., 1 vol. in-8.

148. **Les habitations ouvrières et agricoles,** par Emile Muller. — Paris, chez Victor Dalmont, 1855-1856, demi-rel., 1 vol. in-8 et atlas, voir Nº 175.

149. **Les Grandes usines de France,** de Turgan, avec grav. — Paris, chez Bourdillet et Cⁱᵉ, 1860, demi-rel., 9 vol. in-8.

150. **L'esprit des bêtes,** par Toussenel, avec dessins de Bayard. — Paris, chez Hetzel, demi-rel., 1 vol. in-8.

151. **La Seine-Inférieure historique et archéologique,** par l'abbé Cochet, avec une carte. — Paris, chez Derache, 1864, carton., 1 vol. in-4.

152. **Rapport sur les dégâts occasionnés par le siège de Rome.** — Paris, imprimerie nationale, 1856, br., 1 vol. in-4.

153. **Architecture polychrôme chez les Grecs,** par Hittoroff. — Paris, chez Firmin Didot frères, 1851, demi-rel., 1 vol. in-8, atlas, voir Nº 170.

154. **Œuvres** de Lavoisier. — Paris, imprimerie nationale, 1862-1868, cart., 4 vol. in-4.

155. **Le trésor de l'église de Conque,** par Darcel. — Paris, chez Victor Didion, 1861, br., 1 vol. in-4.

156. **Table des logarithmes à 27 décimales,** par Fédor Thoman. — Paris, imprimerie nationale, 1867, br., 1 vol. in-8.

157. **Traité de la perspective,** par Mᵐᵉ Le Breton. — Paris, chez Carillon-Gœury, 1828, br., 1 vol. in-4.

158. **Etude sur les machines,** par L.-M.-P. Coste. — Paris, chez Anselin, 1838, br., 1 vol. in-4.

159. **Essai de navigation aérienne,** par Jules Decker. — Montbéliard, chez Barbier, 1847, 1 br. in-4.

160. **Essai de locomotion rapide,** par J. Beckher. — Montbéliard, chez E. Barbier, 1848, 1 br., in-4.

161. **De la construction et de l'usage d'astrolabe,** par Joan. Stofler. — Oppenheim, 1513, avec vign., texte latin, rel. bois, 1 vol. in-folio.

162. **Disquisitionum magicarum libri,** auct. Mart. Delrio. — Magentiæ, apud Joan. Albinum, 1602, en 2 parties, texte latin, parch., 1 vol. in-folio.

163. **De l'art de la guerre,** par Léonard Fronsberger, avec vign., texte allem. — Franckfort, 1573, veau, 1 vol. in-folio.

164. **Aurifodina scientiarum Roberti,** latin. — Coloniæ agrippinæ sumpt. Wilh. Metternich, 1701, veau, 2 vol. in-folio.

165. **Homo figuratus et symbolicus,** auct. Scarlatini, cum præface Math. Honcamp. — Augustæ Vendelicorum et Dilingæ, apud Gaspard Bencard, 1695, avec grav., 2 vol. in-folio.

166. **De l'architecture,** par Gaspard Walter, en allem., avec planches. — Augustæ Vendelicorum, apud. Veith, 1769, cart., 1 vol. in-folio.

167. **Historiæ animalium Gesneri,** avec planches, latin. — Tiguri, apud Froschverus, 1559, veau, 1 vol. in-folio.

168. **Mundi mirabilis œconomia** a Joan. Zahn. — Norembergæ sumpt. J. Christ. Lochner, 1696, avec grav., veau, 2 vol. in-folio.

169. **Paris dans sa splendeur,** par divers Auteurs, dessins de Benoist et divers. — Paris, chez H. Charpentier, 1861, demi-rel., parch., 3 vol. in-folio.

170. **Architecture polychrome,** atlas, texte voir N° 153.

171. **Le Parthenon,** par de Laborde. — Paris, chez Leleux, 1848, demi-rel., 1 vol. in-folio.

172. **Anatomie du Gladiateur,** par Jean Galbert-Salvage. — Paris, imp. Mame, 1812, demi-rel., 1 vol. in-folio.

173. **L'architecture arabe,** par Pascal Coste. — Paris, chez Firmin Didot frères, 1830, demi-rel., 1 vol. in-folio.

174. **Choix de peinture de Pompeï,** par Raoul Rochette. — Imp. en chromo par Engelmann, demi-rel., 1 vol. in-folio.

175. **Habitations ouvrières,** atlas, texte voir N° 148, demi-rel., 1 vol. in-folio.

176. **La galerie de Diane à Fontainebleau,** par E. GATTEAUX et V. BALTARD, sur les dessins de L.-P. Baltard et Gatteaux. — 1858, cart., 1 vol. in-folio.

177. **Développement des corps organisés,** par COSTE. — Paris, chez Victor Masson, 1855, cart., 1 vol. in-folio, texte voir N° 248.

178. **Les travaux d'Hercule du Poussin,** par GELÉE, dessins publiés par E. Gatteaux. — Paris, 1850, demi-rel., 1 vol. in-folio.

179. **Les monuments antiques à Oranges.** — Paris, chez Firmin Didot frères, 1856, demi-rel., 1 vol. in-folio.

180. **Revue d'architecture,** dirigée par César DALY. — Strasbourg, chez Silbermann, 1862, demi-rel., 3 vol. in-folio.

181. **Architecture chrétienne,** par A. GARNAUD. — Paris chez Gide et J. Baudry, 1857. 1 vol. in-folio.

182. **Etudes sur les sarcophages chrétiens de la ville d'Arles,** par Ed.-L. BLANT. dessins de FRITEL. — Paris, Imprimerie nationale, 1878, 2 vol. in-folio.

183. **Restauration des monuments antiques.** — Paris, Firmin Didot et Cⁱᵉ.

    1. **Colonne trajane,** par PERCIER, 1877.
    2. **Temple de Pœstum,** par LABROUSSE, 1877.
    3. **Basilique ulpienne,** 1877.
    4. **Temple de la Pudicité,** par DUBUT, 1879.
    5.   id.   **de Vesta,** 1879.
    6.   id.   id.   par VILLAIN, 1881.

184. **Album du Perugin,** par MARQUET. — Imp. à Paris, par Bry, 1 vol. in-folio.

185. **Collection de gravures d'après les peintres de la ville de Paris,** par DUSSAUX, édit., 1876, 1 atlas in-folio.

186. **L'Italie pittoresque,** par CIARI. — Paris, imp. par Lemercier, atlas in-folio.

187. **Le Moniteur des arts,** par Ernest FILAUNNEAU, années 1868 et 1869. — Paris, imp. Kugelmann, cart., 2 vol. in-folio.

188. **Monographie des palais et des constructions de l'Exposition de 1878.** — Paris, chez Ducher et Cⁱᵉ, 1880-1882, 2 vol. in-folio.

189. **Atlas météorologique pour 1869-1870-1881.** — Paris, chez Gauthier-Villars. 1 vol. in-folio.

190. **Le Doryphora collorado.** — Paris, Imprimerie nationale, 1877, br., in-folio.

191. **Traité élémentaire d'analyse qualitative,** par DETTI. — Paris, chez Dunod, 1884, atlas in-folio, cart., texte voyez 355.

192. **Traité de la taille des pierres,** par J.-B. de LA RUE. — Paris, chez Ch.-Ant. Jombert, 1764, veau, 1 vol. in-folio.

193. **Evaluation du revenu foncier. Tableaux graphiques.** — Paris, Imprimerie nationale, 1884, cart., 1 vol. in-folio.

194. **Claude Fleurant, naturaliste vosgien,** par N. BARDY. — Saint-Dié, chez Humbert, 1880, br., in-4.

195. **Encyclopédie** de DIDEROT et DALEMBERT. — Genève, chez Pellet, 1777, nouv. édit., veau, 36 vol. et 3 vol. de planches in-4.

196. **Dictionnaire d'histoire naturelle,** par VALMONT DE BOMARE, nouv. édit. — Paris, chez Bressot, 1775, veau, 6 vol. in-4, avec grav.

197. **Mémoires de l'Académie des sciences,** avec planches. — Paris, Imprimerie royale, 1666-1782, 118 vol. in-4, avec grav., veau.

198. **Histoire naturelle** de BUFFON, avec grav. — Paris, Imprimerie royale, 1780, 16 vol. in-4, veau.

199. **Dictionnaire des sciences naturelles,** par divers auteurs. — Paris, chez Levrault-Hachette, 1816-1845, 61 vol., br., 10 vol. planches, demi-rel., in-8.

200. **Le règne animal,** de CUVIER. — Paris, chez Déterville, 1829-1830, br., 5 vol. in-8, le 1er manque.

201. **Encyclopédie moderne,** par divers auteurs, avec 300 planches. — Paris, chez Dumenil, 1841-1848, cart., 29 vol. in-8.

202. **Dictionnaire d'histoire naturelle,** par divers auteurs. — Paris, chez Déterville, 1816-1819, cart., 36 vol. in-8.

203. **Mémoire sur la galvanocaustique,** par le Dr AMUSSAT, avec fig. — Paris, chez Germer-Baillière, 1876, 1 vol. in-8, demi-rel.

204. **Vie et travaux du Dr Amussat,** par Ed. GOURILT. — Niort, chez Clouzot, 1874, 1 vol. in-8, demi-rel.

205. **Mémoires de chirurgie,** par le Dr AMUSSAT, avec fig. — Paris, chez Germer-Baillière, 1877, demi-rel., 1 vol. in-8.

206. **Traité des plantes usuelles,** par J. Roques. — Paris, chez Dufart, 1837, demi-rel., 4 vol. in-8.

207. **Traité de minéralogie,** par Alex. Brongniard. — Paris, chez Déterville, 1807. avec planches, 2 vol. in-8, veau.

208. **Discussion de la loi sur les vices rédhibitoires.** — Paris, chez Renou et Maulde, 1858, demi-rel., 1 vol. in-8.

209. **Annales des haras.** — Paris, chez Guiraudet et Jouaust, 1845, demi-rel., 1 vol. in-8.

210. **Mémoire sur l'opération du strabisme,** par Boyet, avec fig. — Paris, chez Germer-Baillière, 1842, demi-rel., 1 vol. in-8.

211. **Traité de typographie,** par Henri Fournier. — Tours, chez Alfred Mame et fils, 1870, 3ᵉ édit., br., 1 vol. in-8.

212. **Essai sur le régime économique du Hainaut,** par H. Caffiaux. — Valenciennes, chez Lemaître, 1873, br., 1 vol. in-8.

213. **Résumé des leçons d'analyse de l'Ecole polytechnique,** par Navier, 2ᵉ édit., avec notes de Liouville. — Paris, chez V. Dalmont, 1856. br., 1 vol. in-8.

214. **Les définitions géométriques,** de Louis Liard. — Paris, chez Ladrange, 1873, br., 1 vol. in-8.

215. **Puissance militaire des Etats-Unis en 1861-1863,** par Vigo-Roussilon. — Paris, chez J. Dumaine, 1866, br., 1 vol. in-8.

216. **Enquête sur le goître et le crétinisme,** par le Dʳ Baillarger, avec cartes. — Paris, chez J.-B. Baillière et fils, 1873, br., 1 vol. in-8.

217. **Œuvres complètes de Bastiat,** par N. Paillotel, 2ᵉ édit. — Paris, chez Guillaumin et Cⁱᵉ, 1862-1864, br., 7 vol. in-8.

218. **Système des banques.** — Paris, chez P. Dupont, 1863, br., 1 vol. in-8.

219. **De la fabrication du papier et du carton,** par Payen, Vigreux et Prouteaux. — Paris, chez Eugène Lacroix, sans date, avec planches, br., 1 vol. in-8.

220. **Rapport sur le monument de dom Calmet,** par Seillières, avec planches. — Saint-Dié, chez Louis Humbert, 1873, br., 1 vol. in-8.

221. **Abraham Gagnebin,** par Jules Thurmann. — Porrentruy, chez Victor Michel, 1851, 1 vol. in-8.

222. **L'officier en campagne,** par le comte Roguet. — Paris, chez J. Dumaine, 1869, br., 1 vol. in-8.

223. **Les Foraminifères du Lias,** par Terquem. — Metz, chez Lorette, 1860, br., 1 vol. in-8.

224. **Compte-rendu de l'assemblée de l'Universelle.** — Valence, chez Jules Ocas et fils, 1867, demi-rel., 1 vol. in-8.

225. **Le régime municipal en Angleterre,** par Valframbert. — Paris, chez Maresy aîné, 1873, br., 1 vol. in-8.

226. **Philosophie zoologique de Lamarck,** nouv. édit., par Ch. Martin. — Paris, chez Savy, 1873, br., 2 vol. in-8.

227. **Traité de l'œil artificiel,** par C.-F. Mirault. — Paris, chez Crochard et Cie, 1818, br., 1 vol. in-8.

228. **Considération sur les finances d'Alsace-Lorraine,** par Ch. Grad. — Paris, chez Germer-Baillière, 1877, br., 1 vol. in-8.

229. **Histoire naturelle des lépidoptères d'Europe,** par H. Lucas, 2e édit. — Paris, chez Savy, 1764, br., 1 vol. in-8., l'atlas manque.

230. **Dénombrement de la population en France en 1876.** — Paris, Imprimerie nationale, 1877, br., 1 vol. in-8.

231. **Enquête sur les conseils de prud'hommes.** — Paris, Imprimerie impériale, 1869, br., 3 vol. in-4.

232. **Enquête agricole en 1867-1868.** — Paris, Imprimerie impériale, br., 3 vol. in-4.

233. **Enquête départementale. Le Bas-Rhin et le Haut-Rhin.** — Paris, Imprimerie impériale, 1869, br., 1 vol. in-4, 2 ex.

234. **Eloge historique d'Elie de Beaumont,** par S. Bertrand. — Paris, chez Firmin Didot et Cie, 1875, 1 br. in-8.

235. **Ascensions dans les hautes régions des Alpes,** par Dollfus-Ausset. — Strasbourg, chez Silbermann, 1864, br., 1 vol. in-8.

236. **Les Glaciers,** par Dollfus-Ausset. — Strasbourg, chez Silbermann, 1864, br., 2 vol. in-8.

237. **Matériaux pour l'étude des glaciers,** par Dollfus-Ausset. — Paris, chez Savy, 1870, 1 br. in-8.

238. **Lois et documents relatifs au drainage,** par E. Dumas. — Paris, Imprimerie impériale, 1854, demi-rel., 1 vol. in-4.

239. **Répertoire archéologique de la Seine-Inférieure,** par l'abbé Cochet. — Paris, Imprimerie nationale, 1872, br., 1 vol. in-4.

240. **Répertoire archéologique de la Somme,** par Max Quantin. — Paris, Imprimerie impériale, 1868, br., 1 vol in-4.

241. **Concours d'animaux reproducteurs.** — Paris, Imprimerie impériale, 1864, br., 1 vol. in-8.

242. **Statistique de l'enseignement supérieur.** — Paris, Imprimerie nationale, 1878, br., 1 vol. in-4.

243. **Etude sur les travaux de reboisement,** par Demomthey. — Paris, Imprimerie nationale, 1878. br., un vol. in-4 avec atlas.

244. **Sigillographie de Toul,** par Ch. Robert, avec grav. — Metz, chez Rollin et Feuardent, 1868, br., un vol. in-4.

245. **Enquête sur la marine marchande.** — Paris, Imprimerie impériale, 1862-65, br., 3 vol. in-4.

246. **Catalogue des manuscrits de la bibliothèque de Valenciennes,** par Mangeart. — Valenciennes, chez Lemaître, 1863, br., 1 vol. in-4.

247. **Annuaire encyclopédique, années 1859-60 et 1862-63,** par les directeurs de l'*Encyclopédie du XIX*e *Siècle 1860-1863.* — Paris, chez Carion, br., 2 vol. in-8 avec vign.

248. **Du développement des corps organisés,** par Coste. — Paris, chez Victor Masson, 1847-1859, br., 4 vol. in-4, un atlas, voir N° 177.

249. **Correspondance des contrôleurs généraux,** par Bois-lisle. — Paris, Imprimerie nationale, 1874-1883, br., 2 vol. in-4.

250. **Rapport sur la répartition des secours aux blessés militaires.** — Paris, Imprimerie nationale, 1874, br., 1 vol. in-4.

251. **Enfants assistés, inspection générale, rapport de la commission.** — Paris, Imprimerie impériale, 1862, br., 1 vol. in-4.

252. **Enquête sur les bureaux de bienfaisance,** par le baron de Chabaud-Latour. — Paris, Imprimerie nationale, 1874, cart., 1 vol. in-4.

253. **Statistique forestière,** par A. Mathieu. — Paris, Imprimerie nationale, 1878, br., 1 vol. in-4.

254. **Reconstruction des contreforts de la cathédrale d'Evreux,** par Ch. Lucas. — Paris, chez Ducher et Cie, 1877, br., 1 vol. in-4.

255. **L'Asie mineure,** par Tchihactcheft, avec cartes, grav. — Paris, chez Gide et Naudry et chez L. Guérin et Cie, 1853-1869, br., 8 vol. in-8 avec atlas.

256. **Les monuments d'Egypte et de Nubie,** par Champolion le jeune. — Paris, chez Firmin Didot frères, br., 2 vol. in-4.

257. **Inventaires des archives du département du Nord,** par Dehaines. — Lille, chez L. Danel, 1881, br., 1 vol. in-4.

258. **Exposition de 1878** (texte voir N° 287). — Paris, Imprimerie nationale, 1881, atlas, br., 1 vol. in-4.

259. **Recherches de numismatique et de sigillographie,** par Alf. Engel, avec grav. — Paris, chez Ern. Lacroix, 1881, br., 1 vol. in-4.

260. **Etude sur les filons de Cornwall,** par Moissenet. — Paris, chez Dunod, 1874, br., 1 vol. texte et 1 vol. atlas in-4.

261. **La question des livrets à la Chambre.** — Paris, Imprimerie impériale, 1869, 1 br. in-4.

262. **Rapport sur les machines à moissonner.** — Paris, chez Panckoucke et Cie, 1860, 1 br. in-8.

263. **Du coton, du chanvre, du lin et de la laine,** par Arcenac. — Paris, chez Victor Masson, 1869, 1 br. in-4.

264. **L'art scandinave,** par Maurice Cristal. — Paris, chez Didier et Cie, 1874, 1 br. in-4.

265. **Flore des Vosges,** par F. Kirschléger. — Mulhouse, chez Jean Risler, 1831, br., 2 fasc. in-4.

266. **Calcul des ponts métalliques,** nouv. édit., par Piarron-Montdesir. — Paris, chez Dunod, 1873, 1 br. in-8.

267. **Du velours de coton,** par Ed. Gaud. — Amiens, chez Jeunet, 1864, 1 br. in-8.

268. **Rapport sur les machines à moissonner,** par Barral. — Paris, imprimerie Simon Raçon et Cie, 1860, 1 br. in-8.

269. **Le télégraphe Hughes,** par Mircié, avec fig. — Brest, chez J.-P. Gadreau, 1873, br., 1 vol. in-8.

270. **Compte-rendu de la Banque de France,** par les censeurs. — Paris, chez Paul Dupont, 1869-1870, 2 br. in-4.

271. **Règlements généraux du Service hydraulique du Haut-Rhin,** par l'Ingénieur en chef. — Strasbourg, chez veuve Berger-Levrault, 1865, br., 1 vol. in-4.

272. **Les ponts biais,** par Loignon, avec un atlas de planches. — Paris, chez Ch. Bernard, 1872, 1 br. in-4, atlas in-4.

273. **Archéologie militaire,** par un officier, avec fig. — La Haye, chez J. Neaulm et Ed. Moetjens, 1741, cart., 1 vol. in-4.

274. **Les bâtiments de la Bibliothèque nationale.** Rapport de Barthélemy-Saint-Hilaire. — Paris, Imprimerie nationale, 1879, 1 br. in-4.

275. **Les cinq ordres d'architecture,** par J. Barrozzio de Vignolle. — Paris, chez Ch. Jean (sans date), 1 br. in-4.

276. **Recherches sur les mammifères,** par Alph. Milne-Edwards. — Paris, chez Masson et Cie, 1867-1874, br., 1 vol. et 1 atlas in-4.

277. **Histoire naturelle,** de Buffon, avec grav. — Paris, Imprimerie royale, 1770, cart., 12 vol. in-12.

278. **Principes de physique,** par Brisson, avec planches. — Paris, chez Bossange, Masson et Besson, 1797, veau, 3 vol. in-12.

279. **L'art de colorer les vins,** par le Dr Prunaire. — Beaune, chez Batault et Moret, 1877, br., 1 vol. in-12.

280. **Expérience sur l'action de la lumière solaire sur les végétaux,** par Jean Senebier. — Genève, chez Barde, Manget et Cie, 1788, demi-rel., 1 vol. in-12.

281. **Nos chirurgiens,** par le Dr Lapeyrière. — Paris, chez Adrien Delahaye, 1875, demi-rel., 1 vol. in-12.

282. **L'impôt avant 1789,** par Warnet. — Paris, chez Tanera, 1874, br., 1 vol. in-12.

283. **Signaux pour les correspondances télégraphiques,** par Clément Regnie. — Paris, chez Ernest Leroux, 1873, br., 1 vol. in-12.

284. **Cubage des bois et leur estimation,** par Goussard. — Paris, chez Rotschild, 1869, br., 1 vol. in-12.

285. **Travaux de la commission française de l'Exposition de 1851.** — Paris, Imprimerie impériale, 1854-64, br., 14 vol. in-8.

286. **Le guide du directeur de station télégraphique,** par Etenaud. — Le Puy, chez Marchesson, 1860, br., 1 vol. in-12.

287. **Rapport administratif sur l'Exposition de 1878.** — Paris, Imprimerie nationale, 1881, br., 2 vol. in-8, atlas, voir N° 256.

288. **Rapport sur l'Exposition de 1867,** avec introduction de Michel CHEVALIER. — Paris, Imprimerie impériale, 1868, br., 1 vol. in-8.

289. **Rapport sur l'émigration européenne,** par HEURTIER. — Paris, Imprimerie impériale, 1854, br., 1 vol in-8.

290. **L'Empire du Brésil à l'Exposition de Philadelphie.** — Rio-de-Janeiro, Imprimerie impériale, 1876, br., 1 vol. in-8.

291. **Situation financière des communes,** par CRISENOY. — Paris, chez Berger-Levrault et Cie. 1877, 1878, 1879, 1880, br., 5 vol. in-4.

292. **Annuaire statistique de la France.** — Paris, Imprimerie nationale, 1878 à 1884, br., 7 vol. in-4.

293. **Travaux de la Commission supérieure du Phylloxera en 1881.** — Paris, Imprimerie nationale, 1882, br., 1 vol. in-4.

294. **Statistique des Prisons pour 1863,** par DUPUY, et pour **1870,** par JAILHANT. — Paris, chez Paul Dupont, 1865-1873, br., 2 vol. in-4.

295. **Rapport de la Commission pour la propriété littéraire et artistique.** — Paris, Imprimerie impériale, 1863, br., 1 vol. in-4.

296. **Statistique internationale de l'agriculture.** — Nancy, chez Berger-Levrault et Cie, br., 1 vol. in-4.

297. **Rapport et éclaircissements sur les comptes de l'exercice 1875.** — Paris, Imprimerie nationale, 1880, br., 1 vol. in-4.

298. **Règlement définitif du budget de 1878.** — Paris, Imprimerie nationale, 1881, br., 1 vol. in-4.

299. **Compte définitif des recettes de 1876.** — Paris, Imprimerie nationale, 1876, br., 1 vol. in-4.

300. **Inventaire des richesses d'art en France.** — Paris, chez Plon et Cie, 1880, br., 3 vol in-8.

301. **Zoologie du jeune âge,** par LEREBOULET, avec grav. col. — Strasbourg, chez Derivaux, 1860, demi-rel., 1 vol. in-4.

302. **Sur une classe remarquable de courbes et de surfaces algébriques,** par DARBAUX. — Paris, chez Gauthier-Villars, 1873, 1 vol. in-8.

303. **Des moyens à employer pour construire le réseau des chemins de fer,** par Léon Aucoc. — Paris, chez Cotillon, 1874, br., 1 vol. in-8.

304. **Utilité de l'ouverture permanente des villes fortifiées,** par Labry. — Paris, chez Eug. Lacroix, 1863, br., 1 vol. in-8.

305. **Etude sur les changements de voie,** par Richoux. — Paris, chez E. Lacroix, 1865, avec planches, br., 1 vol. in-8.

306. **Le massif du Mont-Blanc,** par Viollet-le-Duc. — Paris, chez Baudry, 1876, avec grav., br., 1 vol. in-8.

307. **Etat de l'Algérie,** par Tirman. — Alger, chez Gojosso et Cie, 1881, br., 1 vol. in-8.

308. **Etude de médecine clinique,** par Lorain. — Paris, chez J.-B. Baillière, 1877, br., 2 vol. in-8.

309. **Etude sur la ville et le château de Porrentruy,** par Quiquerez. — Delémont, chez Boéchat, br., 1 vol in-8.

310. **Notes sur les terrains du Bas-Bugey,** par Falsan et Dumortier. — Lyon, chez Georg, 1873, avec planche, br., 1 vol. in-8.

311. **Notice sur Jacques Le Guay,** par J.-F. Leturcq. — Paris, chez S. Baur, 1873, br., 1 vol. in-8.

312. **Machines, outils et appareils,** par A. Armengeaut. — Paris, chez L. Mathias, 1843, br., 1 vol. in-8.

313. **Des opérations de la guerre,** par Barthélemy. — Paris, chez Delagrave et Cie, 1875, br., 1 vol. in-8.

314. **Examen chronologique des monnaies macédoniennes,** par L. Banpois. — Paris, chez Détaille, 1876, avec fig., br., 1 vol. in-4.

315. **Congrès archéologique de France, années 1875 à 1881.** — Tours, chez Paul Bouderet, br., 8 vol. in-8.

316. **Achéologie celtique et gauloise,** par Bertrand. — Paris, chez Didier et Cie, 1876, avec vign., br., 1 vol. in-8.

317. **Commission des antiquités. Mémoires.** — Rouen, chez Boissel, 1864-1867, br., 2 vol. in-8.

318. **Les eaux laxatives de Niederbrun,** par le Dr Kuhn. 2e édit. — Paris, chez Victor Masson, 1854, br., 1 vol. in-8, vign.

319. **Manuel des commissions administratives des hôpitaux,** par Péchard. — Paris, imprimerie Le Normand, 1819, 3e édit., br., 1 vol. in-8.

320. **La question des chemins de fer,** de Isaac PÉREIRE. — Paris, chez Motteroz, 1879, 1 br. in-8.

321. **Problèmes plaisants,** de C.-G. BACHET, revus par LABOSNE. — Paris, chez Gauthier-Villars, 1874, br., 1 vol. in-8.

322. **La science sociale,** par COLLIN. — Paris, chez Firmin-Didot frères, 1857, br., 5 vol. in-8.

323. **La Société nouvelle,** par COLLIN. — Paris, chez Firmin Didot frères, 1857, br., 2 vol. in-8.

324. **De la Souveraineté,** par COLLIN. — Paris, chez Firmin Didot frères, 1857, br., 2 vol. in-8.

325. **De la Justice dans la science,** par COLLIN. — Paris, chez Firmin Didot frères, 1861, br., 3 vol. in-8.

326. **De l'Economie politique,** par COLLIN. — Paris, chez Bestel, 1856-1857, br., 3 vol. in-12.

327. **La Botanique,** de LE MAOUT. 2e édit., avec fig. — Paris, chez Firmin Didot frères, 1876, demi-rel., 1 vol. in-4.

328. **Le livre de la ferme,** par JOIGNEAUX, 3e édit., avec vign. — Paris, chez G. Masson, 1875, br., 2 vol. in-4.

329. **Les pierres, esquisse minéralogique,** par L. SIMONIN, avec fig. et chromo. — Paris, chez Hachette et Cie, 1869, br., 1 vol. in-8.

330. **Les métamorphoses des insectes,** par Em. BLANCHARD. — Paris, chez Germer-Baillière et Cie, 2e édit., 1877, fig., br., 1 vol. in-8.

331. **Sculpture égyptienne,** par Ern. SOLDI. — Paris, chez Ern. Leroux, 1876, br., 1 vol. in-8.

332. **Les œuvres de Cauchy,** 1er, 4e et 5e vol. — Paris, chez Gauthier-Villars, 1882, 1884, 1885, br., 3 vol. in-4.

333. **Encyclopédie des arts et des sciences,** de DIDEROT et DALEMBERT. — Paris, chez Briasson, 1751-1772, 16 vol. texte, 10 de planches in-folio, veau.

334. **Nouveau dictionnaire des sciences et des arts,** formant supplément à l'*Encyclopédie.* — Paris, chez Panckoucke, 1776, veau, 4 vol., 3 vol. planches-in-folio.

335. **La pression barométrique,** par Paul BERT. — Paris, chez G. Masson, 1878, avec fig., br., 1 vol. in-8.

336. **Traité d'électricité statique,** par MASCART, avec fig. — Paris, chez G. Masson, 1876, br., 2 vol. in-8.

337. **Traité de métallurgie,** par L. Gruner. — Paris, chez Dunod, 1875, avec atlas, voir N° 450, br., 2 vol. in-8.

338. **La flore suisse,** par H. Christ, avec cartes et fig. — Genève, chez George, 1883, br., 1 vol. in-8.

339. **Formules et tables des intérêts composés,** par Vintejoux de Reinach. — Paris, chez Michel Lévy, 1879, br., 1 vol. in-8.

340. **Les météores,** par Rambosson, avec vign. et grav. en chromo. — Paris, chez Firmin Didot frères, 1877, br., 1 vol in-8, 3e édit.

341. **Histoire et légende des plantes,** par Rambosson, 3e édit. — Paris, chez Firmin Didot frères, 1871, vig., br., 1 vol. in-8.

342. **Traité d'hygiène,** par A. Proust. 2e édit. — Paris, chez G. Masson, 1881, br., 1 vol. in-8.

343. **Enchaînement du monde animal,** par A. Gaudy. — Paris, chez Hachette et Cie, 1878, br., 1 vol. in-8.

344. **Les mouvements de l'atmosphère,** par Marie Davy. — Paris, chez G. Masson, 1877, avec cartes en chromo, br., 1 vol. in-8.

345. **Cours élémentaire de géologie,** par Stanislas Meunier. Paris, chez Dunod, 1882, avec fig., br., 1 vol. in-8.

346. **Le Jura,** par A. Vezian, avec fig. — Paris, chez Savy, 1874-1876, br., 2 vol. in-8.

347. **La méthode graphique,** par J. Marey. — Paris, chez G. Masson, 1878, br., 2 vol. in-8.

348. **Archives des missions scientifiques et littéraires 1873-79-80-81.** — Paris, Imprimerie nationale, br., 1 vol. in-8.

349. **Ornithologie européenne,** par Degland et Gerbe, 2e édit. — Paris, chez J.-B. Baillière et fils, 1867, br., 2 vol. in-8.

350. **Histoire naturelle des mollusques terrestres,** par Moquin-Tandon. — Paris, chez J.-B. Baillière et fils, 1855, br., 2 vol. et 1 vol. planches in-8.

351. **Mythologie de la Grèce antique,** par P. Decharme, avec fig. — Paris, chez Garnier frères, 1879, br., 1 vol. in-8.

352. **Origine des espèces,** par Darwin, trad. par Barbier. — Paris, chez Reinwald, 1877, br., 1 vol. in-8.

353. **Traité de géologie d'Alsace-Lorraine,** par BENECKE et ROSENBACH. — Strasbourg, chez R. Schultz et Cⁱᵉ. 1875-1884. allem.. br., 4 vol. in-8. 1 atlas in-folio.

354. **La chimie mécanique,** par BERTHELOT. — Paris, chez Dunod, 1879. br.. 2 vol. in-8.

355. **Traité d'analyse qualitative,** par A. DITTE. — Paris, chez Dunod. 1879, br.. 1 vol. in-8, avec atlas, voir N° 191.

356. **Physique du globe,** par VAULABELLE. — Paris, chez G. Chamerot, 1879, br.. 1 vol. in-8.

357. **Traité élémentaire des quaternions,** par TAIT. — Paris, chez Gauthier-Villars. 1882-1884, br., 2 vol. in-8.

358. **Le musée pédagogique.** — Paris, Imprimerie nationale, 1884. br.. 1 vol. in-8.

359. **Manuscrit de pictographie américaine,** par l'abbé DOMENECH. — Paris, chez Gide. 1860, br., 4 liv. in-8.

360. **Leçons de pathologie expérimentale,** par Cl. BERNARD. Paris, chez J.-B. Baillière et fils. 1880. br.. 1 vol. in-8.

361. **Excursions géologiques,** par Stanislas MEUNIER, avec fig. — Paris, chez G. Masson, 1882, br.. 1 vol. in-8.

362. **Inventaire des œuvres d'art détruites pendant le siège de Strasbourg,** par Marius VACHERON. — Paris, chez A. Quantin. 1882, br.. 1 vol. in-8.

363. **Coup d'œil historique sur la géologie,** par Elie de BEAUMONT. — Paris, chez G. Masson, 1878, br.. 1 vol in-8.

364. **Leçons sur les phénomènes de la vie,** par Cl. BERNARD. — Paris. chez J.-B. Baillière, 1879. avec planches. br., 1 vol. in-8.

365. **Mélanges de Paléographie,** par Léopold DELISLE. — Paris, chez Champion, 1880, br.. 1 vol. in-8.

366. Carton de diverses brochures :

    1. **A B C des contributions directes,** par MILLET. — Paris, André Sagnier, 1870, br. in-8.

    2. **Ecole centrale des arts et manufactures.** — Paris, chez Gauthier-Villars, 1872. br. in-8.

    3. **Pratique du service du conducteur des ponts-et-chaussées,** par Amédée LEGER. — Paris, chez Paul Dupont, 1874. br. in-8.

— 82 —

4. **Résultats scientifiques des explorations de l'océan Glacial,** par Ch. Grad, avec une carte. — Paris, chez Ch. Delagrave. 1873, br. in-8.

5. **Les eaux de l'arrondissement de Saint-Dié,** par Henri Bardy. — Colmar, chez C. Decker, 1874, br. in-8.

6. **Histoire de l'industrie dans la vallée de Liepvre.** Sainte-Marie-aux-Mines, chez Jardel, 1848, br. in-8.

7. **Matériaux pour l'histoire naturelle de l'homme,** par Chantre. — Toulouse, chez Bonnol et Gibrac, 1877, br. in-8.

8. **Rapport sur la paléoethnologie,** par Cartailhac, 1878, br. in-8.

367. Carton de diverses brochures :

1. **Le dieu Erge,** *Note sur le Paganisme dans les Pyrénées,* par Ch. Frossard. — Paris, chez Grassart, 1872, br. in-8.

2. **Recherches sur les effets de la poudre,** par E. Sarrau. — Paris, chez Tanera. 1874, br. in-8.

3. **Nomenclature des objets d'art au Musée de Marseille,** par Bouillon-Landais. — Marseille, chez Caroyer et Cie. 1875, br. in-8.

4. **La question du pain.** — Paris, chez Victor Masson et fils. 1862, br. in-8.

5. **Du Bégaiement,** par J. Godard. — Paris, chez J.-B. Baillière et fils, 1877, br. in-8.

6. **De l'établissement des trottoirs dans les villes,** par L'Eveillé. — Le Mans, chez E. Monnoyer, 1869, br. in-8.

7. **La rente française,** par Alf. Neymarck. — Paris, chez E. Dentu, 1873, br. in-8.

8. **Commission de pisciculture,** par Coste. — Paris, Imprimerie impériale, 1850, br. in-8.

9. **De la création d'une banque foncière et commerciale,** par Th. Burtz. — Mulhouse, chez L.-E. Bader, br. in-8.

10. **De l'influence du terrain sur la végétation,** par Ch. Contejean. — Paris, imprimerie de Martinet, 2 br. in-8.

11. **Etude paléoethnologique dans le bassin du Rhône,** par Chantre. — Paris, chez Ern. Leroux, 1877, br. in-8.

12. **L'hiver 1879-80 à Saint-Dié,** par Bardy. — Saint-Dié, chez Humbert, 1880, br. in-8.

368. **La takitechnie,** de Ed. LAGOUT. — Montpellier, imp. Bœhm et fils, 1881, 1 vol. in-8, cart.

369. **La science expérimentale,** par Cl. BERNARD. — Paris, chez J.-B. Baillière, 1878, br., 1 vol. in-12.

370. **Flore des jardins,** par LE MAOUT et DECAISNE. — Paris, chez Dusacq. 1855, demi-rel.. 2 vol. in-12.

371. **La terre et l'homme,** par Alfred MAURY, 4ᵉ édit. — Paris, chez Hachette et Cⁱᵉ, 1877, br., vol. in-12.

372. **La défense des camps retranchés,** par le général BRIAL-MONT. — Paris, chez Germer-Baillière, 1880, br., 1 vol. in-12.

373. **Essai de philosophie naturelle,** par E. DELAURIER. — Paris, chez Bernard Tignol, 1883, br., 3 vol. in-12.

374. **Les dents, leurs maladies, etc.,** par PRETERRE. — Paris, chez l'auteur, 1885, 1 vol. in-12, cart.

375. **Dictionnaire de chimie,** de WURTZ. — Paris, chez Hachette et Cⁱᵉ, 1868-1885, 7 vol. in-8, demi-rel.

376. **Eléments de l'histoire des ateliers monétaires en France,** par F. DE SAULCY. — Paris, chez C. Von Peteghen, 1877, 1 vol. in-4, br.

377. **Histoire de la numismatique du règne de François Iᵉʳ,** par F. DE SAULCY. — Paris, chez C. von Peteghen, 1876, 1 vol. in-4, br.

378. **La physiognomonie de Lavater,** par BACHARACH, avec notice, par FERTHIAULT. — Paris, chez Cosson. 1841, demi-rel., 2 vol. in-4.

379. **Essai de tactique,** sans nom d'auteur, avec planches. — Londres, chez les Libraires associés, 1772, 2 vol. in-4, veau, relié en 1 vol.

380. **Inventaire des collections d'estampes de M. Hennin,** par DUPLESSIS. — Paris, chez H. Menu. 1876, br., 8 vol. in-8.

381. **Le régime financier de la France,** par VUITRY. — Paris, chez Guillaumin et Cⁱᵉ, 1883, 2 vol. in-8, br.

382. **Mélange de paléographie,** par Léopold DELISLE. — Paris, chez Champion, 1880, 1 vol. in-8, br.

383. **Description du cabinet de M. Grollier de Servière,** avec grav. — Paris, chez Ant. Jombert. 1751, 1 vol. in-4, veau.

384. **Histoire de la papeterie d'Angoulême,** par A. Lacroix. — Paris, chez Ad. Lainé et J. Havard, 1868, br., 1 vol. in-8.

385. **La défense des Etats et les camps retranchés,** par A. Brialmont. — Paris, lib. Germer-Baillière, 1880, 1 vol. in-8, cart.

386. **Statistique de la France agricole.** — Strasbourg, imp. Veuve Berger-Levrault, 1868, 1 vol. in-8, br.

387. **La céramique chinoise,** par Gerspach. — Paris, imp. J. Claye, 1877, 1 br. in-8.

388. **La percée des Alpes par le grand Saint-Bernard,** par le baron Marius de Vautheleret, 1884, 1 vol. in-8, carton., avec carte.

389. **La lumière électrique,** par Em. Algrave et J. Boulard, avec fig. — Paris, chez Firmin Didot et Cie, 1882, 1 vol. in-8, br.

390. **Rapport sur l'Exposition coloniale d'Amsterdam de 1883.** — Paris, à l'Imprimerie nouvelle, 1886, 1 vol. in-8., br.

391. **Union des Chambres syndicales.** Rapport de MM. L. Challain et Ch. Gruhier. — Paris, Imprimerie nouvelle, 1886, 2 vol. in-8, br.

392. **Comptes-rendus des conférences faites à l'Exposition de 1878.** — Paris, Imprimerie nationale, 1879-1881, 30 vol. et br. in-8.

393. **Catalogue de l'Exposition de 1878.** *Section anglaise.* — Londres, chez George E. Eyre et William Spottiswood, 1879, 13 vol. in-8.

394. **Note sur la flore de la Kroumirie centrale,** par E. Cosson. — Paris, chez Bourloton, 1885, 1 br. in-8.

395. **Les coléoptères, les drachnides, les hémiptères, les crustacés de la Tunisie,** par Letourneux et divers. — Imprimerie nationale, 1885-1886, 4 vol. in-8, br.

396. **Feuille des jeunes naturalistes de 1878 à 1887.** — Paris, imprimerie , 5 vol. in-8, demi-rel.

397. **Ecole royale des élèves protégés,** par L. Courajod. — Paris, chez Dumoulin, 1874, 1 vol. in-8. br.

398. **Rubens et l'Ecole d'Anvers,** par A. Michiels. — Paris, chez Delahays, 1854, 1 vol. in-8, br.

399. **L'architecture et la peinture en Europe,** par A. Michiels. 3e édit. — Paris, chez Renouard, 1873, 1 vol. in-8, br.

400. **Artistes anciens et modernes,** par Ch. Clément. — Paris, chez Didier et Cie, 1 vol. in-12, br.

401. **Le département des estampes à la bibliothèque nationale,** par le vicomte H. DE LA BORDE. — Paris, chez Plon et Cie, 1875, 1 vol. et 2 br. in-12.

402. **L'art flamand dans l'Est et le Midi de la France,** par A. MICHIELS. — Paris, chez Renouard, 1877, 1 vol. in-8, broché.

403. **Catalogue des tableaux de Rubens,** par MICHIELS. — Paris, chez Delahays, 1852, 1 vol. in-8, br.

404. **Tableaux des récoltes de la France en 1882, 1883, 1884.** — Paris, Imprimerie nationale, 3 vol. in-8, br.

405. **Catalogue du concours agricole universel de 1856.** — Paris, Imprimerie impériale, 1 vol. in-8, br.

406. **Le vade-mecum du forestier,** par François CAQUET. — Paris, impr. du fort Carré, 1885, 1 vol. in-12, br.

407. **Les merveilles de la locomotion,** par DECHARME, avec vign. — Paris, chez Hachette et Cie, 1878, 1 vol. in-12, broché.

408. **La peinture anglaise,** par Ern. CHENEAU, avec grav. — Paris, chez A. Quantin, 1882, 1 vol. in-8, br.

409. **Lexique des termes d'art,** par J. ADELIN, avec vign. — Paris, chez A. Quantin, 1885, 1 vol. in-8, br.

410. **Histoire d'une forteresse,** par VIOLLET-LE-DUC, avec grav. et vign. — Paris, chez Hetzel et Cie, 1 vol. in-8, br.

411. **Annuaire du bureau des longitudes pour 1835-1836.** — Paris, chez Bachelier, 1834, 2 vol. in-24, br.

412. **Annuaire des chambres syndicales pour 1867.** — Paris, imprimerie Félix Malteste et Cie, 1 vol. in-18, br.

413. **Art du raffineur,** par CHANDELET. — Paris, chez Malhers et Cie, 1828, 1 vol. in-18, cart.

414. **Rapport du conseil d'administration sur la gestion du chemin du Jura bernois.** — Bienne, chez Gassmann, 1874, 1 vol. in-4.

415. **Rapport général sur les épidémies,** par le Dr BRIQUET et divers. — 1869-1870-1874-1875-1876-1880-1882, 7 br. in-8.

416. **Diœteticum poly historicum,** Dr Jos. QUERCETANI, avec portraits. — Franckforti, imp. a Ptœlos Reichteriani, 1607, 1 vol. in-4, parch.

417. **Rapport des ouvriers délégués à l'exposition d'An- vers.** — Paris, Imprimerie nationale, 1886, 2 vol. in-8, broché..

418. **Le bon jardinier pour 1883,** 12ᵉ édit. — Paris, librairie de la Maison rustique, 2 vol. in-18, br.

419. **Un devoir social et les logements d'ouvriers,** par Georges PICOT. 12ᵉ édit. — Paris, chez Calmann-Lévy, 1885, 1 vol. in-24, br.

420. **Rapport sur les vaccinations en 1884.** — Paris, Impri- merie nationale, 1886, 1 br. in-8.

421. **Rapport sur l'hygiène de l'enfance,** par le Dʳ DE VIL- LIERS, pour 1878, 1882 et 1884. — 3 br. in-8.

422. **Recueil des travaux du conseil d'hygiène de France.** — Paris, chez J.-B. Baillière et fils, 1872-1876, 8 vol. in-8, brochés.

423. **Travaux du conseil d'hygiène du Haut-Rhin.** — Col- mar, chez Hoffmann. 1849-1860-1861-1869, 3 vol. in-8, brochés.

424. **Rapports sur les travaux de divers conseils d'hy- giène.** — Nancy, Versailles, 6 br. in-8.

425. **Les épidémies des armées,** par FRITSCH dit LANG. — Alger, chez Duchaux, 1868, 2 vol. in-8, br.

426. **Des graines de coton Tiglium,** par VAUTHERIN. — Paris, chez Parent, 1864, 1 vol. in-8, br.

427. **Rapports sur l'emploi des eaux d'égoûts de Londres,** par Ch. DE FREYCINET. — Paris, chez Dunod, 1867, 1 vol. in-8, br.

428. **Scrutinium physico-medicum** a Athanasio KIRCHERO. Lipsii, sumpt. Hered. Schurerianor et J. Fritzschii, 1671, 1 vol. in-4, parch.

429. **Traité d'émigration au Brésil,** par EXPILLY. — Paris, chez Guillaumin, 1865, 1 vol. in-8, br.

430. **Dictionnaire d'archéologie égyptienne,** par P. PIERRA. — Paris, Imprimerie nationale, 1875, 1 vol. in-12, br.

431. **Notes géologiques sur le département de la Mayenne,** par le Dʳ ŒHLERT, avec cartes. — Angers, chez Germain et Grassin, 1882, 1 vol. in-8, br.

432. **La préhistorique dans le pays de Montbéliard,** par le Dʳ MUSTON. — Montbéliard, chez Victor Barbier, 1887, 1 vol. in-8, br., avec cartes et grav.

433. **La mer intérieure en Algérie,** par Cosson. — Paris, imp. Chaix. 1885, br. in-8.

434. **Prodrome de malacologie en Tunisie,** par Letourneux et Bourguignat. — Paris, Imprimerie nationale, 1887, br. in-8.

435. **Catalogue des mammifères sauvages de Tunisie,** par F. Lataste. — Paris, Imprimerie nationale, 1887, 1 br. in-8.

436. **La percée des Alpes,** par Villevert. — Paris, chez Baudry et Cie, 1886, 1 br. in-8.

437. **Anatomie de l'homme,** par Nicolas Venetté, allem. — Leipzig, chez Thomas Fritsch, 1698, 1 vol. in-18, parch.

438. **L'astronomie pratique,** par André et Angot. — Paris, chez Gauthier-Villars, 1881, in-18, br.

439. **Dictionnaire des médecins, chirurgiens et pharmaciens de France.** — Paris, chez Moreau et Cie, 1801, 1 vol. in-8, br.

440. **Historia anatomiæ humani corporis** a And. Laurentio. — Lugduni, sumpt. J. Cardon et P. Cauellat, 1623, 1 vol. in-12, veau.

441. **Tractatus de Mercatura** a Benvenuto Straecha. — Lugduni, apud S. Barptol. Honorati, 1556, 1 vol. in-12, parch.

442. **Jahrbuch des Vogesen-Clubs.** — Strassburg, bei Heitz und Mündel, 1885, br. in-8.

443. **Les antiquités égyptiennes,** 2e édit., trad. de l'anglais. — Toulouse, 1874, 1 vol. in-18, br.

450. **Traité de métallurgie,** par Grunner. — Paris, chez Dunod, 1875, atlas, texte voir N° 337.

451. **Dictionnaire des antiquités grecques et romaines,** par P. Daremberg et Edm. Saglio, dessins de C. Sellier, grav. par M. Rapine. — Paris, chez Hachette et Cie, 1873, 12 fasc. in-4, br.

452. **Musée de sculpture antique et moderne,** par le comte de Clarac. — Paris, chez Victor Pexier, graveur, 1836-1837, 5 vol. in-8, avec atlas en 5 vol. in-4, br.

453. **Crania etnica,** de Quatrefages et Hamy, avec planch., par Formand. — Paris, chez Baillière et fils, 1873, in-4, broché.

454. **Asie mineure. Géologie et botanique,** par TCHIHAT-
CHEFF. — Paris, chez Ducher et Cⁱᵉ, 1853-69, atlas in-fol.,
br., texte voir Nº 255.

455. **Dessins et compositions** de VIOLLET-LE-DUC. — Paris,
chez Desfosset et Cⁱᵉ, 1884, 1 vol. in-folio, cart.

456. **Mission scientifique en Mexique,** avec planches. —
Paris, Imprimerie nationale, 1868-1886.

Géologie, par A. DOLLFUS et MONT-SERRAT.

Anthropologie, par HANRY.

Cryptogamie, par H. FOURNIER.

Poissons, par VAILLANT et BOCOURT.

Reptiles, par DUMÉRIL et BOCAUX.

Batraciens, par BROCCHI.

Myriapode, par SAUSSURE et HUMBERT.

Orthoptères, par SAUSSURE.

Mollusques terrestres et fluviatiles, par FISCHER et
CROSSE.

Xyphures et crustacés, par Alph. MILNE-EDWARDS.

457. **Les Batrachosmes,** par SIRODOT, avec planches. — Paris,
chez Masson, 1884, 1 vol. in-folio, br.

458. **Annales du musée Guimet 1880-1887.** — Paris, chez
Ernest Leroux, 12 vol. in-4 et 27 br. in-8, br.

459. **Rapport sur les musées et les écoles d'art industriel,**
par Marius VACHON. — Paris, chez A. Quantin, 1885,
1 br. in-4.

460. **Les manuscrits du comte d'Ashburnam,** par Léopold
DELISLE. — Paris, Imprimerie nationale, 1883, 1 br. in-4.

PHILOSOPHIE, THÉOLOGIE, PÉDAGOGIE

1. **Idea philosophicæ moralis,** auct. Franc. Burgersdicio. — Lugduni Batavorum, ex off. Elzeviriana, 1644, parch., 1 vol. in-18.

2. **Abrégé de toute la philosophie,** par de Maraudé, 4ᵉ édit. — Paris, chez M. Soly, 1645, parch., 1 vol. in-12.

3. **L'art de se bien connaître,** par Du Petit-Puy de Rose-ville. — Paris, chez Gilles-Gourault, avec front., 1666, veau, 1 vol. in-12.

4. **Commentarius in Aristotelis moralem,** auct. Petr. Barbey, 4ᵉ édit. — Parisiis, apud L. et Gr. Josse, 1684, veau, 1 vol. in-12.

5. **La morale de Tacite : la Flatterie,** par La Houssaye. — Paris, chez Veuve Edme Martin et Jean Boudot, 1686, veau, 1 vol. in-12.

6. **Aristotelis organum.** — Basiliæ, ex off. Oporiniana, 1585, parch., 1 vol. in-12.

7. **Cours de philosophie,** par Du Pleix. — Rouen, chez Daniel Louset, 1645, parch., 1 vol. in-12.

8. **Opera philosophica et physica** a Joan. Clerico, 3ᵉ édit. — Amstelodami, apud J. P. de Lorme, 1704, parch., 2 vol. in-12.

9. **De civili conversatione dissertationes** a Gvazzi. — lenæ, apud Lithondreano, 1606, parch., 1 vol. in-12.

10. **Adagia sive sententiæ proverbiales,** par Laugium. — Argentorati, apud Jos. Richelius, 1596, parch., 1 vol. in-12, 2 exemplaires.

11. **Philosophia curiosæ,** auct. Adalb. Tylkowski. — Typis Mosnasterii Oliviensis G. F. Fritsch, 1682, parch., 3 vol. in-12.

12. **Appendix ad institutiones philosophiæ Purchottii,** 4ᵉ édit. — Lyon, chez les Frères Bruyset, 1733, veau, 5 vol. in-12.

13. **Prima et generalis philosophia** a Klauss. — Vienne, apud J. T. Trattner, 1755, cart., 1 vol. in-12.

14. **Porphyrii institutiones Aristotelis topicæ.** — Manque le titre, 1568, veau, 1 vol. in-12.

15. **Principes de la philosophie,** par Gottscheden, allem., nouv. édit. — Leipzig, chez B. Ehr. Breitkopf, 1743, parch., 1 vol. in-12.

16. **Académie française,** par La Primaudaye. — Paris, chez Chaudière, 1582, parch., 1 vol. in-12.

17. **Physiologiæ peripateticæ libri Magiri,** commentaire de Gasp. Bartholomi. — Franckfort, chez Musculy Rup. Pistori, 1612, parch., 1 vol. in-12.

18. **Dictionnaire philosopho-théologique,** par Paulian. — Nimes, chez Gaude, 1770, veau, 1 vol. in-12.

19. **De la vanité du monde,** par Chappuis. — Lyon, chez P. Rigaud, 1613-24, parch., avec front., 3 vol. in-12.

20. **Antiqua priscorum hominum philosophiæ,** auct. d'Andrée. — Lugduni, chez J.-B. et N. de Villy, 1694, veau, 1 vol. in-12.

21. **Summalæ logiæ,** auct. Dedelley. — Monochii et Ingolstadt, chez J. X. Grætz, 1762, veau, 1 vol. in-12.

22. **Philosophia pratica universalis,** auct. Mullero. — Ienæ, apud Viduam Crockeriana, 1743, 1 vol. in-12.

23. **Histoire des religieuses dominicaines de Strasbourg,** par le vicomte de Bussière. — Strasbourg, chez Le Roux, 1860, demi-rel., 1 vol. in-12.

24. **Pia desideria,** par Herm. Hugona, avec grav. — Antverpiæ, chez Œrtssens, 1632, veau, 1 vol. in-12.

25. **Pensées de Joubert,** par P. de Raynal, 4e édit. — Paris, chez Didier et Cie, 1804, demi-rel., 8 vol. in-12, manque le 1er vol.

26. **Vie des philosophes et des sophistes,** par Steph. de Rouville. — Paris, chez Rouquette, 1879, br. in-12.

27. **Confucius et Mencius,** par Pauthier. — Paris, chez Charpentier, 1862, demi-rel., 1 vol. in-12.

28. **Les missionnaires en Calédonie,** par Math. Lelièvre. — Paris, imp. Meyrueis, 1870, br., in-12.

29. **Le Coran,** trad. nouv., par Kasimirski. — Paris, chez Charpentier, 1844, demi-rel., 1 vol. in-12.

30. **Luther et la réforme au XVIe siècle,** par A. de Gasparin. — Paris, chez Michel Lévy frères, 1873, demi-rel., 1 vol. in-12.

31. **Philosophia mentis et sentium,** avec planches. - Vienne, chez L.-J. Ralivoda, 1750, veau, 1 vol. in-4.

32. **Epitoma omnis philosophiæ.** — Argentinæ, apud Joan. Prüs, 1505, bois et parch.. 1 vol. in-4.

33. **Quelques observations concernant les Juifs en général,** par POUJOL. — Paris, chez Migneret, 1806, br. in-8.

34. **Essai sur la philosophie des Hindus,** par PAULTHIER. — Paris, chez Firmin Didot frères, 1833, br. in-8.

35. **De la religion.** — Paris, chez Macre-Nyon. 1828, br., 1 vol. in-8.

36. **Manuele biblicum** a T. ERHARD. — Augustæ Vindelicorum, apud Joan. Strœtter, 1724. veau, 1 vol. in-4.

37. **Etat actuel du protestantisme en France,** par CLAMAGERAN. – Paris, chez Cherbulier. 1857, br. in-12.

38. **Description des XLI Mereaux de la communion réformée,** par FROSSARD. — Paris, chez Grassart, 1872, br. in-8.

39. **Relation de la 3e Fête séculaire du Gymnase protestant de Strasbourg,** par A. BŒGNER. — Strasbourg, chez Ch. Heitz, 1838, br. in-8.

40. **Documents divers relatifs aux biens détenus par les établissements protestants de Strasbourg.** — Strasbourg, chez Le Roux, 1855, demi-rel., 1 vol. in-8.

41. **Revendication de la ville de Strasbourg des biens détenus par les établissements protestants.** — Strasbourg, chez Huder. 1856, demi-rel., 1 vol. in-8.

42. **Rapport de M. Couleaux, maire de Strasbourg, sur la question des biens du Séminaire protestant.** — Chez Huder, 1856, cart., 1 vol. in-8.

43. **Summa Toleti,** par Richard GIBON. — Lugduni apud Laurentium Anisson, 1678, veau, 1 vol. in-12.

44. **Divers documents concernant les biens du Séminaire protestant de Strasbourg.** — Strasbourg, chez Le Roux, 1855, demi-rel., 1 vol. in-8.

45. **Bible** avec réflexions, de OSTERWALD, 3e édit. — Bienne, chez Heilmann, 1771, demi-rel., 1 vol. in-8.

46. **Institutionum metaphysicarum libri,** auct. STORCHENAU. Vindebonæ apud S. T. Trattner. 1772, veau, 1 vol. in-8.

47. **Editio nova axiomatum œconomicorum,** a Greg. RICHTERO. — Gorliccii, apud Joan. Rhambœ, 1604, veau. 1 vol. in-4.

48. **Elementa metaphysices** Georgii DARJES. — Ienæ, apud
H. Chr. Cumonis, 1753, avec frontispice, cart., 1 vol in-8.

49. **La chasse aux causes et aux effets,** par F. GAUGEY. —
Châlon-sur-Saône, chez Montalan, 1861, demi-rel., 1 vol.
in-8.

50. **Saint Martin, le Philosophe inconnu,** par MATTER. —
Paris, chez Didier et Cie, 1862, demi-rel., 1 vol. in-8.

51. **La charité légale,** par NAVILLE. — Paris, chez P. Dufart.
1836, demi-rel., 2 vol. in-8.

52. **La philosophie politique,** par GAILLARD. — Aurillac, chez
Bonnet-Picut, 1862, demi-rel., 1 vol. in-8.

53. **Notice sur le Séminaire protestant de Strasbourg.** —
Strasbourg, chez Ch. Heitz. 1844, demi-rel., 1 vol. in-8.

54. **Documents relatifs au Séminaire protestant de Strasbourg.** — Strasbourg, chez Le Roux, 1855, demi-rel.,
1 vol. in-8.

55. **L'Ami des Hommes ou traité de la Population,** nouv.
édit. — Paris, 1758, veau, 2 vol. in-4.

56. **Morale, religion et politique,** par DE LA TOUR DU PIN-
CHAMBLY. — Paris, chez Ledoyen, 1862, br. in-8.

57. **Des esprits et de leurs manifestations fluidiques,** par
Eudes de MERVILLE. — Paris, chez Vrayet de Sarcy, 1854,
br. in-8.

58. **Peripateticus nostri temporis,** auct. SCHWARTZ, 3e édit.
— Monachii et Ingolstadt, chez J.-X. Crœtz, 1755, avec
grav. et front., veau. 1 vol. in-4.

59. **La parole intérieure,** par Victor EGGER. — Paris, chez
Germer-Baillière et Cie, 1881, br. in-8.

60. **Réponse aux observations de M. Detroye.** — Colmar,
chez Decker, 1856, demi-rel., 1 vol. in-8.

61. **Biblia sacra.** — Basiliæ, apud Th. Guarinum, 1578, bois,
parch., 1 vol. in-4.

62. **Examen novarum doctrinarum,** auct. Gasp. SASGERO. —
Thubingen, apud Ulv. Vorhart, 1526, bois, 1 vol. in-4.

63. **Triomphe de l'Evangile,** 3e édit. — Besançon, chez
Outhenin-Chalandre, 1828, parch., 3 vol. in-8.

64. **Méditations sur les principales vérités chrétiennes,**
par BEUVELET. — Paris. chez G. Josse. 1666. veau. 1 vol.
in-4.

65. **Martirologium romanum,** nov. édit. — Coloniæ agrippinæ, apud J. W. Koakamp, 1751, cart., 1 vol. in-4.

66. **Des excellences et perfections mortelles de l'âme,** par Angélique DE LA RIVIÈRE. — Paris, chez A. Pillehotte et J. Taffin, 1626, frontispice, parch.. 1 vol. in-4.

67. **Vera fraternitas,** par JONGHEN. — Antverpiœ, apud P. Bellerum, 1662, parch.. 1 vol. in-4.

68. **Bibliorum sacrorum concordantia,** a Petro EULARD. — Antverpiœ ex off. Plantiniana, 1625, parch.. 1 vol. in-4.

69. **La Vie des Saints,** par A. BOULLET, nouv. édit. — Paris, chez Et. P. Savoie, 1739, veau, 10 vol. in-4.

70. **Sacrosanctum œcumenicum Tridentium concilium,** par J. GALLEMART. édit. nov., Tridenti, ap. Societatem, 1762, veau, 1 vol. in-4.

71. **Dictionnaire théologique historique,** de D. DE IVIGNE' BROISSINIÈRE, 8e édit. — Paris, chez Guil. Le Bé, 1672, veau, 1 vol. in-4.

72. **Introduction à l'Ecriture-Sainte,** trad. du Père LAMY. — Lyon, chez Jean Certe, 1709, veau, 1 vol. in-4.

73. **Instruction pastorale de l'évêque du Puy.** — Le Puy, chez Clet, 1766, veau, 1 vol. in-4.

74. **La sainte Bible,** avec notes de Dom CALMET, avec cart. et fig.. 2e édit. — Paris, chez Ant. Boudet et Desaint, 1768-1773, veau, 17 vol. in-4.

75. **Institution de la religion chrétienne,** par Jean CALVIN. — Genève, chez Jacques Le Bourgeois, 1562, veau, 1 vol. in-4.

76. **Bibliothèque des prédicateurs,** par V. HOUDRY, 4e édit. — Lyon, chez les frères Bruyset, 1731, veau, 22 vol. in-4.

77. **Histoire de l'institution de la fête de Dieu.** — Liège, chez J.-A. Gerlach, 1781, cart., 1 vol. in-4.

78. **Œuvres de saint Jérôme,** par B. MALTOUGUE. — Paris, chez Aug. Derez, 1838, demi-rel.. 1 vol. in-8.

79. **Monuments primitifs de l'Eglise chrétienne,** avec notes de BUCHON. — Paris, chez Aug. Derez, 1837, demi-rel., 1 vol. in-8.

80. **Ouvrages mystiques,** par BUCHON. — Paris, chez Aug. Derez, 1835, demi-rel.. 1 vol. in-8.

81. **Lettres édifiantes et curieuses,** par BUCHON. — Paris, chez Aug. Derez, 1839, demi-rel., 2 vol. in-8.

82. **Dieu dans l'histoire,** par Bunsen, trad. de Dietz, avec préf. de Henry Martin. — Paris, chez Didier et Cie, 1868, demi-rel., 1 vol. in-8.

83. **Histoire du Chapitre de saint Thomas,** par Ch. Schmidt. — Strasbourg, chez F. Schmidt, 1860, br., in-4.

84. **Notice sur les fondations du Séminaire protestant de Strasbourg.** — Strasbourg, chez F.-Ch. Heitz, 1854, cart., 1 vol. in-4.

85. **Notice sur les fondations du Séminaire de la Confession d'Augsbourg.** — Paris, chez Meyrueis et Cie, 1855, cart., 1 vol. in-8.

86. **Sancti Ambrosii de officiis liber.** — Paris, chez Sébast. Cramoisy, 1602, parch., 1 vol. in-18.

87. **Psalterium Davidis grœco-latinum.** — Paris, apud Oliv. de Varennes, 1605, parch., front., 1 vol. in-18.

88. **Sancti Michaelis principatus,** auct. Car. Stangelio. – Augustæ Vendelicorum, 1629, parch., 1 vol. in-18.

89. **Axiomata philosophico-theologica,** auct. Chrysost. Besoldo. — Argentorati, apud Lazard Zetznerum, 1616, parch., 1 vol. in-18.

90. **Atlas Marianus,** auct. Gumpenberg C., fig. — Monachii, typ. Lucœ Straub, 1657, veau, 1 vol. in-18.

91. **Medicus peccans, consulum et senatores peccantes, etc.,** auct. Fritsch. — Norembergue, apud Urg. M. Endterum, 1684, parch., 1 vol. in-18.

92. **Jacobi Crucii Mercurius.** — Amstelodami, apud Janssionii Waes Bergios, 1681, front., veau, 1 vol. in-18.

93. **Evangeliœ et epistolæ quæ festis diebus legi solent** (latin-grec). — Ingolstadti, apud Adanum Sartorii, 1606, veau, 1 vol. in-18.

94. **G. Pasoris manuale Novi Testamenti.** — Tiguri, apud Bodmeriano, 1687, parch., 1 vol. in-18.

95. **Les Provinciales,** de Louis de Montalte, 10e édit. — Paris, 1657, parch., 1 vol. in-18.

96. **Sancti Bernardi Selectœ epistolœ,** par d'Estiolles. — Parisiis, ex off. Seb. Cramoisy, 1614, parch., 1 vol. in-18.

97. **Réponse aux Lettres provinciales.** — Cologne, chez Marteau, 1696, parch., 1 vol. in-18.

98. **Panégyriques et Sermons de Fléchier.** — Paris, Jean Anisson, 1699, veau, 3 vol. in-18.

99. **Chrysostomi orationes,** par le R. P. Frontonis Ducœi.
— Ingolstadti, chez David Sartorii, 1595, parch., 1 vol.
in-12.

100. **Evangeliæ et epistolæ quœ festis diebus legi solent**
(grec-latin). — Lipsiæ, 1576, parch.. 1 vol. in-12.

101. **Gregorii Nazianzeni epistolæ selectœ** (grec-latin). —
Ingoldstadti, apud A. Sartorium, 1598, parch., 1 vol. in-12.

102. **Evangelicæ et epistolæ quœ festis diebus legi solent**
(latin-allem.). — Lipsiæ. apud Hermes Hoberg, 1601,
parch., 1 vol. in-12.

103. **Epitome bibliorum,** a Sebat. Schorterio (hébreu-latin).
— Erfurt, apud Christ. Saher, 1650, parch., 1 vol. in-12.

104. **Davidis psalmi.** — Basiliæ, apud Ant. Flamino et Petr.
Pernum. 1558, parch., 1 vol. in-12.

105. **Erasmi testamentum novum** (grec-latin). — Basiliæ,
apud Leonardum Ostchium, 1588, parch.. 1 vol. in-12.

106. **Courte instruction sur les erreurs des Anabaptistes,**
par J. Taffin. — Amberg. chez M. Forstof, 1597, parch.,
1 vol. in-12.

107. **Tractatus de confessionibus maleficorum,** auct. Petr.
Binsfeldio. — Augustæ Trevironum. apud H. Bock,
1596, parch.. 1 vol. in-12.

108. **Predicationes in singulas dies Septimæ,** auct. Joan.
Avenario et Chrystoph. Dauderstarlin. — Lipsiæ apud
Laur. Cobœ, 1614, parch.. 1 vol. in-12.

109. **Tuba altera per Liberium Candidum.** — Argentinæ,
1715. cart.. 1 vol. in-12.

110. **Selectœ Patrum S. I. Orationes,** 1re édit. — Augustæ
Vindelicorum. apud M. Rieger, 1754, veau, 1 vol. in-12.

111. **Sermons de Massillon.** — Paris. Ve Estienne et fils.
1747. veau, 11 vol. in-12.

112. **Pensées théologiques relatives aux erreurs du temps.**
— Paris, chez Humblot, 1770. veau, 1 vol. in-12.

113. **Sermons choisis sur les mystères de la religion.** —
Paris, chez Moreau, etc.. 1745. veau, 14 vol. in-12.

114. **Conférences ecclésiastiques d'Angers,** Babin, revues
par Vaugirault. — Bruxelles, édit. par la Compagnie de
J., 1743, veau, 30 vol. in-12.

115. **Pensées de Bourdaloue.** — Paris. édit. par la Société de
J., 1769. veau, 2 vol. in-12.

116. **Sermons de Bourdaloue.** — Liège, chez Bassompierre et fils, 1773, veau, 15 vol. in-12.

117. **Conférences ecclésiastiques de Paris,** publiées par ordre du Cardinal de NOAILLES, nouv. édit. — Paris, chez les frères Estienne, 1775, veau, 9 vol. in-12.

118. **Erasmi novi testamenti,** editio postrema. — Tiguri, ex off. Froschaniana, 1554, vign., parch., 1 vol. in-12.

119. **Lactantii institutiones adversus gentes.** — Venetæ, in œdibus Aldi et Andreæ Soceri, 1515, parch., 1 vol. in-2.

120. **Novum testamentum** (grœce-latine). — Coloniæ, ex off. Birckmanni, 1592, veau, 1 vol. in-12.

121. **Novum testamentum** (grœco-latinum). — Basiliæ, apud Nicol. Briling, 1562, parch., 1 vol. in-12.

122. **Erasmi testamentum novum** (grœco-latinum). — Lipsiæ, apud Steinmann, parch., 1 vol. in-12.

123. **Pensées ingénieuses des Pères de l'Eglise.** — Paris, chez Louis Josse, 1700, veau, 1 vol. in-12.

124. **Vegetius Christianus,** auct. BOSQUIERO. — Coloniæ agrippinæ, apud Joan. Chrithium, 1615, parch., 1 vol. in-12.

125. **Dictionnaire philosophique de la religion,** par l'abbé NONNOTTE. — Besançon, chez Félix Charme, 1774, veau, 4 vol. in-12.

126. **Traité des superstitions au sujet des Sacrements,** par Jos. THIERS, 4ᵉ édit. — Paris, 1741, veau, 3 vol. in-12.

127. **Dictionnaire ecclésiastique portatif,** par la Société de J. — Paris, chez Dahaussy et Cⁱᵉ, 1765, veau, 2 vol. in-12.

128. **Observations théologiques et morales sur le livre de Berruyer,** par le P. CAYLUS. — Paris, 1755, veau, 3 vol. in-12.

129. **Antiquité et explication des cérémonies de la religion,** (allem.), par Greg. RIPPELT. — Erfurt, chez Christ. Windhauer, 1739, veau, 1 vol. in-12.

130. **Dictionnaire théologique portatif.** — Paris, chez Dudat, 1761, veau, 1 vol. in-12.

131. **Dictionnaire des hérésies,** par PLUQUET. — Paris, chez Nyon, 1768, veau, 2 vol. in-12.

132. **Conférences de Cassien,** trad. de DE SALIGNY, 4ᵉ édit. — Lyon, chez J.-Math. Martin, 1687, veau, 2 vol. in-12.

133. **Biblia sacra,** avec fig. — Lugduni, apud Ant. Vincentium, 1567, veau, 1 vol. in-12.

134. **Erasmi testamentum novum** (latine). — Basiliæ, apud Frosbonum, 1522, veau, 1 vol. in-12.

135. **Summa de exemplis et rerum similitudinibus,** a GEMENIANA. — Antverpiæ, apud Petri Belleri, 1597, parch., 1 vol. in-12, 2 exemplaires.

136. **Sacrosanctum concilium Tridentinum,** a Joan. GALLE-MART. — Lugduni, apud Ant. Julieron, 1650, parch., 1 vol. in-12.

137. **Evangelium Secundam Lucam** (grœce). — Paris, apud J. Barbou, 1768, veau, 1 vol. in-12.

138. **Novum testamentum** (grœcum). — Moguntue, apud Varrentrap, 1753, veau, 1 vol. in-12.

139. **Bible de famille.** — Paris, chez L. Colas, 1820, br., 2 vol. in-12.

140. **Opiniâtreté des païens,** par Aloïse MERZ (allem.). — Augsbourg, chez Walfischen, 1786, cart., 1 vol. in-12.

141. **Philosophie chrétienne,** par HARTMANN (allem.). — Kempten, chez Klemer Lingg, 1585, br., 4 vol. in-12.

142. **Novum Jesu Christi testamentum** (grœce-latine), interp. par Th. BEZA. — Lugdini, apud Vignon, 1611, parch., 1 vol. in-12.

143. **Pancarpium Marianum.** (2 exempl.) — Antverpiæ, ex off. Plantiniana, 1607 et 1618, grav., veau, 2 vol. in-8.

144. **Dilucidatio speculi apologetici,** a Ant. M. GALITIO. — Antverpiæ, typ. F. Fikaert, 1652, parch., 1 vol. in-4.

145. **Messis myrrhæ et aromatum,** a Jean DAVID. — Antverpiæ, ex off. Plantiniana, 1618, grav., veau, 1 vol. in-8.

146. **Perfections sacerdotales de Balth. Holzhauer,** par l'abbé GADUEL, 2e édit. — Paris, chez Lecoffe fils et Cie, 1868, demi-rel., 1 vol. in-12.

147. **Considérations sur les œuvres de Dieu,** trad. de l'allem. par STURM. — Paris, chez Brund Labbé, 1835, demi-rel., 3 vol. in-12.

148. **De interpretatione Christi,** per Eug. PION DE HERSANT. — Parisiis, apud Auttorem, 1859, br., 1 vol. in-12.

149. **Pensées chrétiennes,** par Th. ADAM, trad. par Mlle DE CHABAUD-LATOUR, 3e édit. — Paris, chez Smith-Morché, 1856, br., 1 vol. in-12.

150. **Etude d'histoire religieuse,** par Ern. Renan, 7ᵉ édit. — Paris, chez Michel Lévy frères, 1864, br., 1 vol. in-12.

151. **Cours de religion chrétienne,** par Athanase Coquerel. Paris, chez Cherbulier. 1855, demi-rel., 1 vol. in-12.

152. **Dictionnaire apostolique,** par Montargon. — Paris, chez Aug.-Martin Lottin, 1755, veau, 12 vol. in-8, manque le 7ᵉ vol.

153. **Bibliothèque portative des Pères de l'Eglise,** par un anonyme. — Paris, chez Lottin, 1758, veau, 9 vol. in-8.

154. **Veterum interpretum græcorum in vetus testamentum fragmenta,** a Joan. Drusio. — Arnhemiæ, apud Joan. Janssenium, 1623, parch., 1 vol. in-8.

Sous la même reliure que le Nᵒ 154 :

Commentarius in prophetas, a Joan. Drusio. — Amstelodami, apud H. Laurentii, 1627.

155. **Elogia Mariani,** a Isaco Oxovensis. — Augustæ Vendelicorum, apud J. P. Stendneri, avec grav., 1700, veau, 1 vol. in-4.

156. **Historia J. C. stigmatibus,** auct. Paleolo, add. Rich. Gibbon. — Duaci, apud Balthazar Belleri, 1616, parch., 1 vol. in-4.

157. **Lettres de Saint Augustin.** — Paris, chez J.-B. Coignard, 1684, veau, 6 vol. in-8.

158. **Patrologia,** auct. Wilhelmo Wilhelm. — Friburgiæ-Brisgoviæ, apud, A. Wagner, 1775, veau, 1 vol. in-8.

159. **Institutiones hermeneuticæ sacræ scripturæ,** auct. J. J. Moasperges. — Vindobonæ, apud J. T. de Trattner, 1777, veau, 2 vol. in-8.

160. **Sacrorum bibliorum pars altera completans prophetæ Petri Joseph.** — Antverpiæ, apud J. B. Verdassen, 1716, 1 vol. in-8.

161. **Biblia sacra.** — Antverpiæ, apud J. B. Verdassen, 1716, 1 vol. in-8 avec front.

162. **Œuvres de Massillon,** avec portrait. (Manque le 3ᵉ et le 5ᵉ vol.) — Paris, chez Gauthier frères, 1828, cart., 14 vol. in-8.

163. **Essai sur les idées politiques de Saint Augustin,** par Bief. — Moulins, chez Martial Place, 1859, br., 1 vol. in-8.

164. **Etude sur Prudence,** trad. de l'abbé Bayle de Ambroise Brai. — Paris, 1860, br., 1 vol. in-4.

165. **Etude sur le Synesius,** par H. DRUON. — Paris, chez A. Durand, 1859, br., 1 vol. in-8.

166. **Choix de sermons et de discours,** trad. du russe par BOISSARD. — Paris, chez Cherbulier, 1860, br., 1 vol. in-8.

167. **Variorum lectionum libri,** Ant. MURETI. — Lugduni, apud Hæredes Gultelm, 1594, veau, 1 vol. in-32.

168. **Dapes ciceronianæ.** — Francoforti, apud. Joan. Bringerum, 1613, veau, 1 vol. in-32.

169. **Ciceroneæ phraseos,** Severino HELLINX. — Coloniæ agrippinæ, apud Gominum Cholinum, 1605, parch., 1 vol. in-32.

170. **Janua aurea linguarum,** Thod. SIMONIO (grec-latin). — Amstelodami, apud Lud. Elzevirium, 1649, veau, 1 vol. in-32.

171. **Florilegium philologicum,** Reineri NEUHUSI. — Amstelodami, apud Joan. Janssonium, 1650, parch., 1 vol. in-18.

172. **De ortu et occasu linguæ,** a NIESS. — Dilinger, apud Jacob Sermodi, 1627, parch., 1 vol. in-18.

173. **Indiculus universalis latino-germanicus,** Franc. POMEY. — Nuremberg, apud, Wolg. Moritz, 1698, parch., 1 vol. in-18.

174. **Thesaurus elegantiarum Aldi Manutii,** Joan. KUCHLERI. — Coloniæ agrippinæ, apud F. Metternich, 1720, veau, 1 vol. in-18.

175. **Tyrocinium latini sermonis,** a P. ESCHENBRENDER. — Coloniæ agrippinæ, apud Pet. Pütz, 1749, veau, 1 vol. in-18.

176. **Joan Valentini de disciplinis.** — Lugduni Batavorum, apud Jean Maire, 1636, parch., 1 vol. in-18.

177. **Manuductio ad excerpendum,** Petri TITII, frontisp. — Gedani, typ. Fréd. Rhetii, 1676, demi-rel., 1 vol. in-18.

178. **Aphtonii sophista progymnasmata,** édit. nov., a Jacob GAUDRIO, avec frontisp. — Lipsiæ, apud G. H. Frommane, 1684, parch., 1 vol. in-18.

179. **Essai d'une grammaire française,** par SCHIFFLET. — Bruxelles, chez Lambert Marchand, 1697, veau, 1 vol. in-18.

180. **Souhaits d'un bonhomme à ses concitoyens,** par DVITRYA-DURNANAS, nouv. édit. — Paris, chez Belley-Conchon, 1857, cart., 2 vol. in-18.

181. **Cultura ingeniorum,** Ant. Possevini, rev. Eug. Petrolo.
— Coloniæ agrippinæ, apud Joan. Gymnicum, 1610,
parch., 1 vol. in-12.

182. **De re poetica grœcorum,** Neandri, edit. sec., rev. Joan.
Vallandi. — Lipsiæ, apud Michel. Lantzenberger, 1592,
parch., 1 vol. in-12.

183. **Rodolphi agricola phrisii.** — Coloniæ agrippinæ, ex off.
Eucharii Cervicorni, 1538, parch., 1 vol. in-12.

184. **Vergaræ gramatica græca.** — Coloniæ agrippinæ, ex
off. Birchmaniana, 1588, parch., 1 vol. in-12.

185. **Latinitatis liber memorialis.** — Apud Christ Cellarium,
1707, demi-rel., 1 vol. in-12.

186. **Colloquia sive exercitatio latinæ linguæ,** Joan. Th.
Freigii (latin-allem.). — Norimbergœ, imp. Jos. Richelius, 1588, parch., 1 vol. in-12.

187. **Progymnasmatium latinitatis,** Jacobi Pontani, 15ᵉ édit.
— Lucernæ, apud H. Rennwald Wissing, 1731, demi-rel.,
1 vol. in-12.

188. **Epistolarum conscribendarum methodus,** a Sambuco.
— Basiliæ, apud Joan. Oporinum, 1551, (grœco-latin),
parch., 1 vol. in-12.

189. **Artificium perorandi,** a Bruno, trad. a J. H. Alstedio.
— Francoforti, apud Hummium, 1612, parch., 1 vol. in-12.

190. **Ethicorum ovidianorum libri,** Jac. Pontani. — Ingolstadt, typ. Ederiana, 1610, parch., 1 vol. in-12.

191. **Synonimorum libellus,** a Johan Serrano. — Lipsiæ,
apud Andr. Richter, 1576, parch., 1 vol. in-12.

192. **Gramatica grœca sacra,** Georgii Pasoris. — Groningœ
Frisiarum, apud Joan. Colleni, 1655, parch., 1 vol. in-12.

193. **Copiosa supellex elegantissimarum germanicæ et
latinæ linguæ,** per H. Ulmerum Hirsfeld, refec. a
Wolfg. Guininguis. — Franckforti, apud Wolfg. Rich-
terum, 1615, parch., 1 vol. in-12.

194. **Sebastiani opus gramaticum latine-hebraicum.** —
Basiliæ, 1541, veau, 1 vol. in-12.

195. **M. Rulandi dictionarium germani-latino-grœcum.** —
Augustæ Vendelicorum, apud Michel Manger, 1586,
parch., 1 vol. in-12.

196. **Colloquia sive confabulationes Tyronum litterarum,**
a H. Schottemio. — Lugdunæ, apud J. et F. Frellonios
fratres, 1645, parch., 1 vol. in-12.

197. **Sententiæ Theognidis Phocilides Jac. Hertelius Sey. Sibyllorum oraculum libri,** auct. eod. (latin-grec). — Basiliæ, ex off. S. Oporini, 1561, parch., 1 vol. in-12.

198. **Morceaux allemands,** par Jean-Rudolphe SATTLER (allem.). — Bâle, chez Louis Kœnigs, 1607, parch., 1 vol. in-12.

199. **Martini Bulandi synonima.** — Augustæ, apud Michel Manger, 1582, parch., 1 vol. in-12.

200. **Compendium gramaticæ grœcæ,** CEPORINI (grec). — Basiliæ, apud Valentinum Curionem, 1622, veau, 1 vol. in-12.

   Erasmi parabolœ, CEPORINI, avec vign. — Basiliæ, apud Frobinum, 1521, veau, 1 vol. in-12.

201. **Promptuarum germanico-latinum,** a Wolfg. SCHŒNSLEDERO. — Monachii, apud N. Henricum, 1622, parch., 1 vol. in-12.

202. **Colloquia puerilla,** Maturii CORDERII. — Basiliæ, apud J. C. a Mechel, 1740, cart., 1 vol. in-12.

203. **De difficillimo generi epistolarum,** a lgn. WEITENAUERO. — Augustæ Vendelicorum, imp. J. et A. Wahner, 1756, cart., 1 vol. in-12.

204. **Erasmi de Duplici copia Verborum.** — Lugduni, apud Seb. Gryphium, 1546, parch., 1 vol. in-12.

205. **Selecta latini Sermonis exemplaria,** a Petr. CHOMPRE. — Augsburgi, apud M. Riogeis et filium, 1777, parch., 1 vol. in-12.

206. **Introductio ad linguam grœcam,** a Bonav. GIRANDEJE. — Ruppelœ, apud Desbordes, 1752, veau, 1 vol. in-12.

207. **Buxtorfi institutio epistolaris hebraïca.** — Basiliæ, apud Ludovici Regis, 1629, parch., 1 vol. in-12.

208. **Illustrium poetarum flores,** a Ant. MANCENILLO. — Argentorati, apud Josias Rihelius, 1559, parch., 1 vol. in-12.

209. **Recherches sur la diversité des langues,** par Ed. BREZEWOOD, trad. par J. DE LA MONTAGNE. — Paris, chez Olivier de Varennes, 1663, parch., 1 vol. in-12.

210. **Institutiones linguæ grœcœ,** a N. CLANARDO. 5e édit. — Coloniæ, apud Theod. Baumium, 1569, parch., 1 vol. in-12.

211. **Institutiones linguæ grœcœ,** a N. CLENARDO. — Franckforti, apud heredes A. Wecheli, Cl. Marmium et J. Audrun, 1598, parch., 1 vol. in-12.

212. **Grammaire italienne,** par César Oudin. — Paris, chez Samuel Thiboust, 1631, parch., 1 vol. in-12.

213. **Dictionarum hebraicum,** a Sebastiano. - Basileæ, apud Frobenium, 1664, parch., 1 vol. in-12.

214. **Dialogœ in pronunciatione,** a Erasmo. — Basiliæ, apud Frobenium, 1528, parch., 1 vol. in-12.

215. **Commentarius in selectas Ciceronis orationes,** 2e édit. — Monachii, apud Andr. de la Haye, 1733, veau, 3 vol. in-12, le 2e manque.

216. **Epistolœ elaboratiores,** auct. Rieffel. — Virceburgi, ex typ. Staheliana, front., veau, 1 vol. in-12.

217. **Italicæ gramatices præcepto,** auct. Scipione Lentulo, sec. édit. — Lugduni, apud Eust. Vignon, 1580, parch., 1 vol. in-12.

218. **Erasmi apophtegmatum libri.** — Basiliæ, apud Frobenium, 1550, parch., 1 vol. in-12.

219. **Erasmi apophtegmatum libri.** — Lugduni, apud Gryphium, 1531, veau, 1 vol. in-12.

220. **Erotemata dialectices,** a Philippo Melantho. — Wittebergæ, apud Joan. Cratum, 1555, parch., 1 vol. in-12.

221. **Grammaire latine,** d'Emmanuel Alvari. — (Sans titre), veau, 1 vol. in-12.

222. **Hebræus codex Langii,** 2e édit. — Halvæ Saxonum, typ. Orphanotrophei, 1721, parch., 1 vol. in-12.

223. **Institutiones linguæ hebraicœ,** Georgii Mayr. — Lugduni. apud N. Jullieron, 1622, parch., 1 vol. in-12.

224. **Novum organum philologicum,** J. J. Becheri, (latin-allem.), — Francoforti ad mœnum, imp. J. D. Zemmeri, 1674, parch., avec frontisp., 1 vol. in-12.

225. **De l'art d'écrire,** (allem.). avec planches. — Bamberger et Wursbourg, chez T. Gebhart, 1775, demi-rel., 1 vol. in-12.

226. **Thesaurus gramaticus linguæ hebraicœ,** Buxtorfi. — Basileæ, apud Lud. Regis, 1629, parch., 1 vol. in-12.

227. **Gramatica hebræa,** Elias. Levitœ. — Basileæ, apud Frobenium, 1552, parch., 1 vol. in-12.

228. **Orbis picti sensualium,** J. Amos Comenii. — Noribergæ, apud J. A. Endt, 1756, veau, 1 vol. in-12.

229. **Thesauri rerum publicarum,** a Ph. Andrœa. — Genevæ, apud Samuel de Tournès, 1675, veau, 1 vol. in-12.

230. **Thesauri latinitatis compendium,** auct. BENTZIO. Argentorati, apud Heredes Bernardi Jobini, 1596, parch., 1 vol. in-12.

231. **Fundamenta styli cultioris,** a Jos. Gottl. HEINECCII, ald. a Nic. NICLAS. — Lipsiæ, apud Gasp. Fritsch, 1756, veau, 1 vol. in-12.

232. **Flores doctorum græcorum et latinorum,** par Th. HYBERNIUM, 2ᵉ édit. e. Frontix. — Vienne, apud G. Lehmann et Pet. Kranss, 1737, front., veau, 1 vol. in-12.

233. **Epistolæ familiares,** auct. KOBZAWA. — Trajecti ad Mosana, apud Lambertum Bertus, 1715, veau, 1 vol. in-12.

234. **Institutiones linguæ latinæ et græcæ,** Emm. ALVARI et J. GRETSERI. — Manheim, apud Nicolas de Pierron, 1758, veau, 1 vol. in-12.

235. **Novissimus pedagogus domesticus,** Em. ALVARI, 6ᵉ édit., rev. a Jos. EDER. — Monachii et Ingoldstdt, apud X. Crætz, 1762, veau, 1 vol. in-12.

236. **Epitome thesauri linguæ sanctæ Pagnini lucensi,** 3ᵉ édit. — Antverpiæ, apud Christ. Plantini, 1578, cart., 1 vol. in-12.

237. **Latinæ linguæ gramatica tripartita,** auct. GSELL. — Basileæ, apud Joan. Rud. Imhof, 1755, veau, 1 vol. in-12. (3 exemplaires.)

238. **Petit dictionnaire allemand-latin,** avec frontisp. et vign. — Noribergæ, apud J. Fred. Rüdiyerim, 1733, cart., 1 vol. in-8.

239. **Thesaurus ciceronianus,** a Ant. SCHORUM et LAMBINI, cum pref. J. STURMII. — Argentorati, apud Josias Richelius, 1586, parch., 1 vol. in-8.

240. **Grammaire latine et allemande.** — Einsideln, chez Xavier Kœlin, 1789, veau, 1 vol. in-8.

241. **Grammaire latine-allemande.** — Einsideln, chez Xavier Kœlin, 1780, veau, 1 vol. in-8.

242. **Grammaire latine-allemande.** — Erfurt et Leipsig, chez J.-Fred. Weber, 1751, cart., 1 vol. in-8.

243. **Ars memoriæ,** a Th. ERHARTT, cum frontisp. — Augustæ Vendelicorum, apud Joan. J. Strœtter, 1715, veau, 3 vol. in-8.

244. **Gradus ad Parnassum,** a Paulo ALER. — Coloniæ agrippinæ, apud Hern. Petr. et J. Pütz, 1739, veau, 1 vol. in-8.

245. **Ravisii officina sive theatrum,** a J. GRASSERO. — Basilæ, apud Lud. Regis, 1626, parch., 1 vol. in-8.

246. **Palestræ styli romani,** a J. MATTENIO, edit. nov. — Coloniæ agrippinæ, apud J. Metternich, 1710, veau, 1 vol. in-8.

247. **De clegantiæ linguæ latinæ,** Laurentii VALLÆ. — Lugduni, apud Gryphium, 1538, parch., 1 vol. in-8.

248. **Manuductio ad artem grammaticam,** auct. anonyme). — Mogontiœ, apud J. J. Stœhel, 1766, veau, 1 vol. in-8.

249. **De ratione discendi et docendi,** a J[h] JUVENTIO, 2[e] edit. — Florentinæ, apud Mich. Nestenium, 1708, 1 vol. in-8.

250. **Laurentii Vallæ de linguæ latinæ elegantia.** — Lugduni, apud Seb. Gryphium, 1538, parch., 1 vol. in-8.

251. **Index poeticus,** a Anselme DESING. — Ingolstadti et Augustæ Vendelicorum, apud J. F. X. Grætz, 1758, veau, gauph. doré, 1 vol. in-8.

252. **Frisii dictionarum bilingue,** a Gasp. SUICERO, avec portr. — Tiguri, apud H. Bodmeri, 1704, (latin-allem.), cart., 1 vol. in-8.

253. **Silva quinque linguis vocabulorum,** per Emm. WOMBACENSEM. — Alzinæ, Lud Kœnig, 1592, parch., 1 vol. in-8.

254. **De linguæ hebrææ laudibus,** auct. SCHWALENBERG. — Lipsiæ, apud Mich. Herni Lantzberg, 1596, parch., 1 vol. in-4.

   Oratio Lud. FUREN, laud. Joan. Cornelis, Verone, 1596 ;

   Oratio F. PLATIRI, pro Sar. Burkard, Basileæ, 1614 ;

   Oratio Platoni MENEXEMUS, Basileæ, 1635 ;

   Oratio memoriœ, Ch. ZWINGERI a WASTENIO, Basilæ, 1655 ;

   Oratio BUXTORFI. a Luca GERNLERO, Basileæ, 1665 ;

   Oratio Sam. EGLINGERUS, a Jac. RUDENO, 1674, br. ;

   Oratio inangaralis. a ZWINGERO, Basilœæ, 1661 ;

   Oratio inangaralis, a Jac. OTTONE, Ulm, 1661.

255. **Rhetorica Rieffelii.** — Wirenburgi, ex off. Staheliani, 1765, cart. 4 vol. in-8.

256. **Vocabularium gemma gemmarum.** — Augustæ Vendelicorum, apud Joan, Schonsperg, 1512. veau et bois, 1 vol. in-12.

257. **Lexicon quatuor linguarum,** Nicolaï GURTLERI. — Basilæ, apud Jos. Brandwyleri, 1692, parch., 1 vol. in-8.

258. **Dictionarum latino-germanicum**, a Dasypodio. — Argentorati, apud Theod. Rihelium, 1596, parch., 1 vol. in-8.

259. **Introductio innotitiam litterariæ B. S. Struvii**, nov. édit., a Christ. Fischer. — Francoforti et Lipsiæ, apud H. L. Brœnner, 1754, cart., 1 vol. in-8.

260. **Dictionarium germanico-latinum**, Paul Aler. — Manque le titre et le 1ᵉʳ volume, parch., 2 vol. in-8.

261. **Caligraphia oratoria linguæ græcæ.** — Francoforti, apud heredes And. Wecheli, 1598, parch., 1 vol. in-8.

262. **Rudimento linguæ hebraicæ**, Bruneri. — Friburgiœ Brisgoviœ, 1585, parch., 1 vol. in-4.

263. **Stenographia**, auct. Joan. Trithemio. — Francoforti, apud Saurii, 1608, parch., 1 vol. in-4.

264. **Abrégé de la grammaire grecque**, par Clemert. — Paris, chez Barbou, 1771, cart., 1 vol. in-4.

265. **Universæ phraseologiæ Corpus**, a Wagnero, nov. édit. — Viennæ, apud E. F. Bader, 1760, veau, 1 vol. in-8.

266. **Universæ phraseologiæ Corpus**, a Wagnero, 2ᵉ édit. — Augustæ Vindelicorum, apud Martin Happach, 1729, veau, 1 vol. in-8.

267. **Parnassus poeticus**, S. J. — Francoforti, apud S. Gottl. Schœnwetterum, 1654, cart., 1 vol. in-4.

268. **Dictionarium latino-germanicum**, Petro Dasypodio. — Argentorati, apud Wend. Rihelium, 1536, parch., 1 vol. in-4.

269. **Lexicon manuale græco-latinum**, Cornelii Schrevelii. — Lutetiæ parisiorum, 1716, veau, 1 vol. in-8.

270. **Lexicon manuale græco-latinum**, Cornelii Schrevelii. Lutetiæ, apud Viduam Pierre, veau, 1752, 1 vol. in-8.

271. **Palatium eloquentiæ Reginæ Societate Jesu.** — Coloniæ, apud F. Metternich, 1709, veau, 1 vol. in-4.

272. **De l'emploi des conjonctions dans la langue grecque.** — Paris, chez Eberhart, 1814, demi-rel., 1 vol. in-8.

273. **Almanach royal pour les années 1741, 1781, 1788 et pour l'année 1825.** — Paris, chez L. D'Houry et chez Guyot et Scribe, veau, 1 vol. in-8.

274. **Trithemii stenographia illustrata** a Wolfg. Ern. Heidel. — Moguntiæ, apud Christ. Rüchlerim, 1676, parch., 1 vol. in-4.

275. **Manuel de l'instituteur primaire.** — Paris, chez F.-G. Levrault, 1831, br., 1 vol. in-8.

276. **Principes de l'étude comparative des langues,** par le baron Morian, observ. Klaprath. — Paris, chez Schubart et Heideloff, 1828, br., 1 vol. in-8.

277. 1° **De litteris antiquis opusculum Valerii Probi.** — Basileæ, apud Joan. Frobenium, 1521, parch., 1 vol. in-4.

Dans le même volume :

2° **Pomponii læti Sibellus romanorum magistratibus ;**

3° **Medici romani,** Nic. Læniceni, discipuli anti Sophia. — Bononiæ, 1519 ;

4° **Gulelmi Budœi epistolæ.** — Basileæ, 1540 (front. et majuscules ornées) ;

5• **Joanum Ludovici vivis somnium.** — Bâle, 1521.

Novum dictionarium latino-germanicum et germanico-latinum, a Joan. Frisio. — Heidelbergæ, apud Andream Cambier, 1607, parch., 1 vol. in-4,

278. **La Poétique,** de Jules de la Ménardière. — Paris, chez Sommaville, 1640, veau, 1 vol. in-4.

279. **Vocabularius prædicantium et vocabularius rerum.** — Argentorati, apud Renetum Beck, 1540, bois et parch., 1 vol. in-4.

280. **Lexicon germanico-latinum.** — (Sans titre), veau, 1 vol. in-8.

281. **Lexicon latino-germanicum,** a Hederico. — Lipsiæ, apud J. F. Gleditsch, 1766, vol. in-8.

282. **Phasæologia germanico-latina,** 2e édit. — Moguntiæ et Francoforti, apud F. Warrentrapp, 1766, veau, 1 vol. in-4.

283. **Aphthonii sophista fragmenta rhetorica,** interprete Rodophi agricola Phrisio. — Parisiis, apud Ch. Richard, 1548, 1 vol. in-4, parch.

C. Crispi Salustii conjuratio Catilinœ. — Parisiis, apud J. L. Tiletanum, 1544.

Ciceronis, pro Muræna, oratio et pro Archia poeta. — Parisiis, apud Vascosani, 1547.

D. Hieronymi stridonensi ad Pammachium supet Obitu. — Pauliniæ uxoris epistolæ, apud Prigentii Calvarini, 1548.

284. **Amb. Calepini dictionarium latino-græcum.** — Basileæ, ex off. Henrici Petri, 1558, parch., 1 vol. in-8.

285. **J. Ravisi epithethorum opus,** op. Jac. HERTELII. — Basileæ, apud Nic. Brilingerum, 1565, parch., 1 vol in-4.

286. **Dictionarium latino germanicum,** CHOLINI et J. FRIESII. — Tiguri, apud Christ. Froschoverum, 1541, bois et parch., 1 vol. in-4.

287. **Novus apparatus latino-græcus.** — Parisiis, Sumpt. fratrum Barbou, 1728, veau, 1 vol. in-4.

288. **Le trésor des trois langues espagnole, française et italienne,** par César OUDIN. NIED et autres. — Cologne, chez S. Crespin, 1617, bois et parch., 1 vol. in-4.

289. **Lexicon græco-latinum,** Hadriani JUNII, avec frontisp. — Basileæ, ex off. Hieronymi Curionis, 1547, parch. et bois, 1 vol. in-4.

290. **Dictionarium poeticum.** — (Sans titre). Veau, 1 vol in-4.

291. **Philothei Symbola Christiana,** avec frontisp. et grav. — Francoforti, apud Petr. Zubrod, 1677, cart. 1 vol. in-4.

292. **Dictionnaire des quatre langues de l'Europe,** par Jean VENERONI. - Cologne et Franckfort, chez les héritiers de Serirais Nœthen, 1743, cart., 1 vol. in-4.

293. **Dictionnaire français-grec,** par COURTAUD-DIVERNÉRESSE. — Paris, imp. J.-B. Gros et Dunaud, 1858, demi-rel., 1 vol. in-8.

294. **Grammaire allemande,** par N.-Ed. MERKLEN. — Munich, Tubingue, chez Gotta, 1841, demi-rel., 1 vol. in-8.

295. **Degré de signification en grec et latin,** par l'abbé GONNET. — Paris, chez Ern. Thorin, 1876, demi-rel., 1 vol. in-8. — Même ouvrage broché, 1 vol. in-8.

296. **Bibliothèques communales ; instruction élémentaire,** par Jules BADU. — Paris, chez Giraudet et Jouault, 1854, demi-rel., 1 vol. in-8.

297. **Grammaire allemande,** par DROUIN. — Paris, chez Delagrave, 1876, br., 1 vol. in-8.

298. **Grammaire de la langue mexicaine,** par André DE ALMOS et Renée SIMÉON. — Paris, Imprimerie nationale, 1875, br., 1 vol. in-8.

299. **Exposé de la méthode d'éducation de Pestalozzi.** — Paris, chez Hachette, 1842, demi-rel., 1 vol. in-8.

300. **Enseignement populaire en Belgique,** par LEBON. — Bruxelles, chez H. Merzbach, 1871, br., 1 vol. in-8.

301. **Glossaire du patois du pays de Montbéliard,** par Ch. CONTEJEAN. — Montbéliard, chez H. Barbier, 1870, br., 1 vol. in-8.

302. **Synonymes grecs,** par Alex. PILLON. — Paris, chez veuve Maire-Nyon, 1847, br., 1 vol. in-8.

303. **La prononciation du grec,** thèse de P. BARET. — Paris, chez Donnaud, 1878, br., 1 vol. in-8.

304. **Grammaire de la langue romane,** par Fr. DIEZ, trad. par A. BRACHET et J. PARIS. — Paris, chez A. Franck. 1873, 6 fasc. br.

305. **Grammaire comparée pour l'étude des trois langues classiques,** par E. EGGER, 4e édit. — Paris, chez Aug. Durand, 1855, br., 1 vol. in-12.

306. **Vocabulaire étymologique du patois,** par le Dr Vor POULET. — Paris, chez Lahure, 1878, br., 1 vol. in-12., (2 exempl.)

307. **Promenade à l'exposition scolaire de 1867,** par Ch. DEFODON. — Paris, chez Hachette et Cie, 1868, br., 1 vol. in-12 avec vignettes.

308. **Plan d'enseignement primaire,** par VASQUEZ-LALO. — Lille, chez L. Beghin, 1867, br., 1 vol. in-12.

309. **L'ouvrier et le maître d'école,** par M. GADRAS. — Meaux, imp. de Carro, 1865, br., 1 vol. in-12.

310. **Recueil des lois sur les salles d'asile.** — Paris, Imprimerie impériale, 1869, br., 1 vol. in-12.

311. **Direction morale des instituteurs,** par Th.-H. BARREAU, 5e édit. — Paris, chez L. Hachette et Cie, 1855, br., 1 vol. in-12.

312. **Modèles de discours et allocutions,** par A. THERY. — Paris, chez L. Hachette et Cie, 1855, br., 1 vol. in-12.

313. **La part des femmes dans l'enseignement de la langue,** par H. CHAVÉ. — Paris, chez J.-H. Truchy, 1859, demi-rel., 1 vol. in-12.

314. **Histoire critique de la littérature allemande,** par CLAVEQUIN-ROSSELOT. — Belfort, imp. Pélot, 1 broch. in-12.

315. **Lectures courantes des écoliers,** par CAUMONT et ARMBRUSTER. — Paris, chez Delagrave, 1879, cart., 1 vol. in-12.

316. **Conseils d'enseignement, de philosophie et de politique,** par Ern. BERSOT. — Paris, chez Hachette et Cⁱᵉ, 1879, br., 1 vol. in-12.

317. **L'art de la lecture,** par Ern. LEGOUVÉ. — Paris, chez J. Hetzel et Cⁱᵉ, 1879, br., 1 vol. in-12.

318. **Grammaire historique de la langue française,** par A. BRACHET, avec préf. par E. LITTRÉ. — Paris, chez J. Hetzel et Cⁱᵉ, br., 1 vol. in-12.

319. **La réforme de l'enseignement public,** par Th. FERNEUIL. — Paris, chez Hachette et Cⁱᵉ, 1879, br., 1 vol. in-12.

320. **Les éléments matériels du Français,** par B. JULLIEN. — Paris, chez Hachette et Cⁱᵉ, 1875, br., 1 vol. in-12.

321. **L'Harmonie du langage,** par B. JULLIEN. — Paris, chez Hachette et Cⁱᵉ, 1867, br., 1 vol. in-12.

322. **Les formes harmoniques du Français,** par B. JULLIEN. — Paris, chez Hachette et Cⁱᵉ, 1876, br., 1 vol. in-12.

323. **Langue internationale néo-latine,** par COURTONNE. — Nice, chez Visconti, 1875-84, 2 vol. broch. in-8.

324. **Le mal et le remède,** par Georges LAFARGUE. — Paris, chez Arm. Le Chevalier, 1872, br., 1 vol. in-8.

325. **Code d'instruction primaire.** — Paris, chez P. Dupont, 1833, br., 1 vol. in-8.

326. **Nouvelle grammaire française,** par CHAVIGNAUD. — Rochefort, imp. de Mercier et Devois, 1846, cart., 1 vol. in-8.

327. **Rapport sur l'exposition de géographie et de travaux scolaires,** par ARMBRUSTER. — Belfort, chez Pélot, 1877, broch. in-8.

328. **Remarques sur la langue française de Vaugelas,** nouv. édit., par CHASSANG. — Versailles, chez Cerf et fils, 1880, br., 2 vol. in-8.

329. **Ligue de l'enseignement, comptes-rendus.** — Paris, chez Chaix et Cⁱᵉ, 1877-1880, 3 broch. in-8.

330. **Manuel de philosophie classique,** par Sam. REINACH. — Paris, chez Hachette et Cⁱᵉ, 1880, br., 1 vol. in-8.

331. **Enquête sur l'enseignement supérieur.** — Paris, Imprimerie nationale, 1883-1885, 18 broch. in-8.

332. **Grammaire hébraïque,** de RABBINOWIEZ, trad. par Clément MULLET. — Paris, chez A. Franck, 1864, br., 1 vol. in-8.

333. **Annales de la Société philotechnique, 1880-1882,** (41e et 42e années). — Paris, chez Ern. Thorin, 1881-1883, br., 2 vol. in-8.

334. **Les idées morales de Démosthènes,** par Maurice Croiset. — Paris, chez Ern. Thorin, 1874, br., 1 vol. in-8.

335. **Organisations pédagogiques des écoles d'après Villemereux,** par A. Pinet. — Paris, chez Desabry, E. Magdeleine et Cie, 1861, br., 1 vol. in-8.

336. **Mastrii et Belluti philosophiæ,** ad mentem Scoti Cursus. — Venetes, apud Nicol. Pezzana, 1651, veau, 1 vol. in-fol.

337. **Philosophiæ scolæ scoticæ,** auct. Knsper. — Augustæ Vindelicorum, apud Mat. Wolff, 1735, veau, 1 vol. in-fol.

338. **Dictionnaire économique,** par Noël Chomel et Dr Maret, avec fig. par Picard. — Commercy, chez Henri Thomas et Cie, 1741, veau, 4 vol. in-fol.

339. **Concordantiæ bibliorum,** a Francisco Lucca, ed. noviss. — Lugduni, Sumpt. Pauli Frellon, 1615, cart., 1 vol. in-4.

340. **Pontificum doctum,** auct. Georgium Josephum. — Coloniæ, apud David Ritter, 1718, veau, 1 vol. in-fol.

341. **Martyrologium romanum,** Cæsariis Baronii Seroni. — Antverpiæ, ex off. Plantiniana, front., 1613, parch., 1 vol. in-fol.

342. **Lumina reflexa,** auct. Pinello, trad. par Augustin Erath. — Francoforti ad Mænum, typ. Nicolai Andreæ, avec frontisp. et portr., 1711, veau, 1 vol. in-fol.

343. **Missale romanum,** avec majuscules ornées et gravures sur bois. — Venise, imp. par Simon Bivilaqua, 1504, veau, 1 vol. in-fol.

344. **Opera Cornelii Cornelli,** a Lapide, commentaria in omnes divi Pauli épistolas, edit. ult. — Lugduni, apud Leonard Plaignard, 1690, veau, 1 vol. in-fol. avec frontisp.

345. **Commentaria in Pentateuchum Mosis,** ult. edit. — Lutetiæ Parisiorum, ex off. Edmundi Martini, 1626, veau, 1 vol. in-fol.

346. **Commentaria in Pentateuchum Mosis.** — Lutetiæ Parisiorum, ex off. Ed. Martini, veau, 1 vol. in-fol.

347. **Commentarius in Josue, Judicum.** Ruth. in lib. IV Regnum. — Antverpiæ, apud Jacobum Meursium, 1676, veau, 1 vol. in-fol.

348. **Commentaria in Salomonis proverbiæ,** cum frontisp.
— Antverpiæ, apud Jacobum Meursium, 1676, veau,
1 vol. in-fol.

349. **Commentaria in acta apostolorum,** cum frontisp. —
Antverpiæ, apud Jacobum Meursium, 1684, veau, 1 vol.
in-fol.

350. **Commentarii in Ecclesiasten,** cum frontisp. — Antverpiæ, apud Jacobum Meursium, 1680, veau, 1 vol. in-fol.

351. **Commentaria in Canticum Canticorum,** cum frontisp.
— Lugduni, apud Gab. Boissart et Soeior, 1687, veau,
1 vol. in-fol.

352. **Commentarius in duodecim minores prophetes.** —
Antverpiæ, apud Jac. Meursium, 1681, veau, 1 vol. in-fol.

353. **Commentaria in proverbiæ Salomonis,** cum frontisp.
— Lutetiæ Parisiorum, apud Steph. Richer, 1635, veau,
1 vol. in-fol.

354. **Commentaria in IV Evangelia.** — Lugduni, apud
Petrum Valfray, 1681, veau, 1 vol. in-fol.

355. **Commentaria in Acta apostolorum,** frontisp., a ANDRAN.
— Parisii, apud Jacob Prost, 1631, veau, 1 vol. in-fol.

356. **Commentaria in quatuor prophetes majores,** cum
frontisp. — Antverpiæ, apud Jacobum Meursium, 1679,
veau, 1 vol. in-fol.

357. **Biblia sacra,** ex Seb. CASTALIONII. — Basileæ, apud
Petrum Pernam, 1573, parch. gauf., 1 vol. in-fol.

358. **Breviarii Basiliensis,** pars hiemalis BREULARII. — Basileæ, apud Jac. Pfortzheim, 1515, bois et parch., 1 vol.
in-fol.

359. **Menochii commentarii totius Scripturæ,** ad. nov. —
Lugduni, apud Franc. Camba, 1597, bois et parch., 2 vol.
1 in-fol.

360. **Cursus theologicus Tournely,** cum frontisp. — Coloniæ
aggrippinæ, ex off. Metternichiana, 1572, veau, 5 vol.
in-fol.

361. **Commentarius in sacram scripturam Tirini,** edit. nov.
- Lugduni, apud J. B. et N. De Ville, 1702, veau, 2 vol.
dans un in-fol.

362. **De matrimonia,** a Th. SANCHEZ. — Lugduni, apud Nic.
et Joan. Julleron, 1621, parch., 2 vol. dans une rel. in-fol.

363. **Concordantiæ bibliorum,** a Franc. Lucca. — Antverpiæ, ex off. Plantiniana, 1647, bois et parch., 1 vol. in-fol.

364. **Biblia Sacra germanico-latina,** a Germano Cartier, edit. tert. — Constantiæ, D. T. Bez et Sociov, 1770, demi-rel., avec fig. et cart., 4 vol. dans 2 rel. in-fol.

365. **Biblia Sacra** (trad. allem. par G. Ulenberg), frontisp. — Bambergi, apud J. Ziegern et G. Lehmann, 1701, 1 vol. in-fol.

    Les Prophètes, par le même auteur, dans la même rel., parch.

366. **Biblia Sacra versiculis distincta,** avec frontisp., par Andran. — Lugduni, apud Ant. Laurent, 1684, parch., 1 vol. in-fol.

367. **Missale basiliense,** a J. Christophora, e frontisp. — Monachii, apud Ad. Berg, 1586, bois et parch., 1 vol. in-fol.

368. **Divi Ambrosii opera.** — Parisiis, ex off. Chevallonii, 1539, veau et bois, 1 vol. in-fol.

369. **Breviarum romanum.** — Antverpiæ, ex off. Plantiniana, 1628, bois et veau, 1 vol. in-fol.

370. **La cité de Dieu de Saint Augustin,** 3e édit. avec frontisp. — Paris, chez Frobonnius, 1585, parch., 1 vol. in-fol.

371. **Concordantia bibliorum,** per Petri de Besse, avec frontisp. — Parisii, apud Petrum Chevalier, 1611, bois et parch., 1 vol. in-fol.

372. **Berchorii opera,** avec frontisp. — Coloniæ agrippinæ, apud Ant. Hierati, 1620, bois et parch., 1 vol. in-fol.

374. **Sancti Bernadi opera,** annot., a Picard. — Parisiis, 1632, 1 vol. in-fol.

375. **Vie de N.-S. Jésus-Christ,** avec grav., par l'abbé Brispot, dessins de J. Natalis. — Paris, chez Pillon, 1853, demi-rel., 2 vol. in-fol.

376. **Ars symbolica Boschii.** — Augustæ Vendelicorum, apud J. G. Bencart, 1701, veau, 1 vol. in-fol.

377. **Les saints Evangiles,** trad. de Le Maistre de Sacy. — Paris, Imprimerie impériale, 1862, cart., 1 vol. in-fol.

378. **Flores sententiarum græcorum et latinarum,** a B. Amentio Landspergiano. — Dilinga, ex off. Sebald. Mayer, 1556, avec majuscules ornées, veau, 1 vol. in-fol.

379. **Erasmi adagiorum opus,** Seb. Gryphii, cum frontisp. — Lugduni, apud Seb. Gryphium, 1519, veau, 1 vol. in-fol.

380. **Antoni Possevini bibliotheca de ratione studiorum,** avec frontisp. — Coloniæ agrippinæ, apud J. Gymnicum, 1607, cart., 1 vol. in-fol.

381. **Eloquentiæ sacræ et humanæ parallela,** auct. Ant. Caussino. — Parisiis, apud Seb. Chappelet, 1619, parch., 1 vol. in-fol. avec frontisp.

382. **Polyantha Domini Nani,** avec frontisp. — Coloniæ, apud Gasp. Gennepœi, 1552, bois et parch., 1 vol. in-fol.

383. **Dictionnaire français-latin.** (Sans titre.) — Paris, chez Robert Etienne, 1549, 1 vol. in-fol.

384. **Henrichii Loreti Glareani in Titi Livio,** adjunct. Erasmo. — Basileæ, apud Mich. Isingrinium, 1540, parch., 1 vol. in-fol.
Reginalda Poli cardinalis, 1555, dans la même reliure.

385. **Onomaticon propriarum nominum,** auct. Gesnero. — Basileæ, ex off. Henricpetrina, 1575, parch., 1 vol. in-fol.

386. **Dictionnaire égyptien,** par Champolion-le-jeune. — Paris, chez Firmin Didot frères, 1841, demi-rel. 1 vol. in-fol.

387. **Petri Gualterii prælectiones in Horatium.** — Basileæ, apud Leon. Ostenium, 1594, parch., 1 vol. in-fol.

388. **Heinrichi Petri dictionarium græco-latinum.** — Basileæ, apud Henriche Petri, 1548, bois et parch., 1 vol. in-fol.

389. **Dictionnaire français-latin,** par Lebrun. — Rouen, chez Richer-Lallemant, 1770, veau, 1 vol. in-fol.

390. **Dictionnaire de l'ancienne langue française,** par Godefroy. — Paris, chez Vieweg, 1880, br., 5 vol. in-4.

391. **L'enseignement secondaire en Angleterre et en Ecosse.** Rapport de Démogeot et Martucci. — Paris, Imprimerie impériale, 1868, br., 1 vol. in-4.

392. **Marii Nizolii observationes Ciceronis verba.** — Basileæ, apud Joan. Hervagium, 1551, parch., 1 vol. in-fol.

393. **Nizolius sive Thesaurus ciceroniamus,** per Mareellum. — Basileæ, ex off. Hervagiana, 1576, bois et parch., 1 vol. in-fol.

394. **Nizolius Sive Thesaurus ciceroniamus,** a Jacobo Cellario. — Basileæ, ex off. Hervagiana, 1576, bois et parch., 1 vol. in-fol.

395. **Ambrosii Calepini Dictionarium linguæ latinæ.** — Lugduni, apud Theob. Paganum, 1559, veau, 1 vol. in-fol.

396. **Ambrosii Calepini Dictionarium linguæ latinæ,** rev. a Const. GESNERO. — Basileæ, apud Henricpetrum, 1553, bois et parch., 1 vol. in-fol.

397. **Lexicon latino-gallicum,** Petri CHOLINI et Joan. FRISII. — Tiguri, apud Christoph. Froschoverum, 1541, bois et parch., 1 vol. in-fol.

398. **Joan Scapulæ lexicon græco-latinum.** — Basileæ, apud Seb. Henricpetrum, 1594, bois et parch., 1 vol. in-fol.

399. **Dictionarium universale latino-gallicum.** — Nanceii, typ. Petri Antoine, veau, 1741, 1 vol. in-fol.

400. **Dictionarium universale latino-gallicum,** A. CALEPINI. — Coloniæ allobrogium, Caldorianæ Societatis, 1609, bois et parch., 1 vol. in-fol.

401. **Ambrosii Calepini, Dictionarium octolinguarum.** — Basileæ, apud Henricpetrum, cart., 1 vol. in-fol.

402. **Calepini Dictionarium undecem linguarum.** — Basileæ, apud Henricpetrum, 1580, veau, 1 vol. in-fol.

403. **Calepini Dictionarium undecem linguarum.** — Basileæ, apud Henricpetrum, 1590, parch., 1 vol. in-fol.

404. **Calepini Dictionarium septem linguarum.** — Basileæ, apud Henricpetrum, 1575, parch., 1 vol. in-fol.

405. **Glossarium,** Carol. DUFRESNE DU CANGE, avec frontisp. — Francoforti, apud David Zunner, 1681, veau, 2 vol. in-fol.

406. **Pagini thesaurus linguæ sanctæ,** op. Joan. MERCERI. — Genève, apud Petrum de la Rovière, 1614, parch., 1 vol. in-fol.

407. **Le Grand Dictionnaire de l'Académie française,** avec vign. — Amsterdam, chez Vᵉ J.-Bᵗᵉ Coignard. 1696, 2 vol. in-fol., 1 rel. veau.

408. **Le Grand Dictionnaire des Arts et des Sciences.** — Amsterdam, chez Vᵉ J.-Bᵗᵉ Coignard, 1696, 2 vol. in-fol. dans une rel. veau.

409. **Le Dictionnaire de Trévoux,** avec portrait du prince de DOMBES. — Trévoux, chez Etienne Ganeau, 1704, veau, 3 vol. in-fol.

410. **Roberti, Stephani Thesauri linguæ latinæ,** add. A. BIRRIUS. — Basileæ, apud E. et J. B. Thurnisiorum, 1740, veau, 4 vol. in-fol.

411. **Dinctionnaire universel de Trévoux.** — Nancy, chez Pierre Antoine, 1740, veau, 7 vol. in-fol.

412. **Dictionnaire universel de Trévoux.** — Nancy, chez Pierre Antoine, 1784, veau, 5 vol. in-fol.

413. **Joan. Georg. Schurzii, Glossarium germanicum,** a Jer. Jac. OBERLIN. — Argentorati, apud Lorenzii et Schuleri, 1781, 2 vol. in-fol. dans une rel. veau.

414. **Dictionnaire espagnol-français-latin,** par CORMON. — Amberes, apud Hermanos de Tournes, 1776, br., 1 vol. in-4.

415. **Manuel de la langue néo-latine,** par E. COURTANNE. — Paris, Librairie de Baudry, 1886, 1 broch. in-12, 2 ex.

416. **Novum Testamentum** (grec), a Christ. REINECCIO. — Lipsiæ, apud Breitkopf et filium, 1766, veau, 1 vol. in-12.

417. **Idea principis Christiano politici,** a Didaco SAAVEDRA. Coloniæ, apud Joan. Carol. Munich, 1669, veau, 1 vol. in-4.

418. **De formandis Sacris Concionibus, etc.** (Sans nom d'auteur.) — Ursellis, ex off. Nic. Henrici, 1562, parch. gaup., 1 vol. in-12.

419. **Bible hébraïque.** (Manque le titre.)

520. **Locorum communium collectanea,** a Joan. MANLIO. — Basileæ, per Joan. Oporinum, 1563, parch., 1 vol. in-12. Sous la même reliure du même auteur, **Libellus medieces.**

421. (Livre en caractères arabes.)

422. **Vie de Martin Luther,** par G.-A. Hoff. — Paris, imp. Martinet, 1873, br., 1 vol. in-12.

423. **Compte-rendu de la Ligue de l'Enseignement, année 1879.** — Paris, chez Chaix et Cie, 1880, br., 1 vol. in-8.

424. **Dictionnaire de l'Ingénieur et de l'Artilleur,** nouv. édit., par Ch.-A. JONBERT. — Paris. chez l'auteur, 1768, veau, 1 vol. in-8.

425. **Petite grammaire hébraïque,** de Jean SEVERIN. — Leipzig, chez S. Leberecht Crusuis, 1793, cart., 1 vol. in-8.

426. **L'Eglise et les philosophes au XVIIIe siècle,** par PRESSENSÉ. — Paris, chez Charpentier, 1879, br., 1 vol. in-12.

427. **Novum latino-germanicum lexicon,** J. Frisio LIGUERINO. — Heidelbergiæ, apud Jean. Lancelloti, 1607, parch., 1 vol. in-4.

428. **Méthode euphonique et grammaticale française,** par J.-B.-V. GEHANT. — Paris, chez Eug. Belin et fils, 1883, 1 broch. in-12.

429. **Le guide biblique,** par DESCOMBAZ. — Toulouse, imp. Chauvin, 1856, demi-rel., 3 vol. in-8.

430. **La Sainte Bible,** par LE MAISTRE DE SACY. — Paris, chez Marc Ducloux et Cie, 1851, demi-rel., 1 vol. in-8.

431. **Thèse de grammaire,** par B. JULIEN. — Paris, chez Hachette et Cie, 1873, br., 1 vol. in-8.

432. **Thèse de philosophie,** par B. JULIEN. — Paris, chez Hachette et Cie, 1873, br., 1 vol. in-8.

433. **Thèse de métrique et de musique,** par B. JULIEN. — Paris, chez Hachette et Cie, 1861, br., 1 vol. in-8.

434. **Thèse de littérature,** par B. JULIEN. — Paris, chez Hachette et Cie, 1856, br., 1 vol. in-8.

435. **Thèse de critique et de poésie,** par B. JULIEN. — Paris, chez Hachette et Cie, 1855, br., 1 vol. in-8.

436. **Catalogue des manuscrits des bibliothèques des départements.** — Paris, chez Plon, Nourrit et Cie, br., 4 vol. et 1 broch. in-8.

437. **Catalogue des manuscrits de la bibliothèque Mazarine.** — Paris, chez Plon, Nourrit et Cie, 1885, br., 2 vol. in-8.

438. **Catalogue des manuscrits de la bibliothèque de l'Arsenal.** — Paris, chez Plon, Nourrit et Cie, 1886, br., 2 vol. in-8.

439. **Catalogue de la bibliothèque d'Ajaccio,** par TOURANGON. — Ajaccio, chez J. Pompeani, 1879, br., 1 vol in-8.

440. **Catalogue de la bibliothèque de Brest,** par FLEURY. — Brest, chez J.-R. Gadreau, 1877, br., 2 vol. in-8.

441. **Catalogue de la bibliothèque de La Rochelle.** — La Rochelle, chez A. Siret, 1878, br., 1 vol. in-8.

442. **Catalogue de la bibliothèque du Havre.** — Le Havre, chez H. Hustin. 1886, br., 2 vol. in-8.

443. **Catalogue bibliographique de la bibliothèque du Conservatoire.** — Paris, chez Firmin Didot et Cie, 1885, br., 1 vol. in-8.

444. **Catalogue de la bibliothèque du Comité de législation étrangère.** — Paris, Imprimerie nationale, 1879, br., 1 vol. in-8.

445. **Sermons de Bossuet.** — Paris, chez Garnier frères, br., 4 vol. in-12.

446. **Œuvres de Massillon.** — Besançon, chez A. Montarsolo et Cⁱᵉ, 1822, demi-rel., 12 vol. in-12.

447. **Le Patois lorrain,** par Lucien ADAM. — Nancy, chez Grosjean-Mangin, 1881, br., 1 vol. in-8.

448. **Recherches sur la langue française et ses dialectes,** de Gust. FALLOT, publié par ACKERMANN, avec notice de GUERARD. — Paris, Imprimerie royale, 1839, cart., 1 vol. in-8.

449. **Catalogue des ouvrages et documents du Musée péda-gogique.** — Paris, Imprimerie nationale, 1886, br., 2 vol. in-8.

450. **Catalogue des manuscrits déposés aux archives départementales et communales.** — Paris, Imprimerie nationale, 1886, br., 1 vol. in-8.

451. **Dialogues et fragments philosophiques,** par Ern. RENAN, 3ᵉ édit. — Paris, chez Calmann Lévy, 1886, br., 1 vol. in-8.

452. **Caliban,** par Ern. RENAN, 2ᵉ édit. — Paris, chez Calmann Lévy, 1878, br., 1 vol. in-8.

453. **Les Evangiles,** par Ern. RENAN, 2ᵉ édit. — Paris, chez Calmann Lévy, 1887, br., 1 vol. in-8.

454. **Questions contemporaines,** par Ern. RENAN, 3ᵉ édit. — Paris, chez Michel Lévy frères, 1869, br., 1 vol. in-8.

455. **Mélanges d'histoire et de voyage,** par Ern. RENAN. — Paris, chez Calmann Lévy, 1878, br., 1 vol. in-8.

456. **Morale et politique,** par Ern. BERSOT. — Paris, chez Didier et Cⁱᵉ, 1868, br., 1 vol. in-8.

457. **La France Juive,** par Edouard DRUMOND, 49ᵉ édit. — Paris, chez C. Marpon et E. Flammarion, 1886, br., 2 vol. in-18.

458. **Le Devoir,** par Jules SIMON, 11ᵉ édit. — Paris, chez Hachette et Cⁱᵉ, 1874, demi-rel., 1 vol. in-18.

459. **L'Ecole,** par Jules SIMON, 3ᵉ édit. — Paris, chez Lacroix, Verbeckhoven et Cⁱᵉ, 1865, demi-rel., 1 vol. in-8.

460. **La religion naturelle,** par Jules SIMON, 7ᵉ édit. — Paris, chez Hachette et Cⁱᵉ, 1873, demi-rel., 1 vol. in-12.

461. **La liberté de conscience,** par Jules SIMON, 4ᵉ édit. — Paris, chez Hachette et Cⁱᵉ, 1859, demi-rel., 1 vol. in-12.

462. **La liberté politique,** par Jules Simon, 3ᵉ édit. — Paris, chez Hachette et Cⁱᵉ, 1867, demi-rel., 1 vol. in-12.

463. **La liberté civile,** par Jules Simon, 3ᵉ édit. — Paris, chez Hachette et Cⁱᵉ, 1867, demi-rel., 1 vol. in-12.

464. **La réforme de l'enseignement,** par Jules Simon, 2ᵉ édit. — Paris, chez Hachette et Cⁱᵉ, 1877, demi-rel., 1 vol. in-12.

465. **La morale du Judaïsme,** par A. Aeil. — Paris, chez A. Franck, 1877, demi-rel., 2 vol. in-8.

466. **Mœurs des Israélites et des Chrétiens,** par l'abbé Fleury. — Paris, chez Hachette et Cⁱᵉ, 1853, cart., 1 vol. in-12.

467. **Dictionnaire du Bas-Limousin,** de Nicolas Béronie. — Tulle, imp. de J.-M. Drappeau, (1820 ?), br., 1 vol. in-4.

LITTÉRATURE

1. **Cornelius Tacitus,** avec frontisp. — Amstelodami, apud Joan. Janssonium, 1850, parch., 1 vol. in-32.

2. **Barclaii Euphornionis Satyricam,** avec frontisp. — Amstelodami. apud Guillem. Blarum, 1634, parch., 1 vol. in-18.

3. **Gislenii Busbequii omnia extant.** — Lugduni Batavorum, ex off. Elzeviriana, 1633, parch., 1 vol. in-18.

4. **Thucididis de bello peloponesiaco,** trad. latine a L. VALLAS, recog. a STEPHANO. — Francoforti, apud A. Vecheli heredes, 1594, cart., 1 vol. in-18.

5. **Suetonis Tranquilli Cæsaris.** — Lugduni, apud heredes Gryphii, 1558, veau, 1 vol. in-18.

6. **Dionisii Halicarnassii Antiquitates.** — Lugduni, apud Joan. Frellonium, 1563, veau, 1 vol. in-18.

7. **De particulis latinæ orationis Horatio Tursellino.** — Moguntiæ, apud Balth. Lippium, 1599, parch., 1 vol. in-18.

8. **Lucani opera.** (Sans titre.) — Lugduni, apud Gryphium, 1563, veau, 1 vol. in-18.

9. **Statii Papini opera.** — Louanii, apud Jac. Chouet, 1505, parch., 1 vol. in-18.

10. **Demosthenis orationes olynthiacæ et philippicæ,** (græce-latine). — Ingolstadt, apud Ederianum, 1618, parch., 1 vol. in-18.

11. **Amniani Marcellini libri.** — Lugduni, apud Seb. Gryphium, 1552, veau, 1 vol. in-18.

12. **Illustrium poetarum flores.** — Parisiis, apud Hieronynum de Marnef, 1570, cart., 1 vol. in-18.

13. **Flavii Josephi opera.** — Lugduni, apud Ant. Vincentium, 1567, parch., 3 vol. in-18.

14. **L. A. Senecæ tragædicæ.** — Noribergiæ, apud J. A. Endterum et heredes, parch., 1 vol. in-18.

15. **Polydori Vergelii urbanetis rerum.** — Basileæ, 1570, veau, 1 vol. in-18.

16. J. Blade. **Poema de vanitate mundi.** — Herbipoli, apud Joan. Bencard, 1659. cum frontisp.

 J. Blade. **Satyrica poemata,** avec frontisp. — Coloniæ Ubiorum, apud Joan. Buseum. 1660, parch., 1 vol. in-18.

17. **Gislemi Busbequii legationis turc epistolæ,** avec grav. — Monachii, apud Raph. Sadelero, 1620, parch., 1 vol. in-12.

18. **Martialis epigramaton,** Joan. Gratero. — ex off. Paltremiana, parch., 1 vol. in-12.

19. **Homeri odysseæ libri,** (grec-latin). — Ingolstadt, typ. Adami, 1602, parch., 1 vol. in-12.

20. **Homeri odysseæ,** a Odilione Schreger. — Monachii et Pedeponti, apud Joan. Gastel, 1749, parch., 1 vol. in-12.

21. **Accii Planti Comici fabulæ.** — Lugduni Batavorum, ex off. Plantiniana, 1594, parch., 1 vol. in-12.

22. **Luciani dialecti selecti.** — Augustæ, apud Munatium, 1622, parch., 1 vol. in-12.

23. **Idylia Caroli de la Rue,** avec grav. — Parisiis, apud Simon Benard. 1672, veau, 1 vol. in-12.

24. **Xenophontis de Cyri vita,** (grec-latin). — Monachii, apud Nicol. Henriet. 1612, parch., 1 vol. in-12.

25. **Xenophontis de Cyri vita,** (grec-latin). — Ingolstadt, apud Adam. 1600, parch., 1 vol. in-12.

26. **Gymnasma de exercitiis academicorum et dissertatione de politico,** a J. M. Moscheroch. — Argentinæ, apud Eberh. Zetzner, 1652, parch., 1 vol. in-12.

27. **Appiani Alexandri Romanorum historia.** — Lugduni, apud, Ant. Gryphium, 1588, parch., 1 vol. in-12.

28. **Plini secundi historiæ mundi,** dern. édit., par J. Stær, avec add. de Sigismond Pelenio. — 1616, parch., 2 vol. in-12.

29. **Joan. Barclaii Argonis,** avec grav. — Norembergæ, apud Joan. Andream et Wolfg. Endterum, 1613, parch., 1 vol. in-12.

30. **J. B. Gaudutius descriptiones poeticæ.** — Coloniæ agrippinæ, apud Metternich, 1751, demi-rel., 1 vol. in-12.

31. **Théâtre français,** par divers auteurs. — Paris, imp. A. Egron, 1816, demi-rel., 38 vol. in-12.

32. **Senecæ tragediæ.** — Ingolstadt, apud Adamum Sartorium, 1607, 1 vol. in-12.

33. **Ovidii metamorphoseon libri,** avec frontisp. — Basileæ, apud Adam Petreum, 1527, veau, 1 vol. in-12.

34. **Justi Lipsi epistolæ.** — Genève, apud Joan. de Tournès, 1639, veau, 1 vol. in-12.

35. **Senecæ opera philosophicæ.** (Sans titre.) — 1 vol. in-12.

36. **Histoire des Juifs,** par Flavius JOSEPH, trad. Arnault D'ANDILLY. — Paris, chez Louis Roulland, 1706, veau, 5 vol. in-12. Manque le 2ᵉ.

37. **Œuvres de Tacite,** trad. par PÉROT D'ABLANCOURT. — Paris, chez Th. Jolly, 1670, veau, 3 vol. in-12. Manque le 1ᵉʳ.

38. **Titi-Livii historiæ,** par CREVIER. — Paris, chez Barbon, 1768, veau, 6 vol. in-12.

39. **Les Décades de Tite-Live,** par DURYER. — Paris, chez Barbon, 1672, veau, 6 vol. in-12. Incomplet.

40. **Les Décades de Tite-Live.** — Lyon, chez Pierre Guillimin, 1664, veau, 9 vol. Incomplet.

41. **Erasmi lingua.** (Manque le titre.) — 1525, veau, 1 vol. in-12.

42. **Epitome vitarum Plutarchii.** — Apud Car. Guillarum, 1547, veau, 1 vol. in-12.

43. **Lettres de quelques Juifs à Voltaire.** — Paris, chez Moutard, veau, 3 vol. in-12.

44. **C. Julii Cæsaris commentarii.** — Norimbergiæ, ex off. Riegeliana, 1769, cart., 1 vol. in-32.

45. **Œuvres de Van Effen,** avec portraits. — Amsterdam, chez Uytwert, 1742, veau, 3 vol. in-12.

46. **Apuleii opera,** de Aureo ASINO. — Basileæ, ex off. Henricpetri, 1560, parch., 1 vol. in-12.

47. **Œsopi fabulæ.** — Lugduni, apud Anton. Molin, 1658, parch., 1 vol. in-12.

48. **Œsopi fabulæ.** — Lutetiæ, apud Rob. Stephanum, 1545, parch., 1 vol. in-12.

49. **Œsopi fabulæ.** — Argentorati, apud Cratonem Mylium, 1582, parch., 1 vol. in-12.

50. **Le comte de Valmont ou les égarements de la raison,** anonyme. — Paris, chez Moutard, 1776, veau, 3 vol. in-12.

51. **Juliani Aurelii de cognominibus deorum.** — Antverpiæ. apud Ant. Goyon. 1541, parch., 1 vol. in-12.

52. **Ovidii Nasonis fastorum liber.** — Basileæ, ex off. Henricpetri, 1568, parch., 1 vol. in-12.

53. **Isocratis orationes,** (græce-latine). — Ingolstadt, apud
Adamum Sartorium, 1597, br., 1 vol. in-12.

54. **Epigrammata græcorum selectorum.** — Ingolstadt,
apud Ederianum, 1617, parch., 1 vol. in-12.

55. **Herodiani historiæ.** — Ingolstadt, apud Ederianum. 1617,
parch., 1 vol. in-12.

56. **Junui Juvenalis et Auli Persii Satyriæ.** — Rothama-
gensis, apud J. J. Le Boulenger, 1747, parch., 1 vol. in-12.

57. **Herodiani historiæ.** — Ingolstadt, apud Ad. Sartorium,
1593, parch., 1 vol. in-12.

58. **Theognidis Sententia.** — Helmestadt, apud Jos. A. Reist-
nerum, 1668, parch., 1 vol. in-12.

59. **Suetonis Cæsaris.** — Basileæ, 1560, parch., 1 vol. in-12.

60. **Ovidii metamorphoseon libri,** c. ann. H. GLÆRÆNII. —
Coloniæ, apud Martin. Gymnicum, 1546, parch., 1 vol.
in-12.

61. **D. Erasmi colloquia,** ann. Nicol. MERCIER. — Parisiis,
apud Vid. Cl. Thiboust, 1691, veau, 1 vol. in-12.

62. **Flori libri de gestis romanorum.** — Coloniæ, apud
Gymicum, 1537, parch., 1 vol. in-12.

63. **D. Erasmi epistolæ breviores aliquot,** per J. Pedium
TETHINGERUM. — Friburgi Brisgoviæ, 1543, parch., 1 vol.
in-12.

64. **Sententiæ breves et elegantiores.** — Basileæ, apud
Henricpetrum, 1684, parch., 1 vol. in-12.

65. **Justini libri cum notis,** H. Loriti GLARECENT. — Basileæ,
apud Henricpetrum, 1562, parch., 1 vol. in-12.

66. **Supplements de Fremshenius,** a Quinti CURCE. (Sans
titre et incomplet.) — 1 vol. in-12.

67. **Petri Guolterii chaboti pictoris expositio.** — Basileæ,
apud David. Osteni, 1589, parch., 1 vol. in-12.

68. **Ciceronis epistolarum ad familiares,** c. add. P. MAR-
NETII. — Patavii, 1759, cart., 1 vol. in-12.

69. **Ciceronis epistolarum volumen.** — Argentorati, 1549.
parch., 1 vol. in-12.

70. **Aristotelis de moribus,** (latine-græce). — Basileæ, ex off. Aporiana, 1537, veau, 1 vol. in-12.

71. **Studiosus jovialis,** a Odilone SCHREGER, 2ᵉ édit. — Monachii et Pedeponti, apud J. Gastl, parch., 1 vol. in-12.

72. **Quintus Curtius,** avec remarques en allemand, par DESING, avec grav. et carte. — Pedeponti, apud J. Gastl, 1741, parch., 1 vol. in-12.

73. **Quintus Curtius,** avec remarques en allemand, par Em. SINCERUM, 5ᵉ édit. — Augsbourg, chez J. J. Lotters, 1745, avec carte et grav., veau, 1 vol. in-12.

74. **Auri Gelli noctium atticarum,** (latine-græce). 2 exempl. Argentinæ, apud Knoblochii, 1521, parch., 1 vol. in-12.

75. **Œuvres de Jean Racine.** — Paris, 1769, veau, 2 vol. in-12. Incomplet.

76. **Cornelii Nepotis vitæ virum** illustrium. — Francoforti, apud Joan. Naumann, 1681, parch.. 1 vol. in-12.

77. **Valerii maximi exempla.** — Francoforti. apud Petrum Brubachium, parch., 1 vol. in-12.

78. **De Phrasibus linguæ latinæ.** — Coloniæ. agrippinæ, apud Petrum Horsc, 1578. parch., 1 vol. in-12.

79. **Bencii Orationes et Carminæ.** — Ingolstadt, apud David. Sartorium, 1592. parch., 1 vol. in-12.

80. **Horatii opera.** — Basileæ, apud Valentinum Curionem. 1531, parch., 1 vol. in-12.

81. **Selectæ e Tito-Livio narrationes.** — Lugduni, apud Fratres Perisse, 1776, veau, 1 vol. in-12.

82. **Flori libri rerum romanorum Lucii Annæi,** accur. Joan. FLEINSHEMIO. avec frontisp. — Argentorati, apud L. A. Dolhope et Zetzner, 1569, parch., 1 vol. in-12.

83. **Quintiliani institutiones Oratoriæ,** avec notes de ROLLIN. — Parisiis, apud Vid. Estienne, 1736, veau, 2 vol. in-12.

84. **La rhétorique de Cicéron.** — Paris, chez Denys Thierry, 1673, veau, 1 vol. in-12.

85. **Œuvres de Voltaire ; tragédies,** avec fig. — Amsterdam, 1741, veau, 1 vol. in-12. Incomplet.

86. **Corali Porée Orationes.** — Parisiis. apud Marum Bordelet, 1747, veau, 3 vol. in-12.

87. **Discours académiques de Millot.** (Sans titre.) — 1760, veau, 1 vol. in-12.

83. **Opuscules de Rollin,** avec portrait. — Paris, chez les frères Estienne, 1771, veau, 2 vol. in-12.

89. **Vincentii Paravicini, singularia de viris claris eruditione.** — Basileæ, œdit. Thurnisiorum fratrum, 1713, parch., 1 vol. in-12.

90. **Virgili opera,** cum notis Rurei. — Monachii et Ingolstadt, apud F. A. Grœtz, 1760, veau, 1 vol. in-12.

91. **A. Plantii amphitryo,** tragédie. (Sans titre.) — Parch., 1 vol. in-12.

92. **Titi-Livii Patavini historiæ.** — Basileæ, apud Nicolam Episcopium, 1554, parch., 1 vol. in-12.

93. **Descriptiones oratoriæ,** J. B. Gauduth. — Imp. de la Société, 1742, parch., 1 vol. in-12.

94. **Plutarque, œuvres morales.** — Lyon, chez Paul Frellon et Cloquenin, 1594, parch., 3 vol. in-12.

95. **Ovidii Epistolarum liber,** c. not. Joan. Min-Ellii. — Hafniæ, apud Otto. Christ. Wentzell, 1745, 1 vol. in-12.

   Ovidii elegiæ tristium, c. com. J. Pontani. — Ingolstadt et Agustæ Vendelicorum, apud J. X. Grœtz, 1752.

   Ovidii elegiæ de Ponto. — Ingolstadt et Monachii, 1754.

96. **Aristotelis rhetoricorum libri.** — Parisiis, apud Joan. Liebert, 1629, veau, 1 vol. in-12.

97. **Ciceronis epistolæ,** avec notes en allemand et grav. — Nurembergiæ, apud Paul Krauss, 1759, veau, 1 vol. in-12.

98. **Ciceronis epistolæ,** ad Atticum, ad Brutum. — Francoforti, apud heredes Andrei Vecheli, 1590, parch., 1 vol. in-12.

99. **Natalis comitis mythologia.** — Venitis, apud Joan. Crispin, 1641, parch., 1 vol. in-12.

100. **Cæsaris commentarii.** — Lugduni, apud Seb. Gryphium, 1540, veau, 1 vol. in-12.

101. **Scaligeri poemata.** — Apud Petr. Santandrium, 1591, veau, 1 vol. in-12.

102. **Cesaris commentarii.** — Lugduni, apud Gryphium, 1547, parch., 1 vol. in-12.

103. **Partitiones oratoriæ Ciceronis.** — Francoforti, apud Andr. Vecheli, 1584, parch., 1 vol. in-12.

104. **Virgilii opera.** — Francoforti, apud Andr. Vecheli, 1583, parch., 1 vol. in-12.

105. **Theatrum lyricum.** — Coloniæ agrippinæ, apud Joan. Engelbert, 1721, parch., 1 vol. in-12.

106. **Carmina Caroli Lebeau,** avec portrait. — Parisiis, apud Benedict. Morin, 1782, veau, 1 vol. in-8.

107. **Statii Papini opera.** — Antverpiæ, ex off. Plantiniana, 1293, parch., 1 vol. in-8.

108. **Patrum J. J. ad rhenum inferiorem poemata,** per Fred. REIFFENBERGIO. — Coloniæ agrippinæ, apud Th. Odendall, 1758, veau, 1 vol. in-8.

109. **Virgilius christianus,** auct. Laurent LE BRUN. — Parisiis, apud Simeonem Piget, 1661, veau, 1 vol. in-8.

110. **Œuvres de Gesner.** — Paris, chez Roret, demi-rel., 2 vol. in-12.

111. **Maria, Rime di Neralco,** (texte italien), grav. — In Roma, Ant. de Rossi, 1739, veau, 1 vol. in-8.

112. **Josephi Desbillons Œsopi fabulæ,** avec grav. — Manheimi et Parisiis, apud J. Barbou, 1768, veau, 2 vol. in-8.

113. **Lychosthenis Rubeacensis Similium loci communes,** acc. ZVINGÉRI. — Basileæ, apud Episcopiorum, 1575, bois et veau, 1 vol. in-8.

114. **Choix de poésies diverses,** par Aug. LAMEY, (allem.) — Strasbourg, chez Silbermann, 1856, demi-rel., 1 vol. in-18.

115. **Phisiologie de l'opinion,** par Gustave LOUIS. — Paris, chez Bry l'aîné, 1855, demi-rel., 1 vol. in-12.

116. **Lettres sur l'Adriatique,** par X. MARMIER. — Paris, chez Arthus Bertrand. 1853, demi-rel., 2 vol. in-12.

117. **Miroir des cœurs,** par Paul AUGUEZ. — Paris, chez Garnier frères, 1851, demi-rel., 1 vol. in-12.

118. **Curiosités dramatiques et littéraires,** par Hipp. LUCAS. — Paris, chez Garnier frères, demi-rel., 1 vol. in-12.

119. **Comédies de Terence,** trad. d'Eug. TALBOT. — Paris, chez Charpentier, 1860, demi-rel., 2 vol. in-12. Manque le 2e.

120. **Catule, Tibule, Properce,** édit. nouv., par A. VALATOUR. — Paris, chez Garnier frères, 1860, demi-rel., 1 vol. in-12.

121. **Théorie des sentiments moraux,** par Adam SMIDT. — Paris, chez Guillaumin, 1860, demi-rel., 1 vol. in-12.

122. **L'Enfer du Dante,** trad. RATISBONNE. — Paris, chez Michel Lévy, 1859, demi-rel., 2 vol. in-12 réunis.

123. **Le Paradis du Dante,** trad. Ratisbonne. — Paris, chez Michel Lévy, 1859, demi-rel., 2 vol. in-12 réunis.

124. **Bacon.** — Paris, chez Dumaine, 1870, br., 1 vol. in-12.

125. **Œuvres d'Horace,** trad. de Dacier. — Hambourg, chez Van Denhæck, 1733, veau, 10 vol. in-8.

126. **La nouvelle Héloïse,** de J.-J. Rousseau. — Paris, chez Pierre Didot l'aîné, 1806, cart., 4 vol. in-32.

127. **Œuvres de Chateaubriand,** avec portrait de l'auteur. — Paris, chez Furne, 1832, demi-rel., 22 vol. in-8.

128. **Œuvres de Bernardin de Saint-Pierre,** avec portrait. — Paris, chez Lequien fils, 1830, demi-rel., 12 vol. in-8.

129. **Œuvres de lord Byron,** avec portrait, trad. de Paulin Paris. — Paris, chez Dondey-Dupré frères, 1830, demi-rel., 7 vol. in-8.

130. **Cours de littérature de Villemain.** — Paris, chez Didier, 1841, demi-rel., 6 vol. in-8.

131. **Pensées de Blaise Pascal,** avec portrait, par Prosper Faugère. — Paris, chez Andrieux, 1844, demi-rel., 2 vol. in-12.

132. **Le Paradis perdu,** par Chateaubriand. — Paris, chez Ch. Gosselin et Furne, 1836, demi-rel., 2 vol. in-8. Manque le 2ᵉ.

133. **L'Espagne en 1843 et 1844,** par Tanski. — Paris, chez Réné et Cⁱᵉ, 1844, demi-rel., 1 vol. in-8.

134. **Œschinis et Demosthenis orationes adversariæ.** (græce). — Parisiis, apud Christ. Vichelius, 1531, parch., 1 vol. in-4.

135. **Œuvres de Montesquieu,** avec portrait, par Augé. — Paris, chez Lefèvre, 1816, veau, 6 vol. in-8.

136. **Souvenirs d'Emmanuel,** avec portrait. — Lyon, chez Louis Perrin, 1861, demi-rel., 1 vol. in-8.

137. **Les contemporains et les successeurs de Sackespeare,** par Mézières. — Paris, chez Charpentier, 1864, demi-rel., 1 vol. in-8.

138. **Les origines de Werther,** par Arm. Baschet. — Paris, chez Amyot, 1855, br., 1 vol. in-8.

139. **L'art des armes,** par J.-A. Embry. — Paris, chez A. Courcier, 1856, demi-rel., 1 vol. in-8.

140. **Le Barbier de Séville et le Mariage de Figaro,** par BEAUMARCHAIS. — Paris, chez Foucault, 1817, cart., 1 vol. in-8.

141. **Les Tragédies de d'Aubigné,** avec notes de Ch. READ. — Paris, imp. Jouault, 1872, br., 1 vol. in-8.

142. **Essai sur la vie de Michel de L'Hospital,** par MARIE. — Rennes, chez Oberthur et fils, 1868, demi-rel., 1 vol. in-8.

143. **Pensées de Pascal,** avec portrait de l'auteur. — Paris, chez Jouaust, 1874, br., 1 vol. in-8.

144. **Les vraies lettres de Voltaire à l'abbé Moissinot,** par COURTAS. — Paris, chez Laîné, 1875, br., 1 vol. in-8.

145. **Histoire de la littérature française,** par NIZARD, 6e édit. — Paris, chez Firmin Didot et Cie, 1877, br., 4 vol. in-8.

146. **Lettres de Madame de Sévigné,** par CAPMAS. — Paris, chez Hachette et Cie, 1876, br., 2 vol. in-8.

147. **Œuvres inédites de La Fontaine,** par Paul LACROIX. — Paris, chez Hachette et Cie, 1863, br., 1 vol. in-8.

148. **Œuvres d'Alfred, de Gustave et de Jules de Wailly,** par G. DE WAILLY. — Paris, chez Firmin Didot et Cie, 1874, br., 2 vol. in-8.

149. **Les Fastes d'Ovide,** trad. de BURETTE et autres. — Paris, chez C.-L.-F. Panckoucke, 1834, demi-rel., 2 vol. in-8.

150. **Les Eddas,** trad. de Louisa PUGET, 2e édit. — Paris, imp. Jouaust, demi-rel., 1 vol. in-8.

151. **Tableau de la littérature française de 1800 à 1815,** par G. MERLET. — Paris, chez Didier et Cie, 1878, demi-rel., 3 vol. in-8.

152. **Sonnets, poème et poésies,** de J. SOULARY. — Lyon, chez Louis Perrin, 1864, demi-rel., 1 vol. in-8.

153. **Notices littéraires sur le XVIIe siècle,** par Léon AURINEAU. — Paris, chez Garnier frères et J. Duprey, 1859, demi-rel., 1 vol. in-8.

154. **Essais critiques de littérature contemporaine,** par Éd. DE BARTHÉLEMY. — Paris, chez Didier et Cie, 1859, 1 vol. demi-rel., 1867, 1 vol. br., 2 vol. in-8.

155. **La colombe messagère,** par Michel SABBAGH, trad. de l'arabe par Sylvestre DE SACY. — Paris, Imprimerie impériale, 1805, demi-rel., 1 vol. in-8.

156. **De Sallustio catonis imitatione.** — Paris, chez F. Deltour et A. Durand, 1859, demi-rel., 1 vol. in-8.

157. **Les chants de Sôl,** par BERCMANN. — Strasbourg, chez Treutel et Würtz, 1858, demi-rel., 1 vol. in-8.

158. **Œuvres de Victor Hugo.** Romans, théâtre, poésie, le Rhin. — Paris, chez Vᵉ André Houssiaux, 1875, demi-rel., 20 vol. in-8 avec grav.

159. **Les Travailleurs de la Mer,** par Victor HUGO. — Paris, chez L. Lacroix, Vanbœckhoven et Cⁱᵉ, 1866, demi-rel., 3 vol. in-8.

160. **Les Misérables,** par Victor HUGO. — Paris, chez Pagnerre, 1872, demi-rel., 10 vol. in-8.

161. **Madelon,** par Edmond ABOUT, 1860, 1 vol. in-8.

162. **L'Infâme,** par Edmond ABOUT, 1867, 1 vol. in-8.

163. **Les mariages en province,** par Edmond ABOUT, 1868, 1 vol. in-8.

164. **Le marquis de Lanrose,** par Edmond ABOUT, 1866, 1 vol. in-8.

165. **Le Fellah,** par Edmond ABOUT, 1869, 1 vol. in-8.

166. **Les vacances de la Comtesse,** par Edmond ABOUT, 1865, 1 vol. in-8.

Paris, chez Hachette et Cⁱᵉ, demi-rel.

167. **Judith de Paolo Giacometti,** trad. de J. ALLEVARÈS, 2ᵉ édit. — Saint-Cloud, imp. de Veuve Belin, 1860, demi-rel., 1 vol. in-8.

168. **Etude de C. Ghaucer,** par E.-G. DE SANDRAS. — Paris, chez Franck, 1859, demi-rel., 1 vol. in-8.

169. **Etude historique et littéraire sur Massillon,** par l'abbé BAYLE. — Ambroise, chez Bray, 1847, br., 1 vol. in-8.

170. **Dictionnaire de la conversation.** — Paris, chez Belin-Mandar, 1836-39, demi-rel., 52 vol. in-8.

171. **Œuvres de J.-J. Rousseau.** — Paris, chez Galiber, 1826, demi-rel., 25 vol. in-8.

172. **Œuvres de Voltaire,** 2ᵉ édit. — Paris, chez Baudouin frères, 1828, demi-rel., 75 vol. in-8.

173. THUCIDID. **Guerre du Péloponèse,** (grec), avec vign. — Leipzig, chez C. Tauchnit, 1829, br., 2 vol. in-18.

174. **Œuvres de Démosthènes,** (texte grec). — Leipzig, chez C. Tauchnit, 1829, br., 5 vol. in-18.

175. **Œuvres de Platon,** (texte grec). — Leipzig, chez C. Tauchnit, 1829, demi-rel., 8 vol. in-18.

176. **Commentarii Jul. Cesaris.** — Norembergæ, ex off. Riegeliana, 1789, cart., 1 vol. in-18.

177. **Œuvres de Cicéron,** trad. de Le Clerc. — Paris, chez Werdet et Lequien fils, 1826, br., 36 vol. in-12.

178. **Commentaires de César. Guerre des Gaules,** (latin-français), trad. de E. Sommer. — Paris, chez Hachette et Cie, 1881, br., 1 vol. in-8.

179. **Commentaires de César,** (latin-français), trad. de Perrot d'Ablancourt, avec cartes. — Lyon, chez L. Declaustre, 1708, veau, 2 vol. in-12.

180. **Cornelius Nepos. Vie des grands capitaines,** par l'abbé Paul, 4e édit. — Paris, chez Tournachon-Mollin et H. Séguin, 1820, demi-rel., 1 vol. in-12.

181. **Quintus Curtius de rebus Alexandri Magni,** cum notis J. Minellin, avec frontisp. — Francoforti sub Mœnum, apud G. Weidmann, 1730, veau, 1 vol. in-12.

182. **Œuvres de Platon,** trad. par Vor Cousin. — Paris, chez Bossange frères, 1822, demi-rel., 12 vol. in-8.

183. **Œuvres de Tacite,** trad. par C. L. F. Panckoucke, avec frontisp. — Paris, chez Panckoucke, 1838, demi-rel., 7 vol. in-8.

184. **Illiade d'Homère** (grec). — Halææ et Berolini, ex off. Orphanotrophei, 1817, demi-rel., 1 vol. in-8.

185. **Odyssée d'Homère** (texte grec). — Halææ et Berolini, ex off. Orphanotrophei, 1819, demi-rel. 1 vol. in-8.

186. **Titi-Livii opera.** — Paris, édité par N.-E. Lemaire, 1823, demi-rel., 13 vol. in-8.

187. **Valerii Flaci Argonauticon.** — Paris, chez N.-E. Lemaire, 1825, demi-rel., 2 vol. in-8.

188. **Velleius Paterculi opera,** c. notis D. Ruhnkemis. — Paris, édité par N.-E. Lemaire, 1822, demi-rel., 1 vol. in-8.

189. **P. Virgilii Maronis opera,** c. notis Chr. Gott. Heyné, avec portrait. — Paris, édité par N.-E. Lemaire, 1829, demi-rel., 8 vol. in-8.

190. **P. Virgilii Maronis opera** (latin-français), trad. de Charpentier, Amar, Victor Parisot et Fée. — Paris, chez Panckoucke, 1839, demi-rel., 5 vol. in-8.

191. **P. Virgilii opera,** c. notis J. G. Madlinger, — Berolini, apud Fred. Himburgium, 1798, demi-rel., 1 vol. in-8.

192. **C. Plinii epistolæ et panegyrici.** — Biponti, typ. Societatis, 1799, demi-rel., 1 vol. in-8.

193. **Caius Silii italici Panicorum.** — Paris, édité par N.-L. Lemaire, 1823, demi-rel., 2 vol. in-8.

194. **P. Papinii statii opera,** c. notis Marshland. — Paris, édité par N.-E. Lemaire, 1825, demi-rel., 4 vol. in-8.

195. **C. Suetoni Tranquilli opera,** c. notis C. B. Hase. — Paris, édité par N.-E. Lemaire, 1828, demi-rel., 6 vol. in-8.

196. **C. C. Taciti opera,** c. notis Oberlin et Naudet. — Paris, édité par N.-E. Lemaire, 1819, demi-rel., 6 vol. in-8.

197. **Examen de deux traductions de Tacite.** — Paris, chez Brunot-Labbé, demi-rel., 1 vol. in-8.

198. **P. Terentii afri comediæ.** — Paris, édité par N.-E. Lemaire, 1828, demi-rel., 3 vol. in-8.

199. **Valerius maximus et Julius obsequens,** avec notes de C.-B. Hase. — Paris, édité par N.-E. Lemaire, 1822, demi-rel., 3 vol. in-8.

200. **Poetæ latini minores.** — Paris, édité par N.-E. Lemaire, 1824, demi-rel., 8 vol. in-8.

201. **C. Plinii secundi Historia naturalis,** c. notis Emerito David. — Paris, édité par N.-E. Lemaire, demi-rel., 11 vol. in-8.

202. **C. Plinii junior. Epistolæ et Panegyrici,** ann. Schæfer. — Paris, édité par N.-E. Lemaire, 1823, demi-rel., 2 vol. in-8.

203. **M. T. Quintilianus,** c. notis Dussault. — Paris, édité par N.-E. Lemaire, 1821, demi-rel., 7 vol. in-8.

204. **L. A. Senecæ Philosophia,** 5 vol. in-8.
        Id.   **Declamationes,** 1 vol. in-8.
        Id.   **Trægediæ,** 5 vol. in-8.
    Paris, édité par N.-E. Lemaire, demi-rel.

205. **Lucani Pharsalis.** — Paris, édité par N.-E. Lemaire, demi-rel., 3 vol. in-8.

206. **M. V. Martialis epigrammata.** — Paris, édité par N.-E. Lemaire, 1825, demi-rel., 3 vol. in-8.

207. **Albii Tibulli opera,** ann. par Amar et de Golbery. — Paris, édité par N.-E. Lemaire, 1826, demi-rel., 1 vol. in-8.

208. **Ovidii Nazonis opera,** ann. a AMAR. — Paris, édité par N.-E. Lemaire, 1820, demi-rel., 10 vol. in-8.

209. **Phœdri fabulæ Œsopiatum,** ann. a J. B. GAIL. — Paris, édité par N.-E. Lemaire, 1825, demi-rel., 2 vol. in-8.

210. **M. A. Plautii comediæ.** — Paris, édité par N.-E. Lemaire, 1830, demi-rel., 4 vol. in-8.

211. **C. C. Sallusti opera,** ann. a BURNOUF. — Paris, édité par N.-E. Lemaire, 1821, demi-rel., 1 vol. in-8.

212. **S. A. Propertii elegiarum.** — Paris, édité par N.-E. Lemaire, 1832, demi-rel., 1 vol. in-8.

213. **Quintii Curtii de rebus Alexandri Magni.** — Paris, édité par N.-E. Lemaire, 1822, demi-rel., 2 vol. in-8.

214. **Ciceronis rhetorica,** 2 vol. in-8.

215. **Ciceronis orationes,** 6 vol. in-8.

216. **Ciceronis philosophia,** 6 vol. in-8.

217. **Ciceronis epistolæ,** 3 vol. in-8.

218. **Ciceronis fragmenta,** 1 vol. in-8.

219. **Ciceronis indices,** 1 vol. in-8.

   Paris, édités par N.-E. Lemaire, 1832, demi-rel.

220. **Claudii Claudiani opera.** — Paris, édité par N.-E. Lemaire, 1824, demi-rel., 3 vol. in-8.

221. **Q. Horatii Flacci opera.** — Paris, édité par N.-E. Lemaire, 1824, demi-rel., 3 vol. in-8.

222. **S. Juvenalis et Persii opera.** — Paris, édité par N.-E. Lemaire, 1823, demi-rel., 3 vol. in-8.

223. **Julii Cæsaris opera,** (latin-français), manque le 1er. — Paris, édité par N.-E. Lemaire, demi-rel., 4 vol. in-8.

224. **Cornelius nepos,** cum notis a LE CLERC. — Paris, édité par N.-E. Lemaire, 1820, demi-rel., 1 vol. in-8.

225. **Justinii historiarum Philippicarum.** — Paris, édité par N.-E. Lemaire, 1823, demi-rel., 1 vol. in-8.

226. **L. A. Flori rerum Romanorum.** — Paris, édité par N.-E. Lemaire, 1827, demi-rel., 1 vol. in-8.

227. **L. V. Catuli opera,** ann. MENDER. — Paris, édité par N.-E. Lemaire, 1826, demi-rel., 1 vol. in-8.

228. **Collectio auctor. classicorium latinorum.** (Appendice avec notice sur N.-E. Lemaire.) — Paris, imp. Firmin Didot, 1832, demi-rel., 1 vol. in-8.

229. **Œuvres de Sénèque,** trad. par Nisard (latin-français). — Paris, chez J.-J. Dubochet et Cie, 1844, demi-rel., 1 vol. in-8.

230. **Œuvres de Tite-Live,** trad. par Nisard (latin-français). — Paris, chez J.-J. Dubochet et Cie, 1844, demi-rel., 2 vol. in-8.

231. **Quintilien et Pline le jeune,** trad. par Nisard (latin-français). — Paris, chez J.-J. Dubochet et Cie, 1844, demi-rel., 1 vol. in-8.

232. **Iliade d'Homère,** avec notes de Pierron (grec). — Paris, chez Hachette et Cie, 1869, demi-rel., 2 vol. in-8.

233. **Philostrati et Callistrati opera** (grec-latin), not. Ed. Dübner. — Paris, chez Amb. Firmin-Didot, 1829, demi-rel., 1 vol. in-8.

234. **Homeri carmina** (grec-latin). — Paris, chez A. Firmin Didot, 1860, demi-rel. 1 vol. in-8.

235. **Pausaniæ descriptio græcæ** (grec-latin), avec notes Dindorfius. — Paris, chez A. Firmin Didot, 1845, demi-rel., 1 vol. in-8.

236. **Xenophontis Scripta** (grec-latin), notes de Lehrs. — Paris, chez A. Firmin Didot, 1838, demi-rel., 1 vol. in-8.

237. **Hesione Carmina** (grec-latin). — Paris, chez A. Firmin Didot, 1841, demi-rel., 1 vol. in-8.

238. **Polybii historiarum** (grec-latin). — Paris, chez A. Firmin Didot, 1838, demi-rel., 1 vol. in-8.

239. **Appiani Romanarum historiarum** (grec-latin). — Paris, chez A. Firmin Didot, 1840, demi-rel., 1 vol. in-8.

240. **Thucidide,** ann. par F. Haas (grec-latin). — Paris, chez Firmin Didot, 1840, demi-rel., 1 vol. in-8.

241. **Poetæ bucolici et didactici,** (grec-latin), avec notes de Lehrs Dübner. — Paris, chez A. Firmin Didot, 1846, demi-rel., 1 vol. in-8.

242. **Oratorum atticorum,** ann. C. Mullero, (grec-latin). — Paris, chez A. Firmin Didot, 1847, demi-rel., 1 vol. in-8.

243. **Platonis opera** (grec-latin). — Paris, chez A. Firmin Didot, 1846, demi-rel., 1 vol. in-8.

244. **Isocratis orationes et epistolæ,** annot. J.-B. BACTER, (grec-latin). — Paris, chez A. Firmin-Didot, 1846, demi-rel., 1 vol. in-8.

245. **Diodori Siculi bibliotheca,** ann. C. MULLERO, (grec-latin). — Naris, chez A. Firmin Didot, 1842, demi-rel., 1 vol. in-8.

246. **Fragmenta historiarum græcarum,** ann. C. et Th. MULLERO, (grec-latin). — Paris, chez A. Firmin Didot, 1841, demi-rel., 3 vol. in-8.

247. **Plutarchii Vitæ,** avec notes de ZAHNER.

    Id.   **Scriptæ moraliæ.**

Paris, chez A. Firmin Didot, 1841-1847, demi-rel., 2 vol. in-8.

248. **Demosthenis opera** (grec-latin). — Paris, chez A. Firmin Didot, demi-rel., 1 vol. in-8.

249. **Flavii Josephi opera** (grec-latin). — Paris, chez A. Firmin Didot, 1845, demi-rel., 2 vol. in-8.

250. **Fragmenta Euripidi,** avec notes de DÜBNER, (grec-latin). — Paris, chez A. Firmin Didot, 1846, demi-rel., 1 vol. in-8.

251. **Theophrasti Characteres,** avec notes de DÜBNER, (grec-latin). — Paris, chez A. Firmin Didot, 1840, demi-rel., 1 vol. in-8.

252. **Ariani Arnabasis,** ann. MULLERO, (grec-latin). — Paris, chez A. Firmin Didot, 1846, demi-rel., 1 vol. in-8.

253. **Herodoti Halicarnasensis historia** (grec-latin). — Paris, chez A. Firmin Didot, 1844, demi-rel., 1 vol. in-8.

254. **Schola græco in Aristophanem,** ann. DÜBNERO. — Paris, chez A. Firmin Didot, 1845, demi-rel., 1 vol. in-8.

255. **Schola in Theocritum, Nicandrum, Oppianum** (grec). — Paris, chez A. Firmin Didot, 1849, demi-rel., 1 vol. in-8.

256. **Aristophani comediæ** (grec). — Paris, chez A. Firmin Didot, 1838, demi-rel., 1 vol. in-8.

257. **Æschyli et Sophocli tragediæ** (grec). — Paris, chez A. Firmin Didot, 1842, demi-rel., 1 vol. in-8.

258. **Aristotelis opera** (grec). — Paris, chez A. Firmin Didot, 1848, demi-rel., 1 vol. in-8.

259. **Luciani opera** (grec-latin). — Paris, chez A. Firmin Didot, 1840, demi-rel., 1 vol. in-8.

260. **Vetus testamentum** (grec). — Paris, chez A. Firmin Didot, 1839, demi-rel., 2 vol. in-8.

261. **Novum testamentum** (grec). — Paris, chez A. Firmin Didot, 1842, demi-rel., 1 vol. in-8.

262. **Theophrasti opera** (grec). — Paris, chez Wimmer, 1856, br., 1 vol. in-8.

263. **Epistolographiæ græci** (grec). — Paris, chez Herscher, 1873, br., 1 vol. in-8.

264. **Nova scriptorum latinarum bibliotheca.** — Paris, chez Panckoucke, 1836, br., 1 vol. in-8.

265. **Ciceronis opera,** ann. G. ORELLII et G. BAITORI. — Paris, chez Labitte, 1838, br., 10 vol. in-8.

266. **Œuvres d'Oribase** (grec-français), par BUSSEMAKER et DAREMBERG. — Paris, Imprimerie impériale, 1854, br., 6 vol. in-8.

267. **Œuvres de Rufus d'Ephèse,** trad. par DAREMBERG, (grec-français). — Paris, chez Ruille, br., 1 vol. in-8.

268. **Aristotelis de Morebis,** trad. in latin. Dyonisi LAMBINI, op. Th. ZVINGGERI, (latin-grec). — Basileæ, apud Joan. Oporinum, 1566, parch., 1 vol. in-4.

269. **Justi Lipsi admiranda.** — Antverpiæ, ex off. Plantiniana, 1599, parch., 1 vol. in-4.

270. **Glossarium germanicum,** J. G. SCHERZII, recog. OBER-LINO. — Argentorati, apud Lorentz et Schuler, 1781, demi-rel., 1 vol. in-fol.

271. **Virgilii opera,** cum notis SERVII. — Lutetiæ, apud Th. Thielmann, 1500, parch., 1 vol. in-fol.

272. **Ovidii Nasonis heroides epistolæ,** c. notis. SCOPPÆ, avec vig. — Venetis, apud Barthol. Cæsanum, 1550, parch., 1 vol. in-fol.

   Terentii commentarius, c. notis. — Venetis, apud Joan. Marie Bonellum, 1567, avec le précédent.

273. **Homeri opera** (grec-latin), CASTALII. — Basileæ, apud heredes N. Brylingeri, 1567, parch., 1 vol. in-fol.

274. **Martialis epigramata,** a Matth. RADERO. — Ingolstadti, apud Adamum Sartorium, 1602, bois et parch., 1 vol. in-fol.

275. **Plutarque,** en allem. — Colmar, chez Barth. Gruninger, 1541, veau, 1 vol. in-fol.

276. **Plutarchii opera.** — Basileæ, apud Th. Guarinum, 1573, veau et bois, 1 vol. in-fol.

277. **Commentarii Ciceronis orationum,** avec frontip., ann. Abramo. — Lutetiæ, apud Cramoisy, 1631, veau, 2 vol. in-fol.

278. **Les Décades de Tite-Live,** avec suppl. de Freinsheim, trad. de Duryer. — Paris, chez A. de Sommaville, 1653, veau, 2 vol. in-fol.

279. **Plinii secundi divinum opus.** — Basileœ, apud J. Frobenium, 1525, veau et bois, 1 vol. in-fol.

280. **Ciceronis epistolæ.** — Lutetiæ, apud Jacob Du Puis, 1565, veau, 1 vol. in-fol.

281. **Rapport sur les progrès de l'histoire et de la littérature,** par Dacier. — Paris, Imprimerie impériale, 1810, demi-rel., 1 vol. in-4.

282. **Lettres et mémoires des sœurs de Pascal,** par Faugère. — Paris, chez A. Vaton, 1845, demi-rel., 1 vol. in-4.

283. **La vie de Marianne,** par Marivaux. — Paris, chez Garnier frères, demi-rel., 2 vol. in-8.

284. **Poésies inédites de Joly.** — Lyon, chez Scheuring, 1867, demi-rel., 1 vol. in-8.

285. **Souvenirs littéraires de Maxime Du Camp.** — Paris, chez Hachette et Cie, 1882, br., 1 vol. in-8.

286. **Œuvres inédites de Larochefoucault.** — Paris, chez Hachette et Cie, 1863, demi-rel., 1 vol. in-8.

287. **Patria,** poésies d'Eug. Fritsch-Lang, avec portrait. — Paris, chez Jouaust, 1875, br., 1 vol. in-8.

288. **Le monument de Molière,** poésie de Louise Colet. — Paris, chez Paulin, 1843, broch. in-4.

289. **Le Banquet du Dante Allighieri,** trad. de Real. — Paris, chez Moreau, 1852, demi-rel., 1 vol. in-4 avec portrait.

290. **Le Monde dantesque,** trad. de Real. — Paris, chez Lacroix-Comon, 1856, broch. in-4.

291. **La Monarchie du Dante,** trad. par Real. — Paris, chez Lacroix-Comon, 1855, broch. in-4.

292. **Les mémoires de Saint-Evremont,** 5e édit. Manque le 1er vol. — Paris, Compagnie des Libraires, 1698, veau, 1 vol. in-4.

293. **Bibliothèque militaire,** par LISKRENNE et SAUVAN. — Paris, chez Anselin. 1835, veau, 3 vol. in-8.

294. **Œuvres de Montaigne,** par BUCHON. — Paris, chez Desrez, 1838, demi-rel., 1 vol. in-8.

295. **Thucidide et Xenophon,** trad. française par BUCHON. — Paris. chez Desrez, 1836, demi-rel., 1 vol. in-8.

296. **Historiens grecs,** par BUCHON. — Paris, chez Desrez, 1837, demi-rel., 1 vol. in-8.

297. **Moralistes français,** par BUCHON. — Paris, chez Desrez, 1836, demi-rel., 1 vol. in-8.

298. **Œuvres de Polybe** (français). — Paris, chez Desrez, 1836, demi-rel., 1 vol. in-8.

299. **Œuvres choisies de Fleury,** par BUCHON. — Paris, chez Desrez, 1837, demi-rel., 1 vol. in-8.

300. **Œuvres de Flavius Joseph** (français), par BUCHON. — Paris. chez Desrez, 1837, demi-rel., 1 vol. in-8.

301. **Chants nationaux des deux Mondes,** par Jacq. FOULC. Paris, chez Hachette et Cie, 1867, broch. in-8.

302. **Echanges internationaux littéraires et scientifiques,** par Alf. PASSIER. — Paris, chez A. Picard, 1880, br., 1 vol. in-8.

303. **Œuvres de Sidoine Apollinaire** (latin), par Eug. BARET. — Paris, chez Ern. Thorin, 1879, br., 1 vol. in-8.

304. **Conférences scientifiques et littéraires,** par divers professeurs. — Niort, chez Clouzot, 1867, br., 1 vol. in-8.

305. **Les Saulx-Tavannes,** par PINGAUD. — Paris, chez Firmin Didot et Cie, 1876, br., 1 vol. in-8.

306. **Correspondance de l'évêque de Lydda, 1791.** Supplément à la Révolution française prophétisée, 1791.

    Junius Alsata. Applications des principes prétendus réformateurs. — En 1 vol. in-8.

307. **F. Quintiliani institutionum oratoriarum.** — Parisiis, apud Simon Colineum, 1541, parch., 1 vol. in-4.

308. **Erasmi laus stultitiæ,** 1577.

    Ludes annæi Senecæ, Beati Rhenani.

    Scarabeus Erasmo.

    Bellum Erasmi, avec portrait.

    Basileæ, apud Frobenium.

    Ciceronis de officiis, 1512. — Basileæ, apud Math. Schurerum, bois et parch., 1 vol. in-4.

309. **Ciceronis opera,** c. notis Joan. GRUTERI et Cornelii SCHREVELII. — Basileæ, apud L. Chouet et A. Cremer, 1687, veau, 1 vol. in-4.

310. **Chorus poetarum classicorum.** — Lugduni, apud Lud. Muguet, 1616, veau, 1 vol. in-4.

311. **Julii Nigroni orationes.** — Mediolani, apud heredes et J. B. Pieculani, 1608, parch., 1 vol. in-4.

312. **Petri Angelæi Bargæi poemata.** -- Romæ, apud F. Zanneti, 1585, parch., 1 vol. in-4.

313. **Œuvres de Tacite,** trad. D'ABLANCOURT, avec frontisp. — Augustæ, apud Fl. Courba, 1658, veau, 1 vol. in-4.

314. **Auctores linguæ latinæ,** c. ad. Dyonisii GOTHOFREDE-RICI. — Sanct-Gervaisii, apud J. Chaut, 1602, parch., 1 vol. in-4.

315. 1° **Vergilii Maronis opuscula.**

    2° **Symonides Ulatini Pusculi.** — Augustæ Vendelico-rum, apud Joan. Otmar, 1511.

    3° **Pyladæ Brixoani Carmen.** — Mediolani, apud Petr. Martirem Mantegatiis, 1562.

    4° **Pylade in Alexandrinum de Villa Dei annota-tiones.** — Mediolani, apud J. A. Scinzenzeler, 1502.

    5° **Pyladæ genealogio et vocabulorum, Pylade.** — Mediolani, apud Petr. Martirem de Mantegatiis, 1505.

    6° **Ortus Domini passionis.** — Coloniæ, apud Quentell, 1506.

    7° **Opus aureum et novum.** — Coloniæ, apud Henr. de Mussia, 1509.

    8° **Liber vagatorum** (allem. vulg.). — Argentorati, 1509.

    9° **Ars memorandi præcepta,** 1488.

    10° **Excellentissimi artium medicæ.** — Venitis, apud fratres Mattheum, 1480.

    11° **Symmachi Epistolæ familiares et Laudini Eovitis præfatio ad Epistolas Magni Turci.** — Argento-rati, ex off. Joan. Schotti, 1510, parch., 1 vol. in-8 renf. 11 ouvrages divers.

316. **Aristophani comediæ.** — Basileæ, apud And. Cratan-dum, 1539, br., 1 vol. in-12.

317. **Œuvres de Piron,** par Ed. FOURNIER. — Paris, chez Delahays frères, 1857, demi-rel., 1 vol. in-12.

318. **Le Centenaire de Voltaire.** — Paris, publié par le Comité, 1878, br., 1 vol. in-12. (4 exempl.)

319. **Les essais de Montaigne,** par Alph. Leveaux. — Paris, Henri Plon, 1870, br., 1 vol. in-12.

320. **La Satyre en France,** par Lenient. — Paris, chez Hachette et Cᶦᵉ, 1877, br., 2 vol. in-12.

321. **La Guerre de Cent Ans,** par Coppé et d'Arlom. — Paris, chez Alp. Lemaire, 1878, br., 1 vol. in-12.

322. **Le Saint Graal,** par Et. Hucher. — Le Mans, chez Monnoyer, br., 3 vol. in-12.

323. **Histoire de la littérature grecque,** 5ᵉ édit., par Démogeot. — Paris, chez Hachette et Cᶦᵉ, 1875, br., 1 vol. in-12.

324. **Histoire de la littérature française,** 5ᵉ édit., par Démogeot. — Paris, chez Hachette et Cᶦᵉ, 1861, br., 1 vol. in-12.

325. **Récits de la vieille France,** par Alf. Assolant. — Paris, chez Delahays, 1874, demi-rel., 1 vol. in-12.

326. **Œuvres de J.-F. Ducis,** nouv. édit. — Paris, chez Nepveu, 1826, br., 4 vol. in-8.

327. **Les hermites en liberté,** par E. Jouy et A. Jai, 4ᵉ édit., avec grav. — Paris, chez Ladvocat, 1825, br., 3 vol. in-12.

328. **Les hermites en prison,** par E. Jouy et A. Jai, 4ᵉ édit., avec grav. — Paris, chez Ladvocat, 1825, br., 2 vol. in-12.

329. **La vierge d'Arduène,** par Mᵐᵉ Elise Voiard, avec grav. — Paris, chez A. Chasseriau, 1822, br., 1 vol. in-8.

330. **Philippe-Auguste,** poëme héroïque, par F. A. Parseval. — Paris, chez Baudouin, 1826, br., 1 vol. in-8.

331. **Caractères de la Bruyère,** avec notice, par Dussault et portr. — Paris, chez Abel Ledoux, 1838, demi-rel., 1 vol. in-8.

332. **Ephémère,** par Abel Sallé. — La Flèche, chez E. Jourdain, 1858, br., 1 vol. in-12.

333. **Recueil de chansons populaires,** par E. Rolland. — chez Maisonneuve et Cᶦᵉ, 1883, br., 1 vol. in-8.

334. **Mémoires du cardinal de Retz,** par Aimé Chanpollion-Figear. — Paris, chez Charpentier, 1865, br., 1 vol. in-12.

335. **Œuvres de Tacite,** trad. de Perrot d'Ablancourt. — Paris, 1655, veau, 1 vol. in-4.

336. **Terentius,** edit. secund., cum commentaria. — Lugduni, apud Ant. Vincentium, 1560, parch, 1 vol. in-4.

337. **Auligelii noctum atticorum.** — Argentinæ, in Œd. Kroblochiis, 1521, parch., 1 vol., in-12.

338. **Poésies du Dante,** par Séb. RHEAL. — Paris, chez Moreau, 1852, demi-rel., 1 vol. in-8.

339. **Le Citateur,** par PIGAULT-LEBRUN, 3ᵉ édit. — Paris, chez Vᵉ Barra, 1810, veau, 1 vol. in-12.

340. **Henrici Cornelii Agrippæ opera.** — Lugduni, per Beringos fratres, 1600, parch., 1 vol. in-12.

341. **Œuvres de Catulle,** trad. de CASSEL. — Rouen, chez A. Lebrument, 1860, demi-rel., 1 vol. in-12.

342. **Lettres sur l'Angleterre,** par Edmond TEXIER. — Paris, chez Garnier frères, 1831, demi-rel., 1 vol. in-12.

343. **Poésies d'André Chenier,** avec portr., par Becq. DE FOUGUIÈRES, 2ᵉ édit. — Paris, chez Charpentier et Cⁱᵉ, 1872, demi-rel., 1 vol. in-12.

344. **Nicolai Mercerii de conscribendo Epigrammate,** avec frontisp. et portr. — Meduntæ, 1653, veau, 1 vol. in-12.

345. **Le comte A. de Gasparin,** par Th. BOREL. — Paris, chez Bonhoure et Cⁱᵉ, 1880, br., 1 vol. in-18.

346. **Sept hommes,** par un anonyme. — Paris, chez Fischbacher, 1885, br., 1 vol. in-18.

347. **Coqs et Vautours,** par Ch. COLAS, avec vign. — Paris, chez Ghio, 1885, demi-rel., 1 vol. in-8.

348. **Œuvres de Marot,** avec notice par SAINT-MARC, avec portr. — Paris, chez Garnier, 1879, br., 2 vol. in-18.

349. **Théâtre de Racine.** — Paris, chez Garnier frères, br., 1 vol. in-18.

350. **Théâtre de Corneille.** — Paris, chez Garnier frères, br., 2 vol. in-18.

351. **Fables de Phèdre,** par L. HERVIEUX. — Paris, chez E. Dentu, 1881, br., 1 vol. in-12.

352. **David Copperfield,** par Ch. DICKENS, avec grav. — Paris, chez Hachette et Cⁱᵉ, 1885, br., 1 vol. in-8.

353. **Don Quichotte,** par M. CERVANTÉS, trad. par FLORIAN. — Paris, chez Firmin Didot et Cⁱᵉ, 1877, br., 1 vol. in-12.

354. **Théâtre de Beaumarchais,** avec portr. et notes de SAINTE-BEUVE. — Paris, chez Garnier frères, 1883, br., 1 vol. in-12.

355. **Théâtre de Eug. Labiche,** avec préf. d'Em. AUGIER. — Paris, chez Calmann Lévy, 1887, br., 10 vol. in-12.

356. **Les deux Masques,** tragédie-comédie, par Paul DE SAINT-VICTOR, 4e édit. — Paris, chez Calmann Lévy, 1884, br., 3 vol. in-8.

357. **Anciens et Modernes,** par Paul DE SAINT-VICTOR. — Paris, chez Calmann Lévy, 1886, br., 1 vol. in-8.

358. **Hommes et Dieux,** par Paul DE SAINT-VICTOR. — Paris, chez Michel Lévy frères, 1872, br., 1 vol. in-18.

359. **Théâtre complet de George Sand.** — Paris, chez Calmann Lévy, 1878, br., 4 vol. in-18.

360. **Histoire de la littérature anglaise,** par TAINE, 6e édit. — Paris, chez Hachette et Cie, 1885, br., 5 vol. in-18.

361. **La littérature française jusqu'au XVIe siècle,** par Paul ALBERT, 7e édit. — Paris, chez Hachette et Cie, 1887, br., 1 vol. in-18.

362. **La littérature française au XVIIe siècle,** par Paul ALBERT, 7e édit. — Paris, chez Hachette et Cie, 1886, br.. 1 vol. in-18.

363. **La littérature française au XVIIIe siècle,** par Paul ALBERT, 6e édit. — Paris, chez Hachette et Cie, 1886, br., 1 vol. in-18.

364. **La littérature française au XIXe siècle,** par Paul ALBERT, 4e édit. — Paris, chez Hachette et Cie, 1887, br.. 2 vol. in-18.

365. **Critiques et études littéraires,** par Charles RÉMUSAT. — Paris, chez Didier et Cie, 1859, br., 2 vol. in-18.

366. **La Grèce, Rome et Dante,** par J.-J. AMPÈRE, 9e édit. — Paris, chez Emile Perrin, 1884, br., 1 vol. in-18.

367. **Etudes sur la littérature contemporaine,** par Edmond SCHERER. — Paris, chez Calmann Lévy, 1882, br., 8 vol. in-18.

368. **Souvenirs d'un vieux critique,** par Armand DE PONT-MARTIN. — Paris, chez Calmann Lévy, 1884-86, br., 8 vol. in-18.

369. **Publicistes modernes,** par Henri BAUDRILLART, 2e édit. — Paris, chez Didier et Cie, 1863, br., 1 vol. in-18.

370. **Pauvres et mendiants,** par G. DE LA LANDELLE. — Paris, chez Didier et Cie, 1877, br., 1 vol. in-18.

371. **Etudes critiques sur l'histoire de la littérature française,** par Ferdinand BRUNETIÈRE. — Paris, chez Hachette et Cie, 1887, br., 1 vol. in-18.

372. **Histoire de l'éloquence latine,** par Victor Cucheval, avec notes de Ad. Berger, 2ᵉ édit. — Paris, chez Hachette et Cⁱᵉ, 1881, br., 2 vol. in-18.

373. **Aujourd'hui et demain,** par Aug. Vaquerie, 2ᵉ édit. — Paris, chez Michel Lévy frères, 1875, br., 1 vol. in-18.

374. **Les soirées de l'orchestre,** par Hector Berlioz. — Paris, chez Calmann Lévy, 1884, br., 1 vol. in-18.

375. **Pétrarque,** par A. Mézières, 2ᵉ édit. — Paris, chez Didier et Cⁱᵉ, 1868, br., 1 vol. in-18.

376. **Tableaux romantiques de littérature et d'art,** par H. Blaze de Bury. — Paris, chez Didier et Cⁱᵉ, 1878, br., 1 vol. in-18.

377. **Les écrivains modernes de l'Allemagne,** par H. Blaze de Bury. — Paris, chez Michel Lévy frères, 1868, br., 1 vol. in-18.

378. **Nouvelles études critiques et bibliographiques,** par John Lemoine. — Paris, chez Michel Lévy frères, 1863, br., 1 vol. in-18.

379. **Mes souvenirs, 1806-1833,** par Daniel Stern, 3ᵉ édit. — Paris, chez Calmann Lévy, 1880, br., 1 vol. in-18.

380. **Théâtre complet d'Ernest Legouvé.** — Paris, chez Didier et Cⁱᵉ, 1873, br., 1 vol. in-18.

381. **La comédie enfantine,** par Louis Ratisbonne. — Paris, chez Hetzel et Cⁱᵉ, 1868, br., 1 vol. in-18.

382. **Œuvres complètes de J. Autran.** — Paris, chez Calmann Lévy, br., 6 vol. in-18.

383. **Les représailles du sens commun,** par Xavier Aubryet. — Paris, chez Didier et Cⁱᵉ, 1872, br., un vol. in-18.

384. **Souvenirs littéraires,** par Maxime Du Camp. — Paris, chez Hachette et Cⁱᵉ, 1883, br., 2 vol. in-8.

385. **Histoire de la littérature espagnole,** par Ticknor, trad. par Magnabal. — Paris, chez A. Durand, 1864, br., 3 vol. in-8.

386. **Œuvres complètes de Ponsard.** — Paris, chez Michel Lévy frères, 1866, br., 3 vol. in-8.

387. **Les œuvres et les hommes,** par Barbey d'Aurevilly. — Paris, chez L. Frinzine, 1887, br., 1 vol. in-8.

388. **Œuvres de Nefftzer,** avec portr. — Paris, Libraire du temps, 1886, br., 1 vol. in-8.

389. **Les orateurs de la Législative et de la Convention,** par F.-A. AULARD. — Paris, chez Hachette et Cie, 1885, br., 2 vol. in-8.

390. **Œuvres complètes de Camille Doucet.** — Paris, chez Michel Lévy frères, 1874, br., 2 vol. in-18.

391. **Choses vues,** par Victor HUGO, 6e édit. — Paris, chez Hetzel et Cie, 1887, br., 1 vol. in-8.

392. **Œuvres de Schiller,** trad. de Ad. REGNIER. — Paris, chez Hachette et Cie, 1878, demi-rel., 7 vol. in-8.

393. **Œuvres de Gœthe,** trad. par PORCHAT, avec portr. — Paris, chez Hachette et Cie, 1871, demi-rel., 10 vol. in-8.

394. **Correspondance de l'abbé Galiani,** 2e édit. — Paris, chez Calmann Lévy, 1881, demi-rel., 2 vol. in-8.

395. **Œuvres de Th. Corneille.** — Paris, chez David, 1758, veau, 9 vol. in-18.

396. **La société de Londres,** par le comte VASILI, 2e édit. — Paris, édité par la Nouvelle Revue, 1885, demi-rel., 1 vol. in-8.

397. **La société de Berlin,** par le comte VASILI, 27e édit. — Paris, édité par la Nouvelle Revue, 1886, demi-rel., 1 vol. in-8.

398. **La société de Rome,** par le comte VASILI, 4e édit. — Paris, édité par la Nouvelle Revue, 1887, demi-rel., 1 vol. in-8.

399. **La société de Vienne,** par le comte VASILI, 12e édit. — Paris, édité par la Nouvelle Revue, 1882, demi-rel., 1 vol. in-8.

400. **La société de Saint-Pétersbourg,** par le comte VASILI, 8e édit. — Paris, édité par la Nouvelle Revue, 1886, demi-rel., 1 vol. in-8.

401. **La société de Madrid,** par le comte VASILI, 5e édit. — Paris, édité par la Nouvelle Revue, 1886, demi-rel., 1 vol. in-8.

402. **La société de Paris,** par le comte VASILI, 3e édit. — Paris, édité par la Nouvelle Revue, 1887, demi-rel., 1 vol. in-8.

403. **Voyage en Espagne,** par Th. PAUTHIER. nouv. édit. — Paris, chez G. Charpentier et Cie, 1883, br., 1 vol. in-18.

404. **La femme grecque,** par Mlle Claris BADER, 2e édit. — Paris, chez Didier et Cie, 1872, br., 2 vol. in-18.

405. **Contemporains et successeurs de Shakespeare,** par Mézières, 3ᵉ édit. — Paris, chez Hachette et Cⁱᵉ, 1881, br., 1 vol. in-18.

406. **Gœthe et Schiller,** par Bossert, 2ᵉ édit. — Paris, chez Hachette et Cⁱᵉ, 1882, br., 1 vol. in-18.

407. **La fin du XVIIIᵉ siècle,** par Caro, 2ᵉ édit. — Paris, chez Hachette et Cⁱᵉ, 1881, br., 2 vol. in-18.

408. **Etude sur les poésies lyriques de Gœthe,** par Ern. Lichtenberger, 2ᵉ édit. — Paris, chez Hachette et Cⁱᵉ, 1882, br., 1 vol. in-18.

409. **Les Chinois peints par eux-mêmes,** par le colonel Tchenh-ki-Tong, 7ᵉ édit. — Paris, chez Calmann Lévy, 1884, br., 1 vol. in-18.

410. **Les moralistes sous l'Empire romain,** par Constant Martha, 5ᵉ édit. — Paris, chez Hachette et Cⁱᵉ, 1886, br., 1 vol. in-18.

411. **Jérusalem délivrée du Tasse,** trad. — Paris, chez Carez, 1810, veau, 2 vol. in-32.

412. **Biblia.** — Antverpiæ, in œd. Viduœ et heredum Joan. Stelsii, 1570, veau, 1 vol. in-32.

DROIT, JURISPRUDENCE

1. **Justi Lipsi monita et exempla politiqua.** — Vesaliæ, apud And. Hoogehhio, 1671, parch., 1 vol. in-32.

2. **Ordonnance de Louis XIV de 1667.** — Paris, imp. des libraires associés, 1694, veau, 1 vol. in-32.

3. **Politica universalis,** auct. VERDENHAGEN. — Amstelodami, apud Guilheim, 1632, parch., 1 vol. in-32.

4. **Dialogues de Jacques Tahureau.** — Rouen, chez Nicolas Lescuyer, 1583, veau, 1 vol. in-32.

5. **Traité de confédération et d'alliance.** — Sans titre, 1650, parch., 1 vol. in-32.

6. **Johan. Corvini enchiridium.** — Amsterodami, apud Lud. Elzevirium, 1644, parch., 1 vol. in-18.

7. **Arn. Vinnii Selectæ questiones.** — Rotterdami, apud Arn. Lers, 1644, parch., 1 vol. in-18.

8. **Marc Zueri Boxhorni institutiones politicæ,** per G. HORNI, avec portrait. — Amstelodami, apud Gasp. Commelinum, 1668, parch., 1 vol. in-18.

9. **Etat de l'Empire,** par DU MAY. — Montbéliard, chez Claude Hyp, 1665, veau, 1 vol. in-12.

10. **L'art du blason,** par MÉNÉSTRIER. — Lyon, chez Benoît Carrat, 1661, veau, 1 vol. in-12.

11. **Coutumes générales du duché de Lorraine,** par Jean GARNICH. — Nancy, chez Ve J.-B. Cusson, 1733, veau, 1 vol. in-12.

12. **Science de la noblesse,** par MÉNÉSTRIER, avec frontisp. — Nancy, (sans date), veau, 1 vol. in-12.

13. **Ordonnance des eaux et forêts.** — Paris, imp. des libraires réunis, 1735, veau, 2 vol. in-12.

14. **Concilii Tridentini canones et decreta,** a Ch. CHIFFLET. — Lugduni, apud Petr. Guillemin, 1677, avec frontisp., veau, 1 vol. in-12.

15. **Mémoire des Ambassadeurs,** par L. M. P. — Cologne, chez Du Marteau, 1671, veau, 1 vol. in-12.

16. **Joan. Bodini de Republica.** — Amstelodami, ex off. Janssoniana, 1645, parch., 1 vol. in-12.

   Les six livres de la République, de Jean Bodin. — Genève, chez Et. Gamonet, 1629, parch. avec le précédent.

17. **Ordonnance criminelle de Charles V.** — Montbéliard, chez Jacq. Foillet, 1612, parch., 1 vol. in-12.

18. **Ordonnance du Roi sur le service des places.** — Metz, chez J. Collignon, 1768, cart., 1 vol. in-12.

19. **Theatrum politicum,** a Ambr. Marliano, avec frontisp. — Augustæ Vindelicorum, apud Christ. Barth, 1741, veau, 1 vol. in-12.

20. **De translatione de imperii romani ad francos quarta controversa generalis.** — Veau, 1 vol. in-12.

21. **Machiavelli de officio principis.** — Montisbelligardi, 1599, parch., 1 vol. in-12, avec **Vindicæ contra tyranno,** a Stephanio Julio, 1580.

22. **Pratica prudentiæ politicæ et militaris,** auct. Mangenberto. — Francoforti, apud Schonnetteri, 1645, frontisp., parch., 1 vol. in-12.

23. **Thomæ linacri Britanni.** — Coloniæ, apud Mart. Gymnicum, 1549, parch., 1 vol. in-12.

24. **Modus legendi abreviationes.** — Coloniæ, apud Petr. Horst, 1582, parch., 1 vol. in-12.

25. **La politique du temps.** — 1674, parch., 1 vol. in-12.

26. **Institutions du droit ecclésiastique,** par Fleury, revu par Boucher d'Arcis. — Paris, chez Herissant fils, 1771, 2 vol. in-12.

27. **Science de la jeune noblesse,** par J.-B. Duchesne. — Paris, chez Moute, 1729, veau, 3 vol. in-12.

28. **Institutions du droit canonique,** par Durand de Maillane. — Lyon, chez J.-M. Bruyset, 1770, veau, 10 vol. in-12.

29. **Code des Seigneurs hauts justiciers,** par un anonyme. — Senlis, chez Du Rocgest, 1761, veau, 1 vol. in-12.

30. **Style universel des Cours,** par Gauret. — Paris, chez les libraires associés, 1740, veau, 2 vol. in-12.

31. **Traité de procédure civile,** par Pothier. — Orléans, chez Vᵉ Rouzeau-Montant, 1774, veau, 2 vol. in-12.

32. **Code militaire de Briquet.** — Paris, chez Pierre Gandouin, 1741, veau, 5 vol. in-12.

33. **Dictionnaire des aides,** par Pierre BRUNET DE GRANDMAISON. — Paris, chez Prault, 1750. veau. 1 vol. in-12.

34. **Causes célèbres,** par RICHER. — Amsterdam, chez Michel Rhey. 1772, veau, 10 vol. in-12.

35. **De l'administration des finances,** par NECKER. — Paris, 1785, avec portraits, br., 3 vol. in-12.

36. **Traité du droit des fiefs,** par GŒTSMANN. — Paris, chez Desventes de Ladoue, 1768, br., 2 vol. in-12.

37. **Lettre d'un Suisse restant en France à un Français restant en Suisse.** — Paris, 1704, parch., 1 vol. in-4.

38. **Elementa juris civilis Heineccii.** — Lipsiæ, apud Vid. G. Fritschii. 1748, parch., 1 vol. in-8.

39. **De Republica,** auct. Gregorio THOLOZANA. — Tholozii, ex off. Paltreniana, 1597. parch., 1 vol. in-8.

40. **Questiones controversæ de jure civili,** thèses par divers. — Basileæ, apud J. Genalthii. 1619, veau, 2 vol. in-8.

41. **De l'autorité des deux puissances.** — Strasbourg, chez Lemarié, 1788, cart., 4 vol. in-8.

42. **Les devoirs du prince,** par MOREAU. — Paris, imp. Moutard, 1782, veau, 1 vol. in-8.

43. **Recueil historique des bulles depuis le concile de Trente,** 4ᵉ édit. — Mons. chez Gaspard Migeot, 1704, veau, 1 vol. in-8.

44. **Œuvres de Furgole.** — Paris, chez Celot, 1775, veau, 8 vol. in-8.

45. **Corpus juris civilis.** — Paris, chez Vignon et Chouet, 1598, parch., 1 vol. in-8.

46. **Collegium publicum de statu rei romanæ,** a J. SINOLT, cogn. a SCHUTZEN. — Marpurgi Cattorum, apud Gasp. Chemlinium, 1640, parch., 1 vol. in-4.

47. **Capitulations de Léopold, empereur des Romains,** (texte all.) — Francoforti, apud 1658. parch., 1 vol. in-4.

48. **Commentaire de l'Ordonnance royale de Charles V.** — Francfort, chez J.-C. Wœhler. 1741, veau, 1 vol. in-4.

49. **Gallia vindicata,** auct. MAINBURGO, cel. SFONDRATI. — Sanct. Gall, apud Jac. Muller, 1702, veau, 1 vol. in-4, avec portr.

50. **Anhaltisch Cantzlei,** (allem.), 2ᵉ édit. — 1641-44, parch., 1 vol. in-4.

51. **Dictionnaire du Code civil,** par Daubanton. — Paris, chez Crapard, Caille et Ravier, 1806, veau, 1 vol. in-8.

52. **Manuel des Maires,** 3ᵉ édit. — Paris, chez Garnery, 1808, veau, 2 vol. in-8.

53. **Conférences sur les ordonnances,** par Ballet. — Colmar, chez J.-H. Decker, 1788, veau, 1 vol. in-8.

54. **Apparatus eruditionis ad jurisprudentiam,** auct. Biner, - 5ᵉ édit. — Augustæ Vendelicorum. apud J. et A. Wagner, 1767, veau doré, 2 vol. in-4.

55. **Praxis aurea,** par A. W. Ertels. — Nordlingen et Francoforti, apud Georg. Mandbachs, 1737, parch., 3 vol. in-4.

56. **Arcanarum status,** auct. Petzhoffer, avec frontisp. et portr. — Francoforti, apud J. Adolphe, 1710, parch., 1 vol. in-4.

57. **Lois rurales de la France,** par Fournel. — Paris, chez Bossange père et fils, 1820, demi-rel., 3 vol. in-8.

58. **De la justice criminelle en France,** par Béranger. — Paris, chez L'Huillier, 1818, br., 1 vol. in-8.

59. **Theatrum politicum,** a Neumayer. — Augustæ Vindelicorum et Ingolstadt, apud F. Grœtz et Junnena, 1760, cart., 1 vol. in-4.

60. **Théorie des lois politiques en France,** par Mˡˡᵉ de Lezardière. — Paris, chez Crapelet, 1844, br., 4 vol. in-8.

61. **Collection des ouvrages publiés pour ou contre Necker.** — Utrecht, 1781, br. 3 vol. in-8 avec cartes.

62. **Notes d'arrêts du Conseil souverain d'Alsace.** — Colmar, chez J.-H. Decker, 1742, br., 1 vol. in-8.

63. **Circulaires du Ministre de l'Intérieur (1797-1821).** — Paris, Imprimerie royale, 1821, br., 5 vol. in-8.

64. **Législation des mines de Locré.** — Paris, chez Treuttel et Würtz, 1828, br., 1 vol. in-8.

65. **Pacis compositio inter principes et Augustane confessioni adhærentes.** — Dilingæ, apud Gasp. Suttorem, 1629, parch., 1 vol. in-4.

66. **Examen du système électoral anglais,** par Jolivet. — Paris, chez Guirandet et Jouaust, 1836, br., 1 vol. in-8.

67. **Cours abrégé de législation et de procédure criminelle,** par ROLLAND. — Grenoble, chez Baratier frères, 1828, br.. 1 vol. in-8.

68. **Examen de quelques questions d'économie publique,** par DE CANDOLLE-BOISSIER. — Genève, chez J.-J. Paschaud. 1816, br., 1 vol. in-8.

69. **Explication de la Bulle d'or,** par J.-P. LUDEVIG, (allem.). — Francfort. chez Th. Fritsch, 1719, veau, 2 vol. in-4 avec frontisp.

70. **Le style universel,** par GAURET. — Paris, chez les libraires associés, 1693, veau, 1 vol. in-8.

71. **Corpus juri canonia.** — Coloniœ Munatianæ, apud Em. Kœnig filium, 1670. parch., 1 vol. in-4.

72. **Rotæ genuæ de Mercatura,** Christ. EGENOLPHI. 3ᵉ édit. — Francoforti, apud Joan. Saurinum, 1612, parch , 1 vol. in-4.

73. **Revue de législation** avec un vol. de **Table analytique 1876, 77, 78 et 79.** — Chez Cotillon, br., 5 vol. in-8.

74. **La propriété littéraire,** par. R. LE BARROIS d'ORGIVAL. — Paris, chez Dentu, 1868, demi-rel., 1 vol. in-8.

75. **Lois et actes de l'instruction publique.** — Paris, chez Delalain, 1873-74, br., 2 vol. in-8.

76. **Maximes générales de Droit français,** par P. DE L'HOMMEAU. — Paris, chez Michel Robin, 1665, veau, 1 vol. in-4.

77. **La civilisation et ses lois,** par FRINCK-BRENTANO. — Paris, chez E. Plon et Cⁱᵉ, 1876, br., 1 vol. in-8.

78. **Précis de Droit des Gens,** par FRINCK-BRENTANO et Alb. SOREL. — Paris, chez E. Plon et Cⁱᵉ, 1877, br., 1 vol. in-8.

79. **De la conversion et de l'amortissement,** par Isaac PEREIRE. — Paris, chez C. Motterez, 1879, br., 1 vol. in-8.

80. **L'Administration militaire dans les temps modernes,** par GAULDRÉE-BOILLEAU. — Paris, chez Dumaine, 1879, br., 1 vol. in-8.

81. **Catalogue de la bibliothèque du Comité de législation étrangère.** — Paris, Imprimerie nationale, 1877, br., 1 vol. in-8.

82. **Des droits du mari,** thèse de M. BELIN. — Strasbourg, chez Berger-Levrault, 1871, 1 broch. in-8.

83. **Etude sur le droit des bornes chez les Romains,** thèse de M. THIAULT. — Paris, chez Derenne, 1880, 1 broch. in-8.

84. **De la succession en droit international,** thèse de M. THIAULT. — Paris, chez Alf. Derenne, 1880, 1 broch. in-8.

85. **Des nullités de mariage,** thèse de Léonce DE PONTAMET. — Cherbourg, chez Mang. Mouchel, 1875, 1 broch. in-8.

86. **Des interdits possessoirs,** thèse d'Alf. ROCHET. — Paris, chez Alfr. Derenne, 1874, 1 broch. in-8.

87. **De la réforme judiciaire et des intérêts commerciaux.** — Chambéry, chez Chatelain, 1882, br., 1 vol. in-8.

88. **Législation des aliénés et des enfants assistés.** — Paris, chez Berger-Levrault, 1880, br., 3 vol. in-8.

89. **Code criminel de l'empereur Charles V,** par VOGEL. — La Neuveville, chez J.-J. Marolf, 1742, veau, 1 vol. in-4.

90. **Variarum solutionum juris civili libri,** auct. HUNNIO. — Francoforti, apud   , 1616, parch., 1 vol. in-8.

91. **Corpus antiquitatum romanorum,** auct. DAMPETERO. — Genevæ, imp. Gab. Cartier, 1620, veau, 1 vol. in-4.

92. **Règlement de Louis XIII sur le ban et l'arrière-ban.** — Lyon, chez Ant. Jullieron, 1674, veau, 1 vol. in-4.

93. **Conférences des ordonnances de Louis XIV,** par BOR-NIER, 2e édit. — Paris, chez les libraires associés, 1694, veau, 2 vol. in-4.

94. **Conférences des ordonnances de Louis XIV,** par BOR-NIER, nouv. édit. — Paris, chez les libraires, associés, 1716, veau, 2 vol. in-4.

95. **Des rapports conjugaux,** par A. MAYER. 2e édit. — Paris, chez J.-B. Baillière, 1851, br., 1 vol. in-8.

96. **Organisation des pouvoirs publics.** — Paris, chez A. Quantin, 1881, br., 1 vol. in-8.

97. **Cours d'économie politique,** par SCHULTZE-DELITSCH. trad. par B. RAMPIL. — Paris, chez Guillaumin et Cie, 1874, br., 2 vol. in-12.

98. **Epistolæ decretales summum pontificum.** — Antverpiæ, ex off. Chr. Plantiniana, 1570, veau, 1 vol. in-8.

99. **Traité des droits seigneuriaux,** de BOUSTARIC. — Toulouse, chez J.-F. Forest, 1758, veau, 1 vol. in-4.

100. **Traité des prescriptions de l'aliénation des biens de l'Eglise,** par DUNOD DE CHARNAGE. — Paris, chez Briasson, 1765, veau, 1 vol. in-4.

101. **M. Weisenbeici in Pandectas juris civilis.** — Moguntiæ, apud Barth. Lippium, 1608, parch., 1 vol. in-4.

102. **Joan. Schreidwini institutiones imperiales.** — Coloniæ agrippinæ, apud Viduam W. Metternich et filii, 1740, veau, 1 vol. in-4.

103. **Le code des décisions forenses.** — Collogny, chez A. Sarrasin et Alex. Pernet, 1612, veau, 1 vol. in-4.

104. **Juris canonici theoria et praxis,** a J. Cabussitio. — Lugduni, apud Petr. Borde et J.-B. Arnaud, 1709, veau, 1 vol. in-4.

105. **Recueil de titres et mémoires concernant le clergé de France.** — Paris, chez Guillaume Després, 1771, veau, 14 vol. in-4.

106. **Traité des successions,** par Lebrun, revu par F.-B. Espière de Saux. — Paris, chez Vᵉ Savoie, 1776, veau, 2 vol. in-4.

107. **Dictionnaire du Droit,** par Ferrière. — Paris, chez Vᵉ Desaint, 1771, veau, 3 vol. in-4.

108. **Observations sur la coutume de Bourgogne,** par Dunod de Charnage. — Besançon, chez J. Daclin, 1756, veau, 1 vol. in-4.

109. **Coutumes d'Orléans,** par Pothier. — Paris, chez Debare père, 1772, veau, 1 vol. in-4.

110. **Collection de décisions nouvelles,** par Denizart, 9ᵉ édit. — Paris, chez Vᵉ Desaint, 1775, veau, 4 vol. in-4.

111. **Dictionnaire du Droit canonique,** par Durand de Maillane. — Lyon, chez Benoît Duplain, 1770, veau, 4 vol. in-4. Manque le Nᵒ 1.

112. **Libertés de l'Eglise gallicane,** par Durand de Maillane. — Lyon, chez Bruyset-Ponthus, 1771, veau, 5 vol. in-4.

113. **Traité des bénéfices ecclésiastiques,** par Gohard. — Paris, chez Ant. Boudet, 1765, veau, 7 vol. in-4.

114. **Traité des droits civils,** par Pothier, avec portr. — Paris, chez J. Debare père, 1773, veau, 5 vol. in-4.

115. **Traité de la vente par décret,** par Louis d'Héricourt. — Paris, chez Vᵉ Cavelier, 1752, veau, 1 vol. in-4.

116. **Procès-verbal des conférences pour l'examen des articles des ordonnances 1667 et 1670.** — Paris, chez les libraires associés, 1756, veau, 1 vol. in-4.

117. **Codicis Justiniani libri XII.** — Genève, chez Jean Vignon, 1620, veau, 1 vol. in-4.

118. **Discussion de l'adresse dans les deux Chambres.** — Paris, chez Fleury-Ponce-Lebas, 1840, cart., 1 vol. in-4.

119. **Pratique de l'éducation des princes,** par VARILLAS. — Paris, chez Claude Barbin, 1684, veau, 1 vol. in-4.

120. **Coutumier allemand,** par LAGENSPIEGEL, avec frontisp. et grav. — 1490, parch., 1 vol. in-4.

121. **Mémoires des commissaires des rois de France et d'Angleterre sur les possessions des deux couronnes en Amérique.** — Paris, Imprimerie royale, 1755, br., 3 vol. in-4.

122. **Formulaire allemand.** — Strasbourg, chez Simon Knobloch, 1483, suivi de **La Bulle d'or,** avec grav. — Strasbourg, chez Jean Priess, 1485, bois et veau, 1 vol. in-fol.

123. **Formule allemand,** suivi d'un **Manuscrit allemand.** — Strasbourg, chez S. Knobloch, 1519, bois et parch., 1 vol. in-fol.

124. **De l'institution du Prince,** par BUDÉ. — Imp. à L'Abbaye de l'Arrivar par Nicole, Paris, 1547, veau, 1 vol. in-4.

125. **Œuvres de d'Aguessau.** — Paris, chez les libraires associés, 1761-69, veau, 13 vol. in-4.

126. **Concilia et responsa super diversis jurismateriis,** auct. V. A. DE CHLINGENSPERG. — Norimbergæ, apud G. Endler fratrum, 1734, veau, 1 vol. in-fol.

127. **Decretales Georgii IX,** avec frontisp. — Lugduni, apud Ant. Pillehotti, 1624, parch., 1 vol. in-fol.

128. **Supplément aux lois civiles,** par JOUY. — Paris, chez Knapen, 1756, cart., 1 vol. in-fol.

129. **Corpus juris canonici.** — Lugduni, apud Ant. Pillehotti, 1624, parch., 1 vol. in-fol.

130. **Aller der Rœmischen Reichs gehaltener,** Reichslag ORDUNG. — Mayntz, apud Joan. Albin. 1607, parch., 1 vol. in-fol.

131. **Magnum bullarium romanum,** Laurentii CHERUBINI. — Lugduni, apud L'Arnaud et P. Borde, 1672, veau, 5 vol. in-fol.

132. **Recueil des traités.** — Amsterdam, chez Henri et la Vᵉ Boom, 1700, demi-rel., 4 vol. in-fol. Manque le 1ᵉʳ vol.

133. **Ordonnances d'Alsace,** de DE BOUG. — Colmar, chez
J.-H. Decker, 1775, veau, 2 vol. in-fol.

134. **Ordonnances d'Alsace,** de DE BOUG. — Colmar, chez
J.-H. Decker, 1775, veau, 2 vol. in-fol.

135. **Lois ecclésiastiques,** revues par Louis D'HÉRICOURT. —
Neuchâtel, imp. par la Société typographique, 1774, veau,
1 vol. in-fol.

136. **Lois ecclésiastiques.** — Paris, chez les libraires associés,
1756, veau, 1 vol. in-fol.

137. **Lois ecclésiastiques,** nouv. édit. — Neuchâtel, 1771,
veau, 1 vol. in-fol.

138. **Lois civiles,** par DAMAT. — Paris, chez Rollin, 1745,
veau, 1 vol. in-fol.

139. **Lois civiles,** par DAMAT. — Paris, chez Durand, 1767,
veau, 1 vol. in-fol.

140. **Institutions du droit impérial et du droit romain,** par
PERNEDER, (allem.). — Ingolstadt, chez Wolffgand Eder,
1578, parch., 1 vol. in-fol.

141. **Institutions du droit impérial et du droit romain,** par
PERNEDER, (allem.), nouv. édit. — Ingolstadt, chez W.
Eder, 1592, parch., 1 vol. in-fol.

142. **Joachim Mensengeri apostolesma.** — Venitiis, apud
Nicol. Misserinum, 1608, veau, 1 vol. in-4.

143. **Aurea bulla Caroli IV,** (latin). — **Constitutiones imperii,** (allem.). — Moguntiæ, apud J. Schæffer, 1549-1555,
bois et parch., 1 vol. in-fol.

144. **Formulaire allemand,** (allem.). — Tubingen, apud, chez
Alf. Worhartz, 1557.

Rhetorica et teutsch notariat, avec vign. — Francoforti,
apud Ehenholff Erlen, 1551, bois et veau, 1 vol. in-fol.

Formulaire allemand, avec vign. — Francoforti, chez
Egenholff Erben, 1557.

145. **Statuts et privilèges de la noblesse de la Basse-
Alsace,** (allem.-français). — Strasbourg, 1713, veau,
1 vol. in-4.

146. **Recueil des ordonnances du Roi et règlements du
Conseil souverain d'Alsace.** — Colmar, chez J.-H.
Decker, 1788, cart.. 1 vol. in-fol.

147. **Recueil des décisions de la Chambre impériale,** par
BARTH. (allem.). — Spire, chez W. Hartmann, 1604,
veau, 1 vol. in-fol.

148. **Jus naturale ex observatione Ivonii Parisini,** avec frontisp. — Parisiis, apud Viduam et Dyonisum Thiery et filium, 1658, veau, 1 vol. in-fol.

149. **Carpzowii praetica rerum criminalium.** — Lipsiæ, apud Fred. Gleditsch, 1739, veau, 1 vol. in-fol.

150. **Juris civilis lexicon,** a Jac. SPIEGEL. — Lugduni, apud Seb. Gryphium, 1549, veau, 1 vol. in-fol.

151. **Ordonnance et édits de la Franche-Comté,** par J. PETERMANN. — Dole, chez Antoine Dominique, 1619, avec frontip., veau, 1 vol. in-fol.

152. **Recueil des édits et déclarations du Roi.** — Besançon, chez Daclin, 1771, veau, 6 vol. in-fol.

153. **Le parfait notaire,** par A.-J. MASSÉ. — Paris, chez Mame frères, 1813, demi-rel., 3 vol. in-4.

154. **Discussion sur les Colonges.** (Extr. de la *Revue d'Alsace.*) — Colmar, chez Camille Decker, 1806, demi-rel., 1 vol. in-8.

155. **Arrêt du Conseil du Roi pour le règlement des assemblées.** — Paris, Imprimerie royale, 1788.

   Budget et situation financière de la ville de Strasbourg, (allem.-français). — Strasbourg, chez Dambach, 1789-1792, demi-rel., 1 vol. in-4.

156. **Conférences sur les ordonnances et la jurisprudence du Conseil souverain d'Alsace,** par BALLET. — Colmar, chez J.-H. Decker, 1788, cart., 1 vol. in-4.

157. **Table de l'instruction générale pour le service de la comptabilité,** par PETETIN. — Paris, chez P. Dupont, 1860, cart., 1 vol. in-4.

158. **Histoire du Conseil souverain d'Alsace,** par PILLOT et NEREYMAND. — Paris, chez Durand, 1860, br., 1 vol. in-8.

159. **Institutions de l'Alsace avant 1789,** par KRUGBASSE. — Paris, chez Sandoz et Fisbacher, 1877, br., 1 vol. in-8.

160. **Code des attributions des Conseils municipaux,** par TAULIER. — Paris, chez Durand, 1868, br., 1 vol. in-8.

161. **Code des émigrés, condamnés et déportés.** — Paris, imp. du dépôt des lois, 1793, cart., 1 vol. in-4.

162. **Diplomata et Chartæ æstatis Merovingiæ.** — Paris, Kæppelin, 1848, demi-rel., 1 vol. in-8.

163. **Usages locaux du Haut-Rhin,** par PILLOT. — Colmar, chez Hoffmann, 1856, br., 1 vol. in-8.

164. **Traité d'économie politique,** 2e édit., par J. GARNIER. — Paris, chez Gasnier frères, 1860, demi-rel., 1 vol. in-12.

165. **Le mariage en France,** par Ern. CADET. — Paris, chez Guillaumin et Cie, 1870, br., 1 vol. in-8.

166. **Code forestier, Code du pêcheur et du chasseur.** — Paris, Imprimerie impériale, 1860, br., 1 vol. in-8.

167. **Le domaine du Peuple, du Prince et de l'Etat,** (thèse), par Francis BONTHOUX. — Paris, chez Lahure, 1872, br., 1 vol. in-8.

168. **Guide des commerçants,** 2e édit. — Paris, imp. de Simon Rançon et Cie, 1868, br., 1 vol. in-8.

169. **Code de droit administratif,** de DUCROCQ. — Paris, chez Ern. Thorin, 1868, br., 1 vol. in-8.

170. **Abolition de la succession collatérale,** par JUTEAU. — Paris, cher Ferd. Sartorius, 1863, br., 1 vol. in-8.

171. **Doneau, sa vie et ses ouvrages,** par Th. EYSSELL, trad. de J. SIMONNET. — Dijon, chez Ve Decailly, 1860, demi-rel., 1 vol. in-8.

172. **L'équilibre social.** — Paris, chez Muzard, 1873, br., 1 vol. in-8.

173. **Questions constitutionnelles,** par LATOUR DU MOULIN. — Paris, chez Michel Lévy frères, 1867, br., 1 vol. in-8.

174. **Manuel de l'expropriation,** par DEBRAY. — Paris, chez Durand, 1845, br., 1 vol. in-8.

175. **Histoire de la colonisation en Algérie,** par Louis DE BAUDICOURT. — Paris, chez Challamel aîné, 1860, br., 1 vol. in-8.

176. **Les institutions civiles en France,** par BEAUVERGNER. — Paris, chez Leiber, 1864, demi-rel., 1 vol. in-12.

177. **Catéchisme d'économie politique,** par MESNIL-MARIGNY, 6e édit. — Paris, chez E. Dentu, 1873, br., 1 vol. in-12.

178. **Catéchisme d'économie politique,** par MESNIL-MARIGNY, 2e édit. — Paris, chez Cournol, 1863, br., 1 vol. in-12.

179. **Les lois économiques,** par T.-N. BENARD. — Paris, chez Guillaumin et Cie, 1856, br., 1 vol. in-18.

180. **Code des actionnaires,** par Ed. CATELIN. — Paris, chez Lebrun et Cie, 1857, br., 3 vol. in-18.

181. **Recueil d'arrêts du Conseil souverain d'Alsace, 1740.** *Arrêt sur la question d'Aubaine.* — Colmar, chez Decker, 1743, 3 vol. in-8.

182. **Ancien statuaire d'Alsace,** de D'AGON DE LAVONTRIE. — Colmar, chez Decker, 1825, demi-rel., 1 vol. in-18.

183. **Code pénal.** — Paris, chez Desaint et Saillant, 1752, 1 vol. in-12.

184. **Origines des lois.** 3e volume. — Paris, chez Knappen, 1778, veau, 1 vol. in-12.

185. **L'épargne,** par E.-A. DE L'ETANG. — Paris, chez Lacroix, Verbœckhoven et Cie, 1869, demi-rel., 1 vol. in-12.

186. **Organisation politique de l'Empire français.** — Paris, chez Poupart-Davyl, 1867, demi-rel., 1 vol. in-12.

187. **Manuel du clerc de notaire,** par LEFÈBRE-BISSON et Armand DORVILLE. — Paris, chez Duchesne et Cie, 1857, br., 1 vol. in-12.

188. **Code Napoléon,** expliqué par PICOT. — Paris, chez Eug. Pick. 1857, br., 1 vol. in-12.

189. **Code d'instruction primaire,** par DUBARRY, 2e édit. — Paris, chez Durand, 1857, br., 1 vol. in-12.

190. **Revue de Législation et de Jurisprudence,** par WOLOWSKI. — Paris, chez Vidcorq, 1843-1859, cart., 64 vol. in-8.

191. **Lois organiques du Sénat,** par POUDRA et PIERRE. — Paris, chez A. Quantin, 1885, br., 1 vol. in-12.

192. **Lois constitutionnelles de la République française,** par POUDRA et PIERRE. — Paris, chez A. Quantin, 1885, br., 1 vol. in-12.

193. **Les successions,** par Emile ACOLLAS. — Paris, chez Delagrave, 1885, cart., 1 vol. in-12.

194. **Coutumes de Chaumont,** par Just DELAISTRE. — Paris, chez Damien Beugnie, 1723, veau, 1 vol. in-4.

195. **Le parfait négociant,** par J. SAVARY, 6e édit. — Lyon, chez Jacques Lyons, 1711, veau, 2 vol. in-4.

196. **Mémorial du commerce,** par LAINÉ et Med. LE BLOND. — Paris, imp. Crété, 1842-1860, cart., 26 vol. in-8.

PUBLICATIONS PÉRIODIQUES

1. **Revue des Sociétés savantes des départements.** — Paris, Imprimerie nationale, de 1865 à 1886, br. in-8.

2. **Smithsonian institution.** — Washington, imp. du gouvernement, 1881-1886, in-8 cart.

3. **Bulletin de la Société des Antiquaires de Picardie.** — Amiens, chez Douillet et Cⁱᵉ, 1883-1887, in-8 br.

4. **Bulletin de la Société médicale du Haut-Rhin.** — Colmar, chez Decker, 1874-1880, in-8 br.

5. **Bulletin de la Société d'histoire naturelle de Colmar.** — Colmar, chez Camille Decker, 1862-1885, in-8 br.

6. **Bulletin de la Société d'Emulation de Montbéliard.** — Montbéliard, chez Barbier. 1874-1886, in-8 br.

7. **Mémoires de la Société d'Emulation du Doubs.** — Besançon, chez Dodivers et Cⁱᵉ, 1875-1886, in-8 br.

8. **Mémoires de l'Académie du Gard.** — Nîmes, chez Clavel-Ballivet et Cⁱᵉ, 1873-1879, in-8 br.

9. **Bulletin de la Société d'Agriculture du Gard.** — Nîmes, chez Clavel-Ballivet et Cⁱᵉ, 1877-1879, in-8 br.

10. **Mémoires de l'Académie de Nîmes.** — Nîmes, chez Clavel-Ballivet et Cⁱᵉ, 1878-1885, in-8 br.

11. **Actes de la Société jurassienne d'Emulation.** — Porrentruy, chez Victor Michel. 1871-1873, 1875-1884, in-8 br.

12. **Mémoires de la Société d'Emulation du Jura.** — Lons-le-Saulnier, chez Delecruze, 1875-1886, in-8 br.

13. **Bulletin de la Société d'histoire naturelle de Toulouse.** — Toulouse, chez Durand-Fillous et Lagarde, 1873-1887, in-8 br.

14. **Bulletin de la Société philomatique des Vosges.** — Saint-Dié, chez L. Humbert. 1875-1886, in-8 br.

15. **Bulletin de la Société belfortaine d'Emulation.** — Belfort, chez Spitzmuller, 1872-1885, in-8 br.

16. **Bulletin de la Société des sciences et arts agricoles et historiques du Havre.** — Le Havre, chez Naudet et Godefroy, 1879-1884, in-8 br.

17. **Mémoires de la Société nationale académique de Cherbourg.** — Cherbourg, chez Poitevin et Henry, 1875-1879, in-8 br.

18. **Bulletin de la Société des Sciences et Arts de Vitry-le-François.** — Vitry-le-François, chez Pesser et Cie, 1867-1884.

19. **Bulletin de la Société d'Agriculture, Sciences et Arts de la Haute-Saône.** — Vesoul, chez A. Suchaux, 1875-1886.

20. **Mémoires de la Société d'Agriculture, Sciences et Arts du Nord.** — Douai, chez Crepin, 1886.

21. **Bulletin de la Société philomatique de Paris.** — Paris, chez A. Masson, 1879-1880, in-8 br.

22. **Bulletin de la Société pour la conservation des monuments historiques d'Alsace.** — Strasbourg, chez Ve Berger-Levrault et Cie, 1863-1870, in-8 br.

23. **Bulletin du Musée historique de Mulhouse.** — Mulhouse, chez Ve Bader et Cie, 1876-1886, in-8 br.

24. **Mémoires de l'Académie de Besançon.** — Besançon, chez Dodivers et Cie, 1876-1886, in-8 br.

25. **Bulletin de la Société de médecine de Besançon.** — Besançon, chez Jacquin, in-8 br.

26. **Rapport de la Société d'Agriculture du Doubs.** — Besançon, chez Dodivers et Cie, 1880-1881, in-8 br.

27. **Bulletin de la Société de Statistique de l'Isère.** — Grenoble, chez Maisonville, 1883, in-8 br.

28. **Bulletin de la Société industrielle de Mulhouse.** — Mulhouse, chez Ve Bader et Cie, 1874-1887, in-8 br.

29. **Mémoires de l'Académie Stanislas.** — Nancy, chez Ve Berger-Levrault et Cie, 1884-1887, in-8 br.

30. **Annales de la Société d'Agriculture, de l'Industrie, des Sciences, des Arts et des Belles-Lettres de la Loire.** — Saint-Etienne, chez Thiolin et Cie, 1885, in-8 br.

31. **Bulletin de la Société des Sciences historiques et naturelles de l'Yonne.** — Auxerre-Paris, chez Masson et Cie, 1883-1886, in-8 br.

32. **Annales de la Société des Sciences, Lettres et Arts des Alpes-Maritimes.** — Nice, chez Malvano-Mignon, in-8 br.

33. **Mémoires de la Société nationale d'Agriculture, Sciences et Arts d'Angers.** — Angers, chez Lachèze et Dolbeau, 1880-1886, in-8 br.

34. **Mémoires de la Société des Sciences naturelles de La Rochelle, 1885-1886.** — La Rochelle, chez Vᵉ Marschal et Martin, 1886, 2 vol. in-8 br.

35. **Le Polybiblion,** *Revue bibliographique universelle.* — Paris, au Siège de la Société, 1875-1887, in-8 br.

36. **Répertoire des travaux historiques, années 1881-1883.** — Paris, Imprimerie nationale, 1880-1886, 4 vol. in-8 br.

37. **Bulletin du Comité des travaux historiques et scientifiques.** *Section des sciences économiques et sociales, années 1883 à 1886.* — Paris, chez Ern. Leroux, 1886-1887, vol. in-8 br.

38. **Revue des travaux scientifiques, années 1881 à 1887.** — Paris, Imprimerie nationale, 1882-1887, 7 vol. in-8. br.

39. **Bulletin historique et philologique du Comité des travaux historiques et scientifiques, années 1882 à 1886.** — Paris, Imprimerie nationale, 1883-1887, 5 vol. in-8 br.

40. **Bulletin du Comité des travaux historiques et scientifiques; archéologie, années 1883 à 1887.** — Paris, Imprimerie nationale, 1883-1887, 4 vol. in-8 br.

41. **Bulletin du Comité des travaux historiques et scientifiques. Géographie historique et descriptive, année 1886.** — Paris, chez Ern. Leroux, 1887, 1 vol. in-8 br.

42. **Réunion des Sociétés savantes.** *Section des Beaux-Arts, années 1877-1882.* — Paris, typ. Plon et Cⁱᵉ, 1877-1882, 7 vol. in-8 br.

43. **Mémoires de l'Académie de Dijon, 1883-1884.** — Dijon, chez Lamarche, 1885, 1 vol. in-8 br.

44. **Bulletin de la Société historique et archéologique de Langres,** tom. III, 1887. — Langres, chez Ballet-Bideaux, 1887, 1 vol. in-8 br.

45. **Annuaire de la Société philomatique, 1885-1886.** — Paris, chez Ern. Thorin, 1886-1887, 2 vol. in-8 br.

46. **Bulletin de la Société d'anthropologie de Paris, 1886.** — Paris, chez Masson, 1886, 4 fasc. in-8 br.

47. **Revue de philologie, de littérature et d'histoire ancienne,** par Thurot, O. Riemann et Em. Chatelain, 1880-1886. — Paris, chez Klincksieck, 1880-1886, 7 vol. in-8 br.

48. **Bulletin de l'Association philotechnique, 1884-1887.** — Paris, au bureau de l'Association, 1884-1887, 4 vol. in-8 br.

49. **Bulletin de la Société d'Agriculture de l'Eure.** — Bernay, chez Ve Alf. Lefèbre, 1874-1886. 3 broch. in-8 br.

50. **Bulletin de la Société des Archives historiques de la Saintonge et de l'Aunis.** — Saintes, chez Mme Mortreuil, 1883-1887, 6 vol. in-8 br.

51. **Annales de l'Est, 1887.** — Nancy, chez Berger-Levrault, 1 vol. in-8 br.

52. **Mémoires de la Société d'histoire, d'archéologie et de littérature de Beaune, 1882-1886.** — Beaune, chez Arthur Batault, 4 vol. in-8 br.

53. **Mémoires de la Société littéraire, historique et archéologique de Lyon.** — Lyon, chez Aug. Brun, 1886, 1 vol. in-8 br.

OUVRAGES DÉPOSÉS

A LA

Bibliothèque Populaire

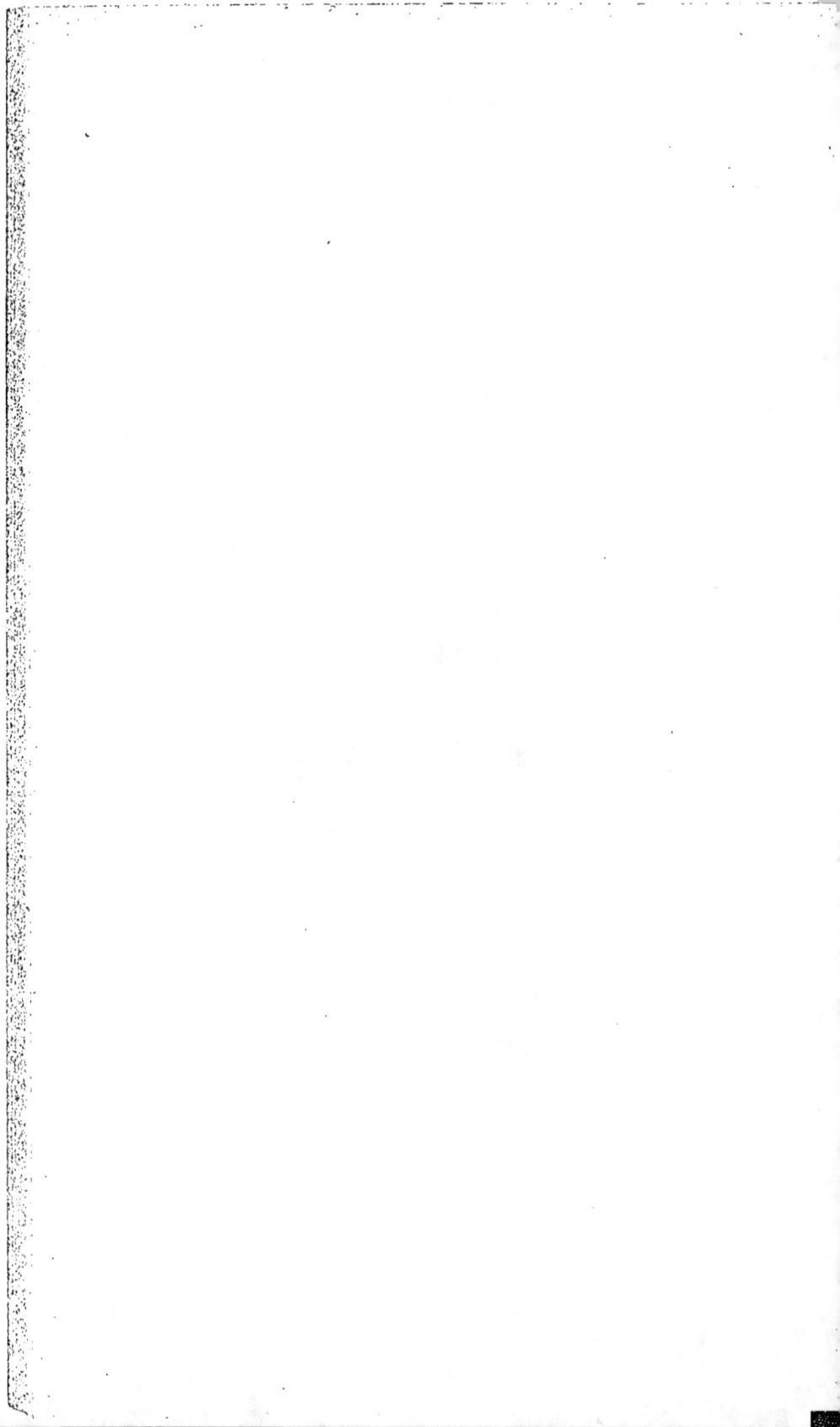

LITTÉRATURE

1. **Le génie du Christianisme,** par CHATEAUBRIAND. — Paris, à la Société des bons livres, 1836, 3 vol. in-8, demi-rel.

2. **Estévanille-Gonzalès,** par LESAGE. — Paris, chez Et. Ledoux, 1828, 1 vol. in-8, cart.

3. **Les aventures du chevalier Beauchêne,** par LESAGE, avec grav. — Paris, chez Et. Ledoux, 1828, 1 vol. in-8, cart.

4. **Don Quichotte,** par LESAGE, avec grav. — Paris, chez Et. Ledoux, 1828, 2 vol. in-8, cart.

5. **Théâtre et Mélanges,** par LESAGE, avec grav. — Paris, chez Et. Ledoux, 1828, 1 vol. in-8, cart.

6. **Le livre et la petite bibliothèque d'amateur,** par MON-RAVIT. — Paris, chez Aug. Aubry, 1865. 1 vol. in-8, demi-rel.

7. **Adolphe Nourrit,** par QUICHERAT, avec portr. — Paris, chez Hachette et Cie, 1867, 3 vol. in-8, demi-rel.

8. **Les Apocriphes,** par SHAKSPEARE, trad. de F.-V. HUGO. — Paris, chez Pagnerre, 1866, 3 vol. in-8, br.

9. **Les Amis,** par SHAKSPEARE, trad. de F.-V. HUGO. — Paris, chez Pagnerre, 1861, 1 vol. in-8, demi-rel.

10. **La Famille,** par SHAKSPEARE, trad. de F.-V. HUGO. — Paris, chez Pagnerre, 1861. 1 vol. in-8, demi-rel.

11. **La Société,** par SHAKSPEARE, trad. de F.-V. HUGO. — Paris, chez Pagnerre, 1862, 1 vol. in-8, demi-rel.

12. **La Patrie,** par SHAKSPEARE, trad. de F.-V. HUGO. — Paris, chez Pagnerre, 1863, 2 vol. in-8, demi-rel.

13. **Les Farces,** par SHAKSPEARE, trad. de F.-V. HUGO. — Paris, chez Pagnerre, 1864, 1 vol. in-8, demi-rel.

14. **Les Jaloux,** par SHAKSPEARE, trad. de F.-V. HUGO. — Paris, chez Pagnerre, 1868, 1 vol. in-8, demi-rel.

15. **Les fleurs scandinaves,** trad. du suédois, par Louisa DU PUGET, avec portr. et grav. — Paris, librairie pour la publication des bons livres, 1 vol. in-8, demi-rel.

16. **Poésie de Sainte-Beuve.** — Paris, chez Michel Lévy frères, 1863, 1 vol. in-8, demi-rel.

17. **Légende d'Alsace,** par J.-J. LAURENT. — Paris, chez E. Dentu, 1865, 2 vol. in-8, demi-rel.

18. **Mémoires de Mme de Rémusat,** par P. DE RÉMUSAT, avec portr. — Paris, chez Calmann Lévy, 1881, 3 vol. in-8, demi-rel.

19. **Lettres de Mme de Rémusat.** — Paris, chez Calmann Lévy, 1881, 2 vol. in-8, demi-rel.

20.

21. **La Poésie,** par Paul ALBERT, 4e édit. — Paris, chez Hachette et Cie, 1878, 1 vol. in-12, demi-rel.

22. **La Prose,** par Paul ALBERT, 3e édit. — Paris, chez Hachette et Cie, 1878, 1 vol. in-12, demi-rel.

23. **Tragédies d'Euripides,** d'ARTAUD, 3e édit. — Paris, chez Firmin Didot frères, 1866, 2 vol. in-12, demi-rel.

24. **L'Ane glorifié,** de BATAILLARD. — Paris, chez Alph. Lemerre, 1873, 1 vol. in-12, demi-rel.

25. **Œuvres complètes de Boileau.** — Paris, chez Hachette et Cie, 1864, 2 vol. in-12, demi-rel.

26. **Etudes sur le Moyen-Age,** par Hilaire CHASLES. — Paris, chez Amyot, 1847, 1 vol. in-12, demi-rel.

27. **Etudes sur l'Allemagne,** par CHASLES. — Paris, chez Amyot, 1861, 1 vol. in-12, demi-rel.

28. **Etudes sur l'Espagne,** par CHASLES. — Paris, chez Amyot, 1847, 1 vol. in-12, demi-rel.

29. **La Société française,** par V. COUSIN. — Paris, chez Didier et Cie, 2 vol. in-12, demi-rel.

30. **Madame de Sable,** par V. COUSIN, 3e édit. — Paris, chez Didier et Cie, 1869, 1 vol. in-12, demi-rel.

31. **La jeunesse de Mme de Longueville,** par V. COUSIN, 4e édit. — Paris, chez Didier et Cie, 1876, 1 vol. in-12, demi-rel.

32. **Mme de Longueville pendant la Fronde,** par V. COUSIN, 4e édit. — Paris, chez Didier et Cie, 1872, 1 vol. in-12, demi-rel.

33. **Mme de Chevreuse,** par V. COUSIN, 6e édit. — Paris, chez Didier et Cie, 1876, 1 vol. in-12, demi-rel.

34. **Jacqueline Pascal,** par V. Cousin, 9e édit. — Paris, chez Didier et Cie, 1876, 1 vol. in-12, demi-rel.

35. **Werther,** par Enault, 6e édit. — Paris, chez Hachette et Cie, 1872, 1 vol. in-12, demi-rel.

36. **Les Maîtres d'autrefois,** par Fromentin, 2e et 3e édit. — Paris, chez Plon et Cie, 1 vol. in-12, demi-rel. (2 exempl.)

37. **Les Beaux-Arts en Europe,** par Th. Gautier. — Paris, chez Michel Lévy frères, 1857, 2 vol. in-12, demi-rel.

38. **Constantinople,** par Th. Gautier. — Paris, chez Michel Lévy frères, 1872, 1 vol. in-12, demi-rel.

39. **Les Grotesques,** par Th. Gautier. — Paris, chez Michel Lévy frères, 1853, 1 vol. in-12, demi-rel.

40. **Rabelais,** par Gebhard. — Paris, chez Hachette et Cie, 1877, 1 vol. in-18, demi-rel.

41. **Tableau historique et critique de la poésie française,** par Sainte-Beuve. — Paris, chez Charpentier, 1843, 1 vol. in-12, demi-rel.

42. **La littérature dramatique,** par Saint-Marc Girardin, 9e édit. — Paris, chez Charpentier, 1868, 5 vol. in-12, demi-rel.

43. **Le vicomte de Launay,** par Mme Emile de Girardin, avec portr. — Paris, chez Michel Lévy frères, 1868, 4 vol. in-12, demi-rel. (2 exempl.)

44. **Reisebilder,** par Heine, avec une **Etude sur Heine,** par Th. Gautier. — Paris, chez Michel Lévy frères, 1868, 2 vol. in-12, demi-rel.

45. **Drame et Fantaisie,** par Heine. — Paris, chez Michel Lévy frères, 1865, 1 vol. in-12, demi-rel.

46. **Lutèce,** par Heine. — Paris, chez Michel Lévy frères, 1872, 1 vol. in-12, demi-rel.

47. **Œuvres complètes d'Homère,** trad. par Gignet. — Paris, chez Hachette et Cie, 1880, 1 vol. in-18, br.

48. **La littérature dramatique,** par Jules Janin. — Paris, chez Michel Lévy frères, 1855, 6 vol. in-12, demi-rel.

49. **Le Talisman,** par Jules Janin. — Paris, chez L. Hachette et Cie, 1866, 1 vol. in-12, demi-rel.

50. **Histoire de la littérature au XVIe siècle,** par Darmstetter et Hatzfeld. — Paris, chez Delagrave, 1878, 1 vol. in-12, demi-rel.

51. **Les Guêpes,** par Alph. Karr. — Paris, 1842-1843, 2 vol. in-12, demi-rel.

52. **Anthologie grecque,** par un anonyme. — Paris, chez Hachette et Cⁱᵉ, 1863, 2 vol. in-12, demi-rel.

53. **Mémoires de Francklin,** trad. par Laboulaye, 4ᵉ édit. — Paris, chez Hachette et Cⁱᵉ, 1868, 1 vol. in-12, demi-rel.

54. **Etudes sur l'Allemagne,** par Laboulaye. 3ᵉ édit. — Paris, chez Charpentier, 1868, 1 vol. in-12, demi-rel.

55. **Etudes morales,** par Laboulaye. — Paris, chez Charpentier, 1868, 1 vol. in-12, demi-rel.

56. **La Satyre en France,** par Lenient. — Paris, chez Hachette et Cⁱᵉ, 1877, 2 vol. in-12, demi-rel.

57. **Nathan le sage,** par Lessing, trad. par Hirsch. — Paris, chez E. Dentu, 1862, 1 vol. in-12, demi-rel.

58. **Théâtre de Lessing,** trad. par Hirsch. — Paris, chez E. Dentu, 1862, 2 vol. in-12, demi-rel.

59. **Littérature moderne,** par Ménechet. 5ᵉ édit. — Paris, chez Garnier, 1868, 3 vol. in-12, demi-rel.

60. **Le marquis de Saint-Evremont,** par un anonyme. — Paris, chez Hachette et Cⁱᵉ, 1880, 1 vol. in-12, demi-rel.

61. **L'Insecte,** de Michelet. — Paris, chez Hachette et Cⁱᵉ, 1880, 1 vol. in-12, demi-rel.

62. **L'Oiseau,** de Michelet, 13ᵉ édit. — Paris, chez Hachette et Cⁱᵉ, 1878, 1 vol. in-12, demi-rel.

63. **La Sorcière,** par Michelet. — Paris, chez Hachette et Cⁱᵉ, 1 vol. in-12, demi-rel.

64. **Œuvres de Molières.** — Paris, chez Firmin Didot frères, 1864, 2 vol. in-12, demi-rel.

65. **Souvenirs d'Allemagne,** par Nerval. — Paris, chez Michel Lévy frères, 1860, 1 vol. in-12, demi-rel.

66. **Théâtre de Calderon,** par Hinard. — Paris, chez Charpentier, 1869, 1 vol. in-12, demi-rel.

67. **In memoriam,** par Pascal. — Paris, chez Ch. Meyrueis, 1868, 1 vol. in-12, demi-rel.

68. **Faust de Gœthe,** trad. par Poupart de Wilde. — Paris, chez Lacroix, Werbœckhoven et Cⁱᵉ, 1867, 1 vol. in-12, demi-rel.

69. **Second Faust de Gœthe,** trad. par POUPART DE WILDE. — Paris, chez Lacroix, Verbœckhoven et Cie, 1867, 1 vol. in-12, demi-rel.

70. **Etudes des moralistes français,** par PREVOST PARADOL, 4e édit. — Paris, chez Hachette et Cie, 1880, 1 vol. in-12, demi-rel.

71. **Les majorats littéraires,** par PRUDHON. — Paris, chez E. Dentu, 1863, 1 vol. in-12, demi-rel.

72. **Conversations littéraires,** par RIGAULT, 3e édit., avec portr. — Paris, chez Charpentier, 1868, 1 vol. in-12, demi-rel.

73. **Poésies de Ronsart,** annot. par NOEL. — Paris, chez Firmin Didot frères, fils et Cie, 1862, 2 vol. in-12, demi-rel.

74. **Variétés littéraires,** par DE SACY. — Paris, chez Didier et Cie, 1861, 2 vol., in-12, demi-rel.

75. **Œuvres de Lucien de Samosate,** trad. par E. TALBOT, 8e édit — Paris, chez Hachette et Cie, 1866, 2 vol. in-12, demi-rel.

76. **Gulistan,** par SADI, annot. par Ch. DEFRÉMERY. — Paris, chez Firmin Didot frères, fils et Cie, 1858, 1 vol. in-12, demi-rel.

77. **Littérature italienne,** par SERVADIO, (italien). — Paris, chez Baudry, 1 vol. in-12, demi-rel.

78. **Œuvres choisies de Fénélon.** — Paris, chez Hachette et Cie, 1867, 1 vol. in-12, demi-rel.

79. **Essais de critique et d'histoire,** de TAINE, 1re et 2e édit. — Paris, chez Hachette et Cie, 1858-1866, 2 vol. in-12, demi-rel. (2 exempl.)

80. **La littérature anglaise,** par TAINE, 2e édit. — Paris, chez Hachette et Cie, 1866, 1 vol. in-12, demi-rel.

81. **Essai sur Tite-Live,** par TAINE, 2e édit. — Paris, chez Hachette et Cie, 1860, 1 vol. in-12, demi-rel.

82. **Notes sur Paris.** *Vie et opinions de F.-T. Graindorge,* par TAINE. — Paris, chez Hachette et Cie, 1873, 1 vol. in-12, demi-rel.

83. **Les Catacombes de Rome,** par WOLTER, trad. de l'abbé DONAS. — Paris, chez G. Tequi, 1872, 1 vol. in-12, demi-rel.

84. **La librairie française,** par WERDET. — Paris, chez Dentu, 1860, 1 vol. in-12, demi-rel.

85. **Œuvres de Macaulay**, trad. par A. Joanne et E.-D. Forgues. — Paris, chez Hachette et Cie, 1860, 1 vol. in-12, demi-rel.

86. **Causeries du Lundi,** par Sainte-Beuve, 3e édit. — Paris, chez Garnier frères, 1862-1869, 15 vol. in-12, demi-rel.

87. **Les Nouveaux Lundis,** par Sainte-Beuve, 5e édit. — Paris, chez Calmann Lévy, 1873, 13 vol. in-12, demi-rel.

88. **Port royal,** par Sainte-Beuve, 3e édit. — Paris, chez Hachette et Cie, 1878, 6 vol. in-12, demi-rel.

89. **Portraits contemporains,** par Sainte-Beuve, 4e édit. — Paris, chez Michel Lévy frères, 1870, 4 vol. in-12, demi-rel.

90. **Portraits littéraires,** par Sainte-Beuve. — París, chez Garnier frères, 1862, 3 vol. in-12, demi-rel.

91. **Portraits de Femmes,** par Sainte-Beuve. — Paris, chez Garnier frères, 1864, 1 vol. in-12, demi-rel.

92. **Chateaubriand,** par Sainte-Beuve. — Paris, chez Garnier frères, 1861, 2 vol. in-12, demi-rel.

93. **Les caractères de La Bruyère,** annot. Schweighæusser, avec portr. — Paris, chez Firmin Didot frères, fils et Cie, 1863, 1 vol. in-12, demi-rel.

94. **Le Panthéon de la fable,** par Abrant. — Paris, chez A. Boyer et Cie, 1 vol. in-12, demi-rel.

95. **Les chefs-d'œuvre de Corneille.** — Paris, chez Hachette et Cie, 1867, 1 vol. in-12, demi-rel.

96. **Œuvres poétiques de Malherbe.** — Paris, chez Hachette et Cie, 1863, 1 vol. in-12, br.

97. **Poésie des larmes,** par L. Belmontel. — Paris, chez Lacroix, Verbœckhoven et Cie, 1865, 1 vol. in-12, demi-rel.

98. **Les mystères du cœur,** par Mme Céline Douillon. — Paris, chez A. Lacroix, Verbœckhoven et Cie, 1865, 1 vol. in-12, demi-rel.

99. **La vraie histoire de Tribolet et Poésies inédites de Joly.** — Lyon, chez Scheuring, 1867, 1 vol. in-8, demi-rel.

100. **Les Enfants,** par Victor Hugo. — Paris, chez Hetzel et Cie, 1 vol. in-12, demi-rel.

101. **Poésies magyares,** par Pétœfi Sandor, trad. par Desbordes-Valmore et Ujfalvy. — Paris, chez Lacroix, Verbœckhoven et Cie, 1871, 1 vol. in-12, demi-rel.

102. **Etudes antiques,** par Ponsard. — Paris, chez Michel Lévy frères, 1858, 1 vol. in-12, demi-rel.

103. **Prédécesseurs et contemporains de Shakspeare,** par Mézières. — Paris, chez Hachette et Cie, 1881, 1 vol. in-18, br.

104. **Premières méditations poétiques,** de Lamartine. — Paris, chez Hachette et Cie, 1880, 1 vol. in-12, demi-rel.

105. **Nouvelles méditations poétiques,** de Lamartine. — Paris, chez Hachette et Cie, 1880, 1 vol. in-12, demi-rel.

106. **Harmonies poétiques,** par de Lamartine. — Paris, chez Hachette et Cie, 1879, 1 vol. in-12, demi-rel.

107. **Poésies de Sainte-Beuve.** — Paris, chez Michel Lévy frères, 1 vol. in-12, cart.

108. **Jocelyn,** par de Lamartine. — Paris, chez Hachette et Cie, 1880, 1 vol. in-12, demi-rel.

109. **La chute d'un ange,** par de Lamartine. — Paris, chez Hachette et Cie, 1879, 1 vol. in-12, demi-rel.

110. **Œuvres de Lecomte de Lisle, Poèmes barbares.** — Paris, chez Alph. Lemerre, 1 vol. in-16, br.

111. **Œuvres de Leconte de Lisle, Poèmes antiques.** — Paris, chez Alph. Lemerre, 1 vol. in-16, br.

112. **Morceaux choisis de Lucrèce,** trad. par Lagrange. — Paris, chez Hachette et Cie, 1871, 1 vol. in-18.

113. **Alexandre Dumas, sa vie, ses œuvres,** par Blaise de Bacy. — Paris, chez Calmann Lévy, 1887, 2 vol. in-18, br.

114. **Le duc Job,** par Léon Laya. — Paris, chez Calmann Lévy, 1882, 1 vol. in-18, br.

115. **Les Rois en exil,** par A. Daudet. — Paris, chez E. Dentu, 1887, 1 vol. in-18, br.

116. **Dernières nouvelles,** par Edouard Ourliac. — Paris, chez Calmann Lévy, 1877, 1 vol. in-18, br.

117. **Histoires sentimentales et militaires,** par Paul de Molènes. — Paris, chez Michel Lévy frères, 1860, 1 vol. in-8 br.

118. **Etudes sur les tragiques grecs, Sophocle,** par M. Patin. — Paris, chez Hachette et Cie, 1881, 1 vol. in-12, br.

119. **Etudes sur les tragiques grecs, Euripide,** par M. Patin. — Paris, chez Hachette et Cie, 1879, 2 vol. in-12, br.

120. **Le Théâtre français sous Louis XIV,** par Despois, 2ᵉ édit. — Paris, chez Hachette et Cⁱᵉ, 1882, 1 vol. in-12, br.

121. **Ossian,** de Mac-Pherson, trad. par Christian. — Paris, chez Hachette et Cⁱᵉ, 1 vol. in-12, br.

122. **La Fontaine et ses fables,** par Taine. — Paris, chez Hachette et Cⁱᵉ, 1881, 1 vol. in-12, br.

123. **Types littéraires,** par Montégut. — Paris, chez Hachette et Cⁱᵉ, 1882, 1 vol. in-12, demi-rel.

124. **Hermann et Dorothée,** de Gœthe, trad. par Lévy. — Paris, chez Hachette et Cⁱᵉ, 1881, 1 vol. in-12, br.

125. **Histoire d'un homme enrhumé,** par P.-J. Stahl. — Paris, chez Hetzel et Cⁱᵉ, 1858, 1 vol. in-12, br.

126. **Naissance d'une ville,** par Eug. Pelletan. — Paris, chez Colar, 1880, 1 vol. in-12, br.

127. **Jarousseau, le pasteur du désert,** par Eug. Pelletan. — Paris, chez Germer-Baillière, 1881, 1 vol. in-12, br.

128. **Roland furieux de l'Arioste,** trad. par Hippeau. — Paris, chez Garnier frères, 2 vol. in-12, br.

129. **Correspondance et souvenirs,** par A. Ampère, 7ᵉ édit. — Paris, chez Hetzel et Cⁱᵉ, 1869, 1 vol. in-18, br.

130. **Journal d'un volontaire d'un an,** par Valéry Radot, 11ᵉ édit. — Paris, chez Hetzel et Cⁱᵉ, 1 vol. in-12, demi-rel.

131. **Conférences parisiennes,** par Legouvé, 6ᵉ édit. — Paris, chez Hetzel et Cⁱᵉ, 1 vol. in-12, demi-rel.

132. **Excursion sur les bords du Rhin,** par Al. Dumas. — Paris, 2 vol. in-18, br.

133. **Le petit citoyen,** par Jules Simon, avec vign. — Paris, chez Hachette et Cⁱᵉ, 1881, 1 vol. in-16, br.

134. **Histoire de la langue française,** par Littré, 9ᵉ édit. — Paris, chez Didier et Cⁱᵉ, 1882, 2 vol. in-12, br.

135. **Le romantisme des classiques,** par Em. Deschanel. — Paris, chez Calmann Lévy, 1883, 1 vol. in-12, br.

136. **Lettres de Madame de Sévigné.** — Paris, chez Hachette et Cⁱᵉ, 1865, 8 vol. in-18, br.

137. **Mémoires de Madame de Stahl.** — Paris, chez 1 vol.

138. **Histoire littéraire latine,** par Caussade, 3ᵉ édit. — Paris, chez G. Masson, 1883, 1 vol. in-12, cart.

139. **Histoire littéraire grecque,** par Caussade, 3e édit. — Paris, chez Masson, 1884, 1 vol. in-12, br.

140. **La Jérusalem délivrée par le Tasse,** trad. de Aug. Desplaces. — Paris, chez Charpentier, 1880, 1 vol in-12, br.

141. **Le Chancelier de l'Hôpital,** par Anquet. — Paris, chez H.-E. Martin, 1881, 1 vol. in-12, br.

142. **Histoire de la littérature française,** par Parnajon. — Paris, chez H.-E. Martin, 1881, 1 vol. in-12, br.

143. **Les chants du pays,** par Ch. et P. Leser. — Paris, chez G. Berger-Levrault et Cie, 1883, 1 vol. in-12, br.

144. **Théâtre choisi de Molière,** par Feugère. — Paris, chez Delalain frères, 1883, 1 vol. in-16, cart.

145. **Théâtre choisi de Corneille,** par Feugère. — Paris, chez Delalain frères, 1883, 1 vol. in-16, cart.

146. **Nouvelles études critiques,** par Brunetière. — Paris, chez Hachette et Cie, 1882, 1 vol. in-12, br.

147. **Etudes critiques,** par Brunetière. — Paris, chez Hachette et Cie, 1880, 1 vol. in-12, br.

148. **Harangue de Démosthène,** trad. de Stiévenart. — Paris, chez Hachette et Cie, 1847, 1 vol. in-12, br.

149. **Discours contre la loi de Leptine,** de Démosthène, trad. de Stiévenart. — Paris, chez Hachette et Cie, 1846, 1 vol. in-12, br.

150. **Etudes sur Aristophane,** par Em. Deschanel. — Paris, chez Hachette et Cie, 1876, 1 vol. in-12, br.

151. **Œuvres inédites de Larochefoucault.** — Paris, chez Hachette et Cie, 1863, 1 vol. in-8, br.

152. **Aventures de Gil Blas de Santilane,** par Lesage, avec vign. — Paris, chez Hachette et Cie, 1 vol. in-18, br.

153. **Œuvres poétiques de Malherbe.** — Paris, chez Hachette et Cie, 1863, 1 vol. in-12, demi-rel.

154. **Les Essais de Montaigne,** annot. par J.-V. Leclerc, avec portr. — Paris, chez Hachette et Cie, 1885, 2 vol. in-12, br.

155. **Les Types littéraires,** de Montégut. — Paris, chez Hachette et Cie, 1882, 1 vol. in-12, br.

156. **La Vie rurale,** par Autran. — Paris, chez Calmann Lévy, 1872, 1 vol. in-12, br.

157. **La Femme au XVIII° siècle,** par E. et J. DE GONDRE-
COURT. — Paris, chez Charpentier et C°, 1882. 1 vol.
in-12, br.

158. **Barbares et Bandits,** par P. DE SAINT-VICTOR. — Paris,
chez Calmann Lévy, 1883, 1 vol. in-12, br.

159. **Servitude et Grandeur,** par Alf. DE VIGNY, 15° édit. —
Paris, chez Calmann Lévy, 1882. 1 vol. in-12, br.

160. **Stello,** par Alf. DE VIGNY, 12° édit. — Paris, chez Calmann
Lévy, 1879, 1 vol. in-12, br.

161. **Théâtre complet d'Alfred de Vigny,** 12° édit. — Paris,
chez Calmann Lévy, 1882, 1 vol. in-12, br.

162. **Théâtre impossible,** par Ed. ABOUT, 2° édit. — Paris,
chez Hachette et C°, 1864, 1 vol. in-12, br.

163. **Le Faust ou le Magicien,** par CALDERON et GŒTHE, trad.
par J.-G. MAGNABAL. — Paris, chez Ernest Leroux, 1883.
1 vol. in-12, br.

164. **Scènes de la vie flamande,** par Henri CONSCIENCE. —
Paris, chez Calmann Lévy, 1882, 2 vol. in-18, br.

165. **Shakspeare, ses œuvres et ses critiques,** par MÉZIÈRES,
3° édit. — Paris, chez Hachette et C°, 1881. 1 vol. in-18, br.

166. **Contemporains et successeurs de Shakspeare,** par
MÉZIÈRES, 3° édit. — Paris, chez Hachette et C°, 1881,
1 vol. in-12, br.

167. **Comédies de Plaute,** trad. de SOMMER. — Paris, chez
Hachette et C°, 1876, 2 vol. in-12, br.

168. **Comédies de Térence,** trad. de Eug. TALBOT. — Paris,
chez Hachette et C°, 1882, 2 vol. in-12, br.

169. **Portraits intimes du XVIII° siècle,** par Ed. et Jules DE
GONCOURT. — Paris, chez G. Charpentier, 1879, 1 vol.
in-12, br.

170. **Œuvres complètes de Virgile,** trad. par CABARET-
DUPATY. — Paris, chez Hachette et C°, 1882, 1 vol.
in-12, br.

171. **Juvénal et Perse,** trad. par DESPOIS. 3° édit. — Paris,
chez Hachette et C°, 1886, 1 vol. in-12, br.

172. **Etudes et Portraits,** par CUVILLIER-FLEURY. — Paris,
chez Michel Lévy frères, 1865, 2 vol. in-12, br.

173. **Dick-Moon en France,** par Francis WEY. — Paris, chez
Hachette et C°, 1863, 1 vol. in-12, br.

174. **Œuvres diverses,** par RICHTER, trad. par Em. ROUSSE. — Paris, chez Hachette et Cⁱᵉ, 1885, 1 vol. in-12, br.

175. **Contes fantastiques,** de HOFFMANN, trad. de MARMIER. — Paris, chez G. Charpentier et Cⁱᵉ, 1 vol. in-12, br.

176. **Paris en Amérique,** par René LEFÈBVRE. 34ᵉ édit. — Paris, chez G. Charpentier, 1884, 4 vol. in-12, br.

177. **Théâtre de Tirso,** de MOLINA, trad. d'Alphonse ROYER. — — Paris, chez Michel Lévy frères, 1863, 1 vol. in-12, br.

178. **Œuvres en prose,** par André CHÉNIER, avec not. de L. BECQ DE FOUQUIÈRES. — Paris, chez Charpentier et Cⁱᵉ, 1885, 1 vol. in-18, br.

179. **Souvenirs de jeunesse,** par Ch. NODIER, 10ᵉ édit. — Paris, chez G. Charpentier, 1 vol. in-18, br.

180. **Nouvelles et Mélanges,** par Charles DE BERNARD. — Paris, chez Michel Lévy frères, 1854, 1 vol. in-12, br.

181. **Poésies et Théâtre,** par Charles DE BERNARD. — Paris, chez Michel Lévy frères, 1855, 1 vol. in-12, br.

182. **Mireille,** par MISTRAL, trad. par RIGAUD, 4ᵉ édit. — Paris, chez Hachette et Cⁱᵉ, 1884, 1 vol. in-12, br.

183. **Recueillements poétiques,** par A. DE LAMARTINE. — Paris, chez Hachette et Cⁱᵉ, 1877, 1 vol. in-12, demi-rel.

184. **L'Art au XVIIIᵉ siècle,** par E. et J. DE GONDRECOURT. — Paris, chez Charpentier et Cⁱᵉ, 1881, 3 vol. in-12, br.

185. **Les Soirées de Saint-Pétersbourg,** par le comte DE MAISTRE. — Lyon, chez Vitte et Perrusset, 1884, 2 vol. in-12, br.

186. **Carmen,** par Prosper MÉRIMÉE, 14ᵉ édit. — Paris, chez Calmann Lévy, 1885, 1 vol. in-12, br.

187. **Souvenir de la vie militaire en Afrique,** par le comte DE CASTELLANE. — Paris, chez Calmann Lévy, 1875, 1 vol. in-12, br.

188. **Les Hommes en exil,** précédé de **Mes Fils,** de Victor HUGO, par Ch. HUGO. — Paris, chez Alph. Lemerre, 1875, 1 vol. in-12, br.

189. **Nos Auteurs dramatiques,** par Em. ZOLA. — Paris, chez Charpentier et Cⁱᵉ, 1881, 1 vol. in-12, br.

190. **Documents littéraires,** par Em. ZOLA, 2ᵉ édit. — Paris, chez Charpentier et Cⁱᵉ, 1884, 1 vol. in-12, br.

191. **Quelques pages d'histoire contemporaine,** par Prévot Paradol. — Paris, chez Michel Lévy frères, 1868, 4 vol. in-12, br.

192. **Lady Lisle,** par Braddon, trad. de l'anglais par Bernard-Desrones. — Paris, chez Hachette et Cie, 1882, 1 vol. in-12, br.

193. **Œuvres de P.-L. Courrier.** — Paris, chez Garnier frères, 1885, 1 vol. in-12, br.

194. **Eloge de Fontenelle,** par Francisque Bouiller. — Paris, chez Garnier et Cie, 1 vol. in-12, br.

195. **Dialogues sur l'éloquence de Fénélon.** — Paris, chez Garnier frères, 1 vol. in-12, br.

196. **Histoire et Critiques,** par Maxime du Camp. — Paris, chez Hachette et Cie, 1877, 1 vol. in-12, br.

197. **Souvenirs et Portraits,** par de Lamartine. — Paris, chez Hachette et Cie, 1866, 4 vol. in-12, br.

198. **Lettres de Guizot à sa famille et à ses amis.** — Paris, chez Hachette et Cie, 1884, 1 vol. in-12. br.

199. **Nos Morts contemporains,** par Em. Montégut. — Paris, chez Hachette et Cie, 1883, 2 vol. in-12, br.

200. **Histoire des Poètes et Romanciers,** par Cuvillier-Fleury. — Paris, chez Michel Lévy frères, 1863, 2 vol. in-12, br.

201. **Etudes et Portraits,** par Cuvillier-Fleury. — Paris, chez Michel Lévy frères, 1868, 2 vol. in-12, br.

202. **Etudes historiques et littéraires,** par Cuvillier-Fleury, nouv. édit. — Paris, chez Calmann Lévy, 1881, 2 vol. in-12, br.

203. **Nouvelles Etudes historiques et littéraires,** par Cuvillier-Fleury. — Paris, chez Michel Lévy frères, 1885, 1 vol. in-12, br.

204. **Dernières Etudes historiques et littéraires,** par Cuvillier-Fleury. — Paris, chez Michel Lévy frères, 2 vol. in-12, br.

205. **Les libres-penseurs,** par Louis Veuillot. 8e édit. — Paris, à la Librairie catholique, 1886, 1 vol. in-12, br.

206. **Répertoire de Shakspeare,** par Jane Brown. — Paris, chez Em. Perrin, 1885, 1 vol. in-12, br.

207. **Ma Jeunesse,** par Michelet, 5e édit. — Paris, chez Calmann Lévy, 1884, 1 vol. in-12, br.

208. **Œuvres choisies de Lamartine.** — Paris, chez Jouvet et Cᵉ et Hachette et Cᵉ, 1887, 1 vol. in-12, br.

209. **L'Œuvre de Victor Hugo,** édit. des écoles. — Paris, chez Hetzel-Quantin, 1887, 1 vol. in-12, br.

210. **L'Œuvre d'Alfred de Musset** (extraits), avec portr. — Paris, chez Charpentier et Cᵉ, 1887, 1 vol. in-12, br.

211. **Un Poète du foyer, Eugène Manuel,** par Coquelin. — Paris, chez Paul Ollendorff, 1881, 1 vol. in-12, br.

212. **Discours populaires de Laboulaye.** — Paris, chez Charpentier et Cᵉ, 1880, 1 vol. in-12, br.

213. **Le Galoubet,** par Fernand Beissier. — Paris, chez Henri Jouve, 1885, 1 vol. in-12, br.

214. **La Joie fait peur. Le Chapeau d'un Horloger,** par Mᵐᵉ Emile de Girardin. — Paris, chez Calmann Lévy, 1881, 1 vol. in-12, br.

215. **Les Odeurs de Paris,** par Louis Veuillot, 5ᵉ édit. — Paris, chez Palmé, 1867, 1 vol. in-12, br.

216. **La Guerre,** par Erckmann-Chatrian, 2ᵉ édit. — Paris, chez J. Hetzel, 1866, 1 vol. in-12, br.

217. **Nos bons Bourgeois,** comédie de V. Sardou. — Paris, chez Michel Lévy frères, 1867, 1 vol. in-12, br.

218. **Les Volontaires de 1814,** drame de V. Séjour. — Paris, chez Michel Lévy frères, 1862, 1 vol. in-12, br.

219. **Nos Intimes,** comédie de V. Sardou. — Paris, chez Michel Lévy frères, 1862, 1 vol. in-12, br.

220. **Les Pommes du Voisin,** comédie de V. Sardou. — Paris, chez Michel Lévy frères, 1865, 1 vol. in-12, br.

221. **Les vieux Garçons,** comédie de V. Sardou, 3ᵉ édit. — Paris, chez Michel Lévy frères, 1865, 1 vol. in-12, br.

222. **La Maison de Pénarwan,** comédie de Jules Sandeau. — Paris, chez Michel Lévy frères, 1864, 1 vol. in-12, br.

223. **Le Juif polonais,** drame de Erckmann-Chatrian. — Paris, chez Hetzel et Cᵉ, 1 vol. in-12, br.

224. **La Bourse,** comédie de François Ponsard. — Paris, chez Michel Lévy frères, 1856, 1 vol. in-12, br.

225. **Cinq jours du Siège de Calais,** par J.-M. Morellet. — Paris, chez Hachette et Cᵉ, 1866, 1 vol. in-12, br.

226. **Malheur aux Vaincus,** comédie de Th. BARRIÈRE, 4ᵉ édit.
— Paris, chez Michel Lévy frères, 1886, 1 vol. in-12, br.

227. **Le Retour du Mari,** comédie de Mario HUCHARD. — Paris,
chez Michel Lévy frères, 1858, 1 vol. in-12, br.

228. **Le Péril national,** par Raoul FRARY, 8ᵉ édit. — Paris,
chez Léopold Cerf, 1884, 1 vol. in-18, br.

229. **Les Blasphèmes,** par Jean RICHEPIN, 22ᵉ édit. — Paris,
Paris, chez Maurice Dreyfous, 1884, 1 vol. in-18, br.

ROMANS ET DIVERS

1. **Les œuvres de Fenimor Cooper,** trad., avec vign. — Paris, chez Furne, Jouvet et Cie, 3 vol. in-4, demi-rel.

2. **Le Bravo,** par Fen. COOPER, trad. de FAUCOMPRET, avec grav. — Paris, chez Furne, Jouvet et Cie, 1 vol. in-8, demi-rel.

3. **Mercédès de Castille,** par Fen. COOPER, trad. de FAUCOMPRET, avec grav. — Paris, chez Furne, Jouvet et Cie, 1 vol. in-8, demi-rel.

4. **Les deux Amiraux,** par Fen. COOPER, trad. de FAUCOMPRET, avec grav. — Paris, chez Furne, Jouvet et Cie, 1 vol. in-8, demi-rel.

5. **Le feu follet,** par Fen. COOPER, trad. de FAUCOMPRET, avec grav. — Paris, chez Furne, Jouvet et Cie, 1 vol. in-8, demi-rel.

6. **Le Wyandotté,** par Fen. COOPER, trad. de FAUCOMPRET, avec grav. — Paris, chez Furne, Jouvet et Cie, 1 vol. in-8, demi-rel.

7. **Ravensneck,** par Fen. COOPER, trad. de FAUCOMPRET, avec grav. — Paris, chez Furne, Jouvet et Cie, 1 vol. in-8, demi-rel.

8. **Le Cratère,** par Fen. COOPER, trad. de FAUCOMPRET, avec grav. — Paris, chez Furne, Jouvet et Cie, 1 vol. in-8, demi-rel.

9. **Mœurs du jour,** par Fen. COOPER, trad. de FAUCOMPRET, avec grav. — Paris, chez Furne, Jouvet et Cie, 1 vol. in-8, demi-rel.

10. **Les lions de mer,** par Fen. COOPER, trad. de FAUCOMPRET, avec grav. — Paris, chez Furne, Jouvet et Cie, 1 vol. in-8, demi-rel.

11. **Le dernier des Mohicans,** par Fen. COOPER, trad. de FAUCOMPRET. — Paris, chez Furne, Jouvet Cie, 1 vol. in-8, demi-rel.

12. **Précaution,** par Fen. COOPER, trad. de FAUCOMPRET, avec grav. — Paris, chez Furne, Jouvet et Cie, 1 vol. in-8, demi-rel.

13. **L'Espion,** par Fen. Cooper, trad. de Faucompret, avec grav. — Paris, chez Furne, Jouvet et Cie, 1 vol. in-8, demi-rel.

14. **Le Pilote,** par Fen. Cooper, trad. de Faucompret. -- Paris, chez Furne, Jouvet et Cie, 1 vol. in-8, demi-rel.

15. **Lionel Lincoln,** par Fen. Cooper, trad. de Faucompret, avec grav. — Paris, chez Furne, Jouvet et Cie, 1 vol. in-8, demi-rel.

16. **Les Pionniers,** par Fen. Cooper, trad. de Faucompret, avec grav. — Paris, chez Furne, Jouvet et Cie, 1 vol. in-8, demi-rel.

17. **La Prairie,** de Fen. Cooper, trad. de Faucompret. — Paris, chez Furne, Jouvet et Cie, 1 vol. in-8, demi-rel.

18. **Les Puritains,** par Fen. Cooper, trad. de Faucompret, avec grav. — Paris, chez Furne, Jouvet et Cie, 1 vol. in-8, demi-rel.

19. **Le Corsaire rouge,** par Fen. Cooper, trad. de Faucompret, avec grav. — Paris, chez Furne, Jouvet et Cie, 1 vol. in-8, demi-rel.

20. **Le Bourreau de Berne,** par Fen. Cooper, trad. de Faucompret. — Paris, chez Furne, Jouvet et Cie, 1 vol. in-8. demi-rel.

21. **Le Paquebot,** par Fen. Cooper, trad. de Faucompret, avec grav. — Paris, chez Furne, Jouvet et Cie, 1 vol. in-8, demi-rel.

22. **L'Ecumeur de mer,** par Fen. Cooper, trad. de Faucompret, avec grav. — Paris, chez Furne, Jouvet et Cie, 1 vol. in-8, demi-rel.

23. **L'habitation du désert,** par Mayne-Reide, trad. d'Arnold Le Français. — Paris, chez Hachette et Cie, 1875, 1 vol. in-12, demi-rel.

24. **Les Chasseurs de girafes,** par Mayne-Reide, avec grav., trad. de Vattermann. — Paris, chez Hachette et Cie, 1882, 1 vol. in-12, demi-rel.

25. **Guy Mannering,** de Walter Scott, trad. par Defaucomprey. — Paris, chez Firmin Didot frères, 1 vol. in-8, demi-rel.

26. **Ivanhoë,** de Walter Scott, trad. par Defaucomprey. — Paris, chez Firmin Didot frères, 1 vol. in-8, demi-rel.

27. **Kenilworth,** par Walter Scott, trad. par Defaucomprey. — Paris, chez Firmin Didot frères, 1 vol. in-8, demi-rel.

28. **Aventures de Nigel,** par Walter Scott, trad. par Defaucomprey. — Paris, chez Firmin Didot frères, 1 vol. in-8,
   demi-rel. (2 exempl.)

29. **Quentin Durwart,** par Walter Scott, trad. par Defaucomprey. — Paris, chez Firmin Didot frères, 1 vol. in-8,
   demi-rel.

30. **La fiancée de Lammermoor,** de Walter Scott, trad. par
   Defaucomprey. — Paris, chez Firmin Didot frères, 1 vol.
   in-8, demi-rel.

31. **Anne de Gerstein,** de Walter Scott, trad. par Defaucomprey. — Paris, chez Firmin Didot frères, 1 vol. in-8,
   demi-rel.

32. **Le Monastère,** de Walter Scott, trad. par Defaucomprey.
   — Paris, chez Firmin Didot frères, 1 vol. in-8, demi-rel.

33. **Rokeby,** de Walter Scott, trad. par Defaucomprey. —
   Paris, chez Firmin Didot frères, 1 vol. in-8, dem-rel.

34. **La Dame du Lac,** de Walter Scott, trad. par Defaucomprey. — Paris, chez Firmin Didot frères, 1 vol. in-8,
   demi-rel.

35. **Wawerley,** de Walter Scott, trad. par Defaucomprey. —
   Paris, chez Furne, Jouvet et Cie, 1 vol. in-8, demi-rel.

36. **Charles-le-Téméraire,** de Walter Scott, trad. par Defaucomprey. — Paris, chez Firmin Didot frères, 1 vol. in-8,
   demi-rel.

37. **Franck Oldefield,** de Wilson, trad. par Mme Le Page. —
   Toulouse, Librairie religieuse, 1874, 1 vol. in-8, demi-rel.

38. **Le Violoneux de la Sapinière,** par Mme Colomb, avec
   vign. — Paris, chez Hachette et Cie, 1877, 1 vol. in-8,
   demi-rel.

39. **César Biroteau,** par Balzac. — Paris, impr. par Barlé et
   Cie, 1838, 1 vol. in-8, demi-rel.

40. **L'Heidenmar,** de F. Cooper, trad. par Defaucomprey,
   avec grav. — Paris, chez Furne, Jouvet et Cie, 1 vol.
   in-8, demi-rel.

41. **Les Manikins,** de F. Cooper, trad. par Defaucomprey,
   avec grav. — Paris, chez Furne, Jouvet et Cie, 1 vol.
   in-8, demi-rel.

42. **Eve Effingham,** de F. Cooper, trad. par Defaucomprey,
   avec grav. — Paris, chez Furne, Jouvet et Cie, 1 vol.
   in-8, demi-rel.

43. **Le lac Ontario,** de F. Cooper, trad. par Defaucomprey. — Paris, chez Furne, Jouvet et Cie, 1 vol. in-8, demi-rel.

44. **Le Tueur de·daims,** de F. Cooper, trad. par Defaucomprey, avec grav. — Paris, chez Furne, Jouvet et Cie, 1 vol. in-8, demi-rel.

45. **A bord et à terre,** de F. Cooper, trad. par Defaucomprey, avec grav. — Paris, chez Furne, Jouvet et Cie, 1 vol. in-8, demi-rel.

46. **Lucie Harding,** de F. Cooper, trad. par Defaucomprey, avec grav. — Paris, chez Furne, Jouvet et Cie, 1845, 1 vol. in-8, demi-rel.

47. **Satanstoé,** de F. Cooper, trad. par Defaucomprey, avec grav. — Paris, chez Furne, Jouvet et Cie, 1 vol. in-8, demi-rel.

48. **Le porte-chaîne,** de F. Cooper, trad. par Defaucomprey. — Paris, chez Furne, Jouvet et Cie, 1 vol. in-8, demi-rel.

49. **La seconde Femme,** par Marlitt, trad. par Mme Em. Raymond, avec grav. — Paris, chez Firmin Didot, 1887, 1 vol. in-8, br.

49 *bis.* **Autour du poële,** par R. Gutafsson, avec vign., trad. par Ed. Labesse. — Paris, chez Firmin Didot et Cie, 1887, 1 vol. in-8, br.

49 *ter.* **La Benjamine,** par S. Blandy, avec grav. — Paris, chez Firmin Didot et Cie, 1887, 1 vol. in-8, br.

49 *quat.* **Dymitr le Cosaque,** par Et. Marcel, avec grav. — Paris, chez Firmin Didot et Cie, 1887, 1 vol. in-8, br.

50. **Le roman d'un brave homme,** par Ed. About. — Paris, chez Hachette et Cie, 1880, 1 vol. in-12, demi-rel.

51. **Madelon,** par Ed. About. — Paris, chez Hachette et Cie, 1880, 1 vol. in-12, demi-rel.

52. **Le Mari imprévu,** par Ed. About, 4e édit. — Paris, chez Hachette et Cie, 1876, 1 vol. in-12, demi-rel.

53. **Le marquis de Lanroze,** par Ed. About. — Paris, chez Hachette et Cie, 1880, 1 vol. in-12, demi-rel.

54. **A B C du Travailleur,** par Ed. About, 4e édit. — Paris, chez Hachette et Cie, 1882, 1 vol. in-12, demi-rel.

55. **Alsace,** par Ed. About, 3e édit. — Paris, chez Hachette et Cie, 1875, 1 vol. in-12, demi-rel.

56. **Les Mariages en province,** par Ed. About, 6e édit. — Paris, chez Hachette et Cie, 1880, 1 vol. in-16, demi-rel.

57. **Les vacances de la Comtesse**, par Ed. ABOUT. — Paris, chez Hachette et Cie, 1880, 1 vol. in-12, demi-rel.

58. **Le Turco,** par Ed. ABOUT. — Paris, chez Hachette et Cie, 1 vol. in-12, demi-rel.

59. **L'Infâme,** par Ed. ABOUT, 3e édit. — Paris, chez Hachette et Cie, 1880, 1 vol. in-12, demi-rel.

60. **Flânerie parisienne,** par Alf. D'ALMBERT. — Paris, à la Librairie théâtrale, 1856, 1 vol. in-12, demi-rel.

61. **Les Zouaves et les Chasseurs,** par le duc D'AUMALE. — Paris, chez Calmann Lévy, 1878, 1 vol. in-12, demi-rel.

62. **Œuvres choisies de Bernardin de Saint-Pierre,** par Em. MAILLARD. — Paris, chez   , 2 vol. in-12, demi-rel.

63. **Les Houilleurs de Poligny,** par El. BERTHET, 2e édit. — Paris, chez Hachette et Cie, 1878, 1 vol. in-12, demi-rel.

64. **Le Chasseur au chien d'arrêt,** par E. BLAZE, 5e édit. — Paris, chez N. Tresse, 1858, 1 vol. in-12, demi-rel.

65. **Scènes intimes,** par BORCHGRAVE. — Paris, chez Amyot, 1862, 1 vol. in-12, demi-rel.

66. **Une famille pendant la guerre,** par Mme B. BOISSONNAS. — Paris, chez Hetzel et Cie, 1878, 1 vol. in-12, demi-rel.

67. **Encouragements,** par BOUILLY, avec grav. — Paris, chez Deville, 1815, 1 vol. in-12, demi-rel.

68. **Le livre des jeunes filles,** par Mme Zulma CARRAUD. — Paris, chez Hachette et Cie, 1867, 1 vol. in-12, demi-rel.

69. **Une servante d'autrefois,** par Mme Zulma CARRAUD, 2e édit. — Paris, chez Hachette et Cie, 1869, 1 vol. in-12, demi-rel.

70. **Contez-nous cela,** par CÉLIÈRES, 2e édit. — Paris, typ. Hennuyer, 1869, 1 vol. in-12, demi-rel.

71. **Roman d'une honnête femme,** par Victor CHERBULIEZ, 8e édit. — Paris, chez Hachette et Cie, 1880, 1 vol. in-12, demi-rel.

72. **Le Fiancé de Mlle Saint-Maure,** par Victor CHERBULIEZ, 4e édit. — Paris, chez Hachette et Cie, 1878, 1 vol. in-12, demi-rel.

73. **L'aventure de Ladislas Bolski,** par Victor CHERBULIEZ. — Paris, chez Hachette et Cie, 1877, 1 vol. in-12, demi-rel.

74. **Samuel Brohl et Cie,** par Victor CHERBULIEZ. — Paris, chez Hachette et Cie, 1877, 1 vol. in-12, demi-rel.

75. **Paule Méré,** par Victor CHERBULIEZ, 4e édit. — Paris, chez Hachette et Cie, 1877, 1 vol. in-12, demi-rel.

76. **La revanche de Joseph Noiret,** par Victor CHERBULIEZ, 3e édit. — Paris, chez Hachette et Cie, 1878, 1 vol. in-12, demi-rel.

77. **Le comte Kostia,** par Victor CHERBULIEZ, 8e édit. — Paris, chez Hachette et Cie, 1879, 1 vol. in-12, demi-rel.

78. **Le Château du bonheur,** par COURET. — Toulon, chez Ch. Mihière et Cie, 1874, 1 vol. in-12, demi-rel.

79. **Lettres de mon Moulin,** par Alph. DAUDET. — Paris, chez J. Hetzel et Cie, 1 vol. in-12, demi-rel.

80. **Œuvres choisies de Xavier de Maistre,** avec notice de SAINTE-BEUVE, avec grav. — Paris, chez Garnier frères, 1876, 1 vol. in-12, cart.

81. **Œuvres complètes de Xavier de Maistre,** avec grav. — Paris, chez Hachette et Cie, 1881, 1 vol. in-12, br.

82. **Les cœurs dévoués,** par Alf. DES ESSARTS, 3e édit. — Paris, chez Ambroise Bray, 1870, 1 vol. in-12, demi-rel.

83. **La pièce de 20 francs,** par Marie CONSCIENCE, 2e édit. — Paris, chez Fischbacher, (sans date), 1 vol. in-16, demi-rel. (3 exempl.)

84. **Souvenirs des ambulances,** par DOMCOURT, avec grav. — Lille, chez J. Lefort, 1874, 1 vol. in-8, cart.

85. **La saison d'hiver à Paris,** par l'abbé DUCLOS. — Paris, chez Perisse frères, 1859, 1 vol. in-12, demi-rel.

86. **Histoire d'un Paysan,** par ERKMANN-CHATRIAN. — Paris, chez Hetzel et Cie, 1873, 4 vol. in-12, demi-rel.

87. **Histoire d'un Homme du peuple,** par ERKMANN-CHATRIAN, 9e édit. — Paris, chez Hetzel et Cie, 1 vol. in-12, demi-rel.

88. **Histoire d'un Conscrit de 1813,** par ERKMANN-CHATRIAN, 32e édit. — Paris, chez Hetzel et Cie, 1 vol. in-12, demi-rel.

89. **L'Invasion,** par ERKMANN-CHATRIAN, 13e édit. — Paris, chez Hetzel et Cie, 1 vol. in-12, demi-rel.

90. **Histoire d'un sous-maître,** par ERKMANN-CHATRIAN. — Paris, chez Hetzel et Cie, 1 vol. in-12, demi-rel.

91. **Le brigadier Frédéric,** par ERKMANN-CHATRIAN. — Paris, chez Hetzel et Cie, 1 vol. in-12, demi-rel.

92. **Le docteur Matheus,** par ERKMANN-CHATRIAN. — Paris, chez Hetzel et Cie, 1 vol. in-12, demi-rel.

93. **La Maison forestière,** par ERKMANN-CHATRIAN, 6ᵉ édit. — Paris, chez Hetzel et Cⁱᵉ, 1 vol. in-12, demi-rel.

94. **Maître Daniel Roch,** par ERKMANN-CHATRIAN. — Paris, chez Hetzel et Cⁱᵉ, 1 vol. in-12, demi-rel.

95. **Le Blocus,** par ERKMANN-CHATRIAN. — Paris, chez Hetzel et Cⁱᵉ, 1 vol. in-12, demi-rel.

96. **Contes des bords du Rhin,** par ERKMANN-CHATRIAN. — Paris, chez Hetzel et Cⁱᵉ, 1863, 1 vol. in-12, demi-rel.

97. **Costal l'Indien,** par Gab. FERRY, 4ᵉ édit. — Paris, chez Hachette et Cⁱᵉ, 1875, 1 vol. in-12, demi-rel.

98. **Scènes de la vie sauvage,** par Gab. FERRY. — Paris, chez Hachette et Cⁱᵉ, 1879, 1 vol. in-12, demi-rel.

99. **Le Coureur des bois,** par Gab. FERRY, 10 édit. — Paris, chez Hachette et Cⁱᵉ, 1880, 1 vol. in-12, demi-rel. (3 ex.)

100. **La vie réelle,** par Mᵐᵉ Math. FROMENT, 9ᵉ édit. — Paris, chez Ambroise Bray, 1861, 1 vol. in-12, demi-rel.

101. **Histoire de la butte des Moulins,** par FOURNIER. — Paris, chez F. Henry et J. Lepin, 1877, 1 vol. in-12, demi-rel.

102. **Voyages et Chasses,** par GÉRARD. — Paris, chez Michel Lévy frères, 1863, 1 vol. in-12, demi-rel.

103. **Le capitaine Fracasse,** par GAUTIER. — Paris, chez G. Charpentier, 1881, 2 vol. in-12, demi-rel.

104. **Contes d'une vieille fille à ses neveux,** par GIRARDIN. — 1 vol. in-12, demi-rel.

105. **Les Gentilshommes pauvres,** par le comte DE GRAMONT. — Paris, chez Hetzel et Cⁱᵉ, 1 vol. in-12, demi-rel.

106. **Les jeunes francs-tireurs,** par HENTY, avec grav. — Paris, 1 vol. in-12, demi-rel.

107. **Le violon de Franjolé,** par HOUSSAYE, 6ᵉ édit. — Paris, chez Hachette et Cⁱᵉ, 1859, 1 vol. in-12, demi-rel.

108. **La Famille,** par JANET. — Paris, chez Calmann Lévy, 1877, 1 vol. in-12, demi-rel.

109. **Clovis Bourbon,** par JONCHÈRE. — Paris, chez Lacroix, Verbœckhoven et Cⁱᵉ, 1868, 1 vol. in-12, demi-rel.

110. **Voyage autour de mon jardin,** par Alph. KARR. — Paris, chez Calmann Lévy, 1876, 1 vol. in-12, demi-rel.

111. **Souvenir d'un voyageur,** par LABOULAYE. — 1 vol. in-12, demi-rel.

112. **Lectures pour tous,** par DE LAMARTINE. — Paris, chez Hachette et Cie, 1877, 1 vol. in-12, demi-rel.

113. **Les Confidences,** par DE LAMARTINE. — Paris, chez Hachette et Cie, 1875, 1 vol. in-12, demi-rel.

114. **Les nouvelles Confidences,** par DE LAMARTINE. — Paris, chez Hachette et Cie, 1879, 1 vol. ie-12, demi-rel.

115. **Le Manuscrit de ma mère,** par DE LAMARTINE. — Paris, chez Hachette et Cie, 1879, 1 vol. in-12, demi-rel.

116. **Le Tailleur de pierres de Saint-Point,** par DE LAMARTINE. — Paris, chez Furne, Jouvet et Cie, 1873, 1 vol. in-12, demi-rel.

117. **Mœurs maritimes,** par DE LA LANDELLE. — Paris, chez Hachette et Cie, 1866, 1 vol. in-12, demi-rel.

118. **Un vaincu, Souvenir du général R. Lée,** par Mme BOISSONNAS. avec portr. — Paris, chez Hetzel et Cie, 1875, 1 vol. in-12, demi-rel.

119. **Pompeï,** par LEMERCIER, 23e édit. — Tours. chez Alf. Mame et fils, 1879, 1 vol. in-12, demi-rel.

120. **Harmonies providentielles,** par L'EVÊQUE. — Paris, imp. de Ch. Lahure, 1 vol. in-12. demi-rel.

121. **Les prix de vertu,** par F. LOCH et COULY D'ARAGON. — Paris, chez Garnier frères, 1858 2 vol. in-12, cemi-rel.

122. **Les hasards de la vie,** par X. MARMIER, 2e édit. — Paris, chez Hachette et Cie, 1878, 1 vol. in-12, demi-rel.

123. **Gazida,** par X. MARMIER, 2e édit. — Paris, chez Hachette et Cie, 1879, 1 vol. in-12, demi-rel.

124. **Histoire d'un pauvre musicien,** par X. MARMIER. — Paris, chez Hachette et Cie, 1 vol. in-12, demi-rel.

125. **Mémoires d'un Orphelin,** par X. MARMIER. — Paris, chez Hachette et Cie, 1865, 1 vol. in-12, demi-rel.

126. **Mémoires d'un enfant,** par MICHELET. — Paris, chez Hachette et Cie, 1880, 1 vol. in-12, demi-rel.

127. **Souvenirs d'un jeune Pasteur,** par MONNOT. — Paris, à la librairie Meyrueis, 1 vol. in-12, demi-rel.

128. **Contes fantastiques,** par Ch. NODIER. — Paris, chez Charpentier et Cie, 1861, 1 vol. in-12, demi-rel.

129. **Rosa,** par Mme de PRESSENSÉ, 15e édit. — Paris, à la librairie Meyrueis, 1 vol. in-12, demi-rel.

130. **Les colons du rivage,** par PORCHAT, 11e édit. — Paris, chez Delagrave et Cie, 1872, 1 vol. in-12, cart.

131. **Trois mois sous les neiges,** par Porchat, avec grav. —
Paris, chez Ch. Delagrave, 1875, 1 vol. in-12, demi-rel.

132. **Contes populaires de la Russie,** par Ralston. trad. par
L. Bruyère. — Paris, chez Hachette et Cie, 1874, 1 vol.
in-12, demi-rel.

133. **Jérôme Paturot,** par L. Reybaud. — Paris, chez Calmann
Lévy, 1879, 1 vol. in-12, demi-rel.

134. **Le chemin des écoliers,** par X. Saintine, avec portr. —
Paris, chez Hachette et Cie, 1877, 1 vol. in-12, demi-rel.

135. **Picciola,** par X. Saintine. — Paris, chez Hachette et Cie,
1877, 1 vol. in-12, demi-rel.

136. **Seul!!** par X. Saintine, 5e édit. — Paris, chez Hachette
et Cie, 1880, 1 vol. in-12, demi-rel.

137. **Corinne ou l'Italie,** par Mme de Stael. — Paris, chez
Firmin Didot frères, 1863, 1 vol. in-12, demi-rel.

138. **Le Ministère de l'enfance,** trad. de l'anglais par un
anonyme. 4e édit. — Toulouse, Société de Livres religieuse, 1867, 1 vol. in-12, demi-rel.

139. **Abdallah,** par un anonyme. — Paris, chez
1858, 1 vol. in-12, demi-rel.

140. **L'Empire des sources du Soleil,** par un anonyme. —
Paris, chez Ch. Meyrueis et Cie, 1860. 1 vol. in-12, demi-rel.

141. **Confessions d'un ouvrier,** par E. Souvestre. — Paris,
chez Michel Lévy frères, 1 vol. in-12, demi-rel.

142. **Riche et Pauvre,** par E. Souvestre. — Paris, chez Michel
Lévy frères, 1 vol. in-12, demi-rel.

143. **Au coin du feu,** par E. Souvestre. — Paris, chez Michel
Lévy frères, 1877. 1 vol. in-12, demi-rel.

144. **Pendant la moisson,** par E. Souvestre. — Paris, chez
Michel Lévy frères, 1874, 1 vol. in-12, demi-rel.

145. **Dans la prairie,** par E. Souvestre. — Paris, chez Michel
Lévy frères, 1877, 1 vol. in-12, demi-rel.

146. **Un philosophe sous les toits,** par E. Souvestre. —
Paris, chez Michel Lévy frères, 1876, 1 vol. in-12, demi-rel.

147. **Sous les filets,** par E. Souvestre. — Paris, chez Michel
Lévy frères. 1871, 1 vol. in-12, demi-rel.

148. **Histoires d'autrefois,** par E. Souvestre. — Paris, chez
Michel Lévy frères, 1 vol. in-12, demi-rel.

149. **L'Homme et l'Argent,** par E. Souvestre. — Paris, chez Michel Lévy frères, 1874, 1 vol. in-12, demi-rel.

150. **Le Mendiant de Saint-Roch,** par E. Souvestre. — Paris, chez Michel Lévy frères, 1 vol. in-12, demi-rel.

151. **Récits et Souvenirs,** par E. Souvestre. — Paris, chez Michel Lévy frères, 1 vol. in-12, demi-rel.

152. **Les Anges du foyer,** par E. Souvestre. — Paris, chez Michel Lévy frères, 1874, 1 vol. in-12, demi-rel.

153. **En quarantaine,** par E. Souvestre. — Paris, chez Michel Lévy frères, 1 vol. in-12, demi-rel.

154. **Loin du Pays,** par E. Souvestre. — Paris, chez Michel Lévy frères, 1865, 1 vol. in-12, demi-rel.

155. **Le Mât de cocagne,** par E. Souvestre. — Paris, chez Michel Lévy frères, 1872, 1 vol. in-12, demi-rel.

156. **Causeries historiques,** par E. Souvestre. — Paris, chez Michel Lévy frères, 1871, 2 vol. in-12, demi-rel.

157. **Au bord du lac,** par E. Souvestre. — Paris, chez Michel Lévy frères, 1 vol. in-12, demi-rel.

158. **Scènes de la vie intime,** par E. Souvestre. — Paris, chez Michel Lévy frères, 1 vol. in-12, demi-rel.

159. **Le Mémorial de famille,** par E. Souvestre. — Paris, chez Michel Lévy frères, 1 vol. in-12, demi-rel.

160. **Le Monde tel qu'il sera,** par E. Souvestre. — Paris, chez Michel Lévy frères, 1871, 1 vol. in-12, demi-rel.

161. **Chronique de la Mer,** par E. Souvestre. — Paris, chez Michel Lévy frères, 1874, 1 vol. in-12, demi-rel.

162. **Les clairières,** par E. Souvestre. — Paris, chez Michel Lévy frères, 1870, 1 vol. in-12, demi-rel.

163. **Souvenirs d'un Bas-Breton,** par E. Souvestre. — Paris, chez Michel Lévy frères, 1860, 2 vol. in-12, demi-rel.

164. **Au bout du Monde,** par E. Souvestre. — Paris, chez Michel Lévy frères, 1 vol. in-12, demi-rel.

165. **Trois mois de vacances,** par E. Souvestre. — Paris, chez Michel Lévy frères, 1867, 1 vol. in-12, demi-rel.

166. **Les derniers Bretons,** par E. Souvestre. — Paris, chez Michel Lévy frères, 1866, 2 vol. in-12, demi-rel.

167. **Récits des Alpes, le Pasteur d'hommes,** par E. Souvestre. — Paris, chez Michel Lévy frères, 1877, 1 vol. in-12, demi-rel.

168. **La Case de l'Oncle Tom,** par Mis. B. Stowe. — Paris, 1 vol. in-12, demi-rel.

169. **Lettres d'Eugénie Guérin,** trad. par Trébucinet, 22e édit. — Paris, chez Didier et Cie, 1878, 1 vol. in-12, demi-rel.

170. **Profils et Grimaces,** par Vacquerie, 2e édit. — Paris, chez Michel Lévy frères, 1877, 1 vol. in-12, demi-rel.

171. **Le Chancellor,** par J. Verne. — Paris, chez Hetzel et Cie, 1 vol. in-8, demi-rel.

172. **Les enfants du capitaine Grant,** par J. Verne. — Paris, chez Hetzel et Cie, 1 vol. in-8, demi-rel.

173. **Hector Servadac,** par J. Verne. — Paris, chez Hetzel et Cie, 1 vol. in-8, demi-rel.

174. **L'Abandonné,** par J. Verne. — Paris, chez Hetzel et Cie, 1 vol. in-8, demi-rel.

175. **Souvenirs de Chasse,** par Viardot, 7e édit. — Paris, chez Hachette et Cie, 1859, 1 vol. in-12, demi-rel.

176. **Naomi,** par Webb, trad. par Dardier. — Toulouse, Librairie religieuse, 1873, 1 vol. in-12, demi-rel.

177. **La famille Spenser,** trad. de l'allemand par un anonyme. avec vign. — Toulouse, Librairie religieuse, 1872, 1 vol. in-12, demi-rel.

178. **Fabiola,** par un anonyme. — Limoges, imp. Barbou frères, 1 vol. in-12, demi-rel.

179. **La Fleur de famille,** par un anonyme, 4e édit., avec grav. — Toulouse, Librairie religieuse, 1870, 1 vol. in-12, demi-rel.

180. **L'Institutrice,** par un anonyme. — Paris, chez Ch. Meyrueis et Cie, 1862, 1 vol. in-12, demi-rel.

181. **Vie de Nicolas Nickleby,** par Dickens, trad. par Lorain. — Paris, chez Hachette et Cie, 1882, 1 vol. in-16, demi-rel.

182. **Le Vicaire de Wakefield,** par Golsmidt. trad par Mde Belloc. — Paris, chez Charpentier et Cie, 1876, 1 vol. in-16, demi-rel.

183. **Aventures de terre et de mer,** par Mayne-Reid, trad. par Revoil. — Paris, chez Hachette et Cie, 1874, 1 vol. in-16, demi-rel.

184. **Les veillées de Chasse,** par Mayne-Reid, trad. par Revoil. — Paris, chez Hachette et Cie, 1874, 1 vol. in-16, demi-rel.

185. **A fond de cale,** par Mayne-Reid, trad. par Revoil, avec grav. — Paris, chez Hachette et Cᵢₑ, 1872, 1 vol. in-16, demi-rel.

186. **Les vacances des jeunes Boërs,** par Mayne-Reid, trad. Mᵐᵉ Loreau. — Paris, chez Hachette et Cⁱᵉ, 1872, 1 vol. in-16, demi-rel.

187. **L'habitation du Désert,** par Mayne-Reid, trad. par d'Arnaud Le Français. — Paris, chez Hachette et Cⁱᵉ, 1875, 1 vol. in-16, demi-rel.

188. **Les Chasseurs de girafes,** par Mayne-Reid, avec grav., trad. par Wattermann. — Paris, chez Hachette et Cⁱᵉ, 1882, 1 vol. in-16, demi-rel.

189. **Le docteur Ox,** par J. Verne. — Paris, chez Hetzel et Cⁱᵉ, 2 vol. in-12, demi-rel.

190. **La Maison à vapeur,** par J. Verne. — Paris, chez Hetzel et Cⁱᵉ, 2 vol. in-12, demi-rel.

191. **Le Pays des fourrures,** par J. Verne. — Paris, chez Hetzel et Cⁱᵉ, 2 vol. in-12, demi-rel.

192. **L'Avare et son Trésor,** par X. Marmier. — Paris, imp. Lahure et Cⁱᵉ, 1 vol. in-12, demi-rel.

193. **Les Fiancés du Spitzberg,** par X. Marmier. — Paris, chez Hachette et Cⁱᵉ, 1880, 1 vol. in-12, demi-rel.

194. **Le Roman d'un héritier,** par X. Marmier, 2ᵉ édit. — Paris, chez Hachette et Cⁱᵉ, 1881, 1 vol. in-12, demi-rel.

195. **De l'Est à l'Ouest,** par X. Marmier. — Paris, chez Hachette et Cⁱᵉ, 1869, 1 vol. in-12, demi-rel.

196. **Les Mariages de Paris,** par Ed. About. — Paris, chez Hachette et Cⁱᵉ, 1 vol. in-12, demi-rel.

197. **Le Roi des montagnes,** par Ed. About, 14ᵉ édit. — Paris, chez Hachette et Cⁱᵉ, 1881, 1 vol. in-12, demi-rel.

198. **Prosper Randoce,** par Cherbuliez, 3ᵉ édit. — Paris, chez Hachette et Cⁱᵉ, 1878, 1 vol. in-12, demi-rel.

199. **L'idée de Jean Têterol,** par Cherbuliez. — Paris, chez 1 vol. in-12, demi-rel.

200. **Attala, René, Abencerrages, Natchez,** par Chateaubriand, avec grav. — Paris, chez Garnier frères, 1 vol. in-12, demi-rel.

201. **Raphaël,** par de Lamartine. — Paris, chez Germer-Baillière, 1858, 1 vol. in-12, demi-rel.

202. **Le capitaine de 15 ans,** par J. Verne. — Paris, chez
Hetzel et Cie, 1 vol. in-12, demi-rel.

203. **Les naufragés de l'air,** par J. Verne. — Paris, chez
Hetzel et Cie, 1 vol. in-12, d-mi-rel.

204. **Le Secret de l'Ile,** par J. Verne. — Paris, chez Hetzel et
Cie, 1 vol. in-12, demi-rel.

205. **L'Abandonné,** par J. Verne. — Paris, chez Hetzel et Cie,
1 vol. in-12, demi-rel.

206. **Les Filles du Président,** par Brenner-Pugez. — Paris,
chez Hetzel et Cie, 1 vol. in-12, demi-rel.

207. **Le Foyer domestique,** par Brenner-Pugez. — Paris,
chez Hetzel et Cie, 1 vol. in-12, demi-rel.

208. **Les Voisins,** par Brenner-Pugez. — Paris, chez Hetzel et
Cie, 1 vol. in-12, dem-rel.

209. **Mes Prisons,** par Silvio Pellico, avec vign. — Paris,
chez Garnier frères, 1 vol. in-12, demi-rel.

210. **La Pupille de la légion d'honneur,** par L. Enault. 3^e
édit. — Paris, chez Hachette et Cie, 1879, 2 vol. in-12,
demi-rel.

211. **Le Baptême de sang,** par L. Enault. — Paris, chez
Hachette et Cie, 1873, 2 vol. in-12, demi-rel.

212. **Les Perles noires,** par L. Enault. — Paris, chez Hachette
et Cie, 1872, 1 vol. in-12, demi-rel.

213. **Christine,** par L. Enault. — Paris, chez Hachette et Cie,
1 vol. in-12, demi-rel.

214. **La France républicaine,** par Clamageran. — Paris,
chez Garnier-Baillière, 1873, 1 vol. in-12, demi-rel.

215. **Les Exilés de la forêt,** par Mayne-Reid, trad. par Mme H.
Loreau. — Paris, chez Hachette et Cie, 1 vol. in-12,
demi-rel.

216. **Les Grimpeurs de rochers,** par Mayne-Reid. — Paris,
chez Hetzel et Cie, 1 vol. in-12, demi-rel.

217. **Les Peuples étrangers,** par Mayne-Reid. — Paris, chez
Hetzel et Cie, 1 vol. in-12, demi-rel.

218. **Brinn ou le Chasseur d'Ours,** par Mayne-Reid. — Paris,
chez Hetzel et Cie, 1 vol. in-12, demi-rel.

219. **Les Robinsons de terre ferme,** par Mayne-Reid. —
Paris, chez Hetzel et Cie, 1 vol. in-12, demi-rel.

220. **Les Planteurs de la Jamaïque,** par MAYNE-REID, 4e édit., avec vign. — Paris, chez Hetzel et Cie, 1 vol. in-12, demi-rel.

221. **La Passion du jeu,** par H. CONSCIENCE, trad. par COVELIERS. — Paris, chez Michel Lévy frères, 1864, 1 vol. in-12, demi-rel.

222. **La Tombe de fer,** par H. CONSCIENCE, trad. par COVELIERS. — Paris, chez Michel Lévy frères, 1864, 1 vol. in-12, demi-rel.

223. **Le Trône d'argent,** par X. EYMO. — Paris, chez Michel Lévy frères, 1860, 1 vol. in-12, demi-rel.

224. **Le Roi des tropiques,** par X. EYMO. — Paris, chez Michel Lévy frères, 1860, 1 vol. in-12, demi-rel.

225. **Le Conscrit de l'an VIII,** par FORVILLE. -- Paris, chez Michel Lévy frères, 1859, 1 vol. in-12, demi-rel.

226. **Les trois Royans,** par Roger DE BEAUVOIR. — Paris, chez Michel Lévy frères, 1882, 1 vol. in-12, demi-rel.

227. **Les Gentilshommes des grandes routes,** par AINSWORTH, trad. de REVOIL. — Paris, chez Michel Lévy frères, 1863, 2 vol. in-12, demi-rel.

228. **Captivité de l'amiral Bonard et de l'amiral Bruat,** par LOMON. — Paris, chez Hetzel et Cie, 1 vol. in-12, demi-rel.

229. **Pierre Mouton,** par L. REYBAUD. — Paris, chez Michel Lévy frères, 1861, 1 vol. in-12, demi-rel.

230. **Marie Broutin,** par REYBAUD. — Paris, chez Michel Lévy frères, 1 vol. in-12, demi-rel.

231. **Un Mariage sous l'Empire,** par Sophie GAY. — Paris, chez Michel Lévy frères, 1883, 1 vol. in-12, demi-rel.

232. **Le Chasseur de Sauvagine,** par Alex. DUMAS. — Paris, chez Michel Lévy frères, 1861, 1 vol. in-12, demi-rel.

233. **L'Orpheline,** par CHASTEAU. — Paris, chez E. Dentu, 1861, 1 vol. in-12, demi-rel.

234. **Marseille et les Marseillais,** par MÉRY. — Paris, chez Michel Lévy frères, 1844, 1 vol. in-12, demi-rel.

235. **La Chambre obscure,** par HILDEBRAND, trad. de L. VOCQUIER. — Paris, chez Michel Lévy frères, 1860, 1 vol. in-12, demi-rel.

236. **Une Conversion,** par le comte DE RAOUSSET-BOULBON. — Paris, chez Michel Lévy frères, 1863, 1 vol. in-12, demi-rel.

237. **Voyage à la Sierra Nevada,** par E. Reclus. — Paris, chez Hachette et Cⁱᵉ, 1861, 1 vol. in-12, demi-rel.

238. **Le jeune Docteur,** par H. Conscience, trad. par Félix Coveliers. — Paris, chez Michel Lévy frères, 1863, 1 vol. in-12, demi-rel.

239. **La Princesse de Clèves,** par Lafayette. — Paris, chez Garnier frères, 1859, 1 vol. in-12, demi-rel.

240. **La Mionette,** par Müller, 5ᵉ édit. — Paris, chez Hetzel et Cⁱᵉ, 1863, 1 vol. in-12, demi-rel.

241. **Hermine,** par Enault. — Paris, 1859, 1 vol. in-12, demi-rel.

242. **Chien Caillou,** par Champfleury. — Paris, chez Michel Lévy frères, 1860, 1 vol. in-12, demi-rel.

243. **Les Paysans de Westphalie,** par Ch. Immermann, trad. par Desfeuilles. — Paris, chez Hachette et Cⁱᵉ, 1860, 1 vol. in-12, demi-rel.

244. **Les Nuits d'Orient,** par Méry. — Paris, chez Michel Lévy frères, 1859, 1 vol. in-12, demi-rel.

245. **Le Tribun de Gand,** par H. Conscience, trad. de Léon Vocquier. — Paris, chez Michel Lévy frères, 1861, 2 vol. in-12, demi-rel.

246. **Marier sa fille,** par Gréville. — Paris, chez Hachette et Cⁱᵉ, 1 vol. in-12, demi-rel.

247. **La Dot réglementaire,** par Mᵐᵉ Claire de Chandeneux, 2ᵉ édit. — Paris, chez E. Plon et Cⁱᵉ, 1880, 1 vol. in-12, demi-rel.

248. **L'Abbé Constantin,** par Halévy. — Paris, chez Calmann Lévy, 1882, 1 vol. in-12, demi-rel.

249. **Madame Lambelle,** par Toudouze, 7ᵉ édit. — Paris, chez Victor Havard, 1882, 1 vol. in-12, demi-rel.

250. **Aventures des temps passés,** par Molènes. — Paris, chez Michel Lévy frères, 1860, 1 vol. in-12, demi-rel.

251. **Nouvelles américaines,** par Mis. Bœcher-Stowe, trad. par A. Viollet. — Paris, chez Charpentier, 1853, 1 vol. in-12, demi-rel.

252. **Mémoires de Garibaldi,** par Alex. Dumas. — Paris, chez Michel Lévy frères, 1860, 1 vol. in-12, demi-rel.

253. **Récits de la Vie réelle,** par Vignon. — Paris, chez Hetzel et Cⁱᵉ, 1859, 1 vol. in-12, demi-rel.

254. **Dominique**, par Fromentin. — Paris. chez Hachette et Cie, 1863, 1 vol. in-12, demi-rel.

255. **Histoire de quatre Fous et d'un Sage**, par Renaut. — Paris, chez Hachette et Cie, 1863. 1 vol. in-12, demi-rel.

256. **La Bavolette**. par Alfred de Musset. — Paris, chez Michel Lévy frères, 1858, 1 vol. in-12, demi-rel.

257. **Père et Enfants**, par Tourguéneff. — Paris, chez Charpentier, 1865, 1 vol. in-12, demi-rel.

258. **Voyage et Voyageurs**, par Cuvillier-Fleury. — Paris, chez Michel Lévy frères, 1856, 1 vol. in-12, demi-rel.

259. **La Marquise sanglante**, par Mme d'Ash. — Paris, à la Librairie nouvelle. 1859, 1 vol. in-12, demi-rel.

260. **La grande Dame**. par Eug. Sue. — Paris, chez Michel Lévy frères, 1862, 1 vol. in-12, demi-rel.

261. **Le Tueur de Panthères**. par Bombonel. 4e édit. — Paris, chez Hachette et Cie. 1878, 1 vol. in-12, demi-rel.

262. **Le Salon du Diable**, par la comtesse d'Ash. — 1 vol. in-12, demi-rel.

263. **Les Fiancés**. par Manzoni. trad. de Rey Dusseuil. — Paris, chez Charpentier. 1879. 1 vol. in-12, demi-rel.

264. **Colomba**, par Prosper Mérimée. — Paris, chez Calmann Lévy, 1882, 1 vol. in-12, demi-rel.

265. **Le Robinson Suisse**, par Wiss, trad. par Muller. 21e édit., avec vign. — Tours, chez Mame et fils, 1879, 2 vol. in-12, demi-rel.

266. **Robinson Crusoé**, par D. de Foé. avec grav. — Tours, chez Mame et fils, 1871, 2 vol. in-12, demi-rel.

267. **Les histoires de mon Parrain**, par Stahl, 4e édit. — Paris, chez Hetzel et Cie, 1 vol. in-12, demi-rel.

268. **Histoire d'une Famille hollandaise**, par Stahl. 4e édit. — Paris, chez Hetzel et Cie, 1 vol. in-12, demi-rel.

269. **Maroussia**, par Stahl, 5e édit. — Paris, chez Hetzel et Cie, 1 vol. in-12, demi-rel.

270. **La Famille Chester**, par Stahl, 2e édit. — Paris, chez Hetzel et Cie, 1 vol. in-12, demi-rel.

271. **Histoire d'un Ane et de deux jeunes filles**, par Stahl, 5e édit. — Paris, chez Hetzel et Cie. 1 vol. in-12, demi-rel.

272. **Œuvres de Madame de Lafayette**, par Stahl. — Paris, chez Garnier frères, 1 vol. in-12, demi-rel.

273. **Le Moulin Frappier,** par GRÉVILLE, 9e édit. — Paris, chez E. Plon et Cie, 1881, 2 vol. in-12, demi-rel.

274. **Rosa et Gertrude,** par TOPFFER. — Paris, chez Hachette et Cie, 1882, 1 vol. in-12, demi-rel.

275. **Le Presbytère,** par TOPFFER. — Paris, chez Hachette et Cie, 1882, 1 vol. in-12, demi-rel.

276. **Nouvelles genevoises,** par TOPFFER. — Paris, chez Hachette et Cie, 1882, 1 vol. in-12, demi-rel.

277. **Réflexions et menus Propos d'un Peintre,** par TOPFFER. — Paris, chez Hachette et Cie, 1878, 1 vol. in-12, demi-rel.

278. **Michel Strogoff,** par Jules VERNE. — Paris, chez Hetzel et Cie, 2 vol. in-12, demi-rel.

279. **Le Camarade de voyage,** contes d'ANDERSEN, trad. de GRÉGOIRE et MOLAND, avec grav. — Paris, chez Garnier frères, 1 vol. in-12, demi-rel.

280. **Le Coffre volant,** par ANDERSEN, trad. par GRÉGOIRE et MOLAND, avec grav. — Paris, chez Garnier frères, 1 vol. in-12, demi-rel.

281. **L'Homme de Neige,** par ANDERSEN, trad. par GRÉGOIRE et MOLAND, avec grav. — Paris, chez Garnier frères, 1 vol. in-12, demi-rel.

282. **La Vierge des Glaciers,** par ANDERSEN, trad. par GRÉGOIRE et MOLAND, avec grav. — Paris, chez Garnier frères, 1 vol. in-12, demi-rel.

283. **Valdemar David,** par ANDERSEN, trad. par GRÉGOIRE et MOLAND, avec grav. — Paris, chez Garnier frères, 1 vol. in-12, demi-rel.

284. **La Veuve et ses Enfants,** par SCHWARTZ, trad. par L. PUGET. — Paris, chez Garnier frères, 1 vol. in-12, demi-rel.

285. **La Vie de famille dans le Nouveau-Monde,** par BREMER, trad. par Mlle DU PUGET. — Paris, chez Garnier frères, 1876, 1 vol. in-12, demi-rel.

286. **Contes et Nouvelles,** par MÉRY, 2e édit. — Paris, chez Hachette et Cie, 1860, 1 vol. in-12, demi-rel.

287. **La Fille du Capitaine,** par POUCKINE, trad. par VIARDOT. — Paris, chez Hachette et Cie, 1879, 1 vol. in-12, demi-rel.

288. **Les Aventures de Pickwick,** par DICKENS, trad. de GROLIER. — Paris, chez Hachette et Cie, 1881, 2 vol. in-12, demi-rel.

289. **Contes de Noël,** par Dickens, trad. de Lorain. — Paris. chez Hachette et Cⁱᵉ, 1881, 1 vol. in-12, demi-rel.

290. **David Copperfield,** par Dickens, trad. de Lorain. — Paris, chez Hachette et Cⁱᵉ, 1881, 2 vol. in-12, demi-rel.

291. **Ascanio,** par Alex. Dumas. — Paris, chez Calmann Lévy, 1881, 2 vol. in-12, demi-rel.

292. **Black,** par Alex. Dumas. — Paris, chez Michel Lévy frères, 1875, 1 vol. in-12, demi-rel.

293. **Joseph Balsamo,** par Alex. Dumas. — Paris, chez Calmann Lévy, 1881, 5 vol. in-12, demi-rel.

294. **La Dame de Montsoreau,** par Alex. Dumas. — Paris, chez Calmann Lévy, 1881, 3 vol. in-12, demi-rel.

295. **Nicolas Nickleby,** par Dickens, trad. de Lorain. — Paris, chez Hachette et Cⁱᵉ, 1882, 2 vol. in-12, demi-rel.

296. **Le Coricolo,** par Alex. Dumas. — Paris, chez Calmann Lévy, 1882, 2 vol. in-12, demi-rel.

297. **Le Saltéador,** par Alex. Dumas. — Paris, chez Calmann Lévy, 1877, 1 vol. in-12, demi-rel.

298. **La Croix de Berny,** par Mᵐᵉ de Girardin. — Paris, chez Calmann Lévy, 1882, 1 vol. in-12, demi-rel.

299. **Heva,** par Méry. — Paris, chez Calmann Lévy, 1876, 1 vol. in-12, demi-rel.

300. **La Floride,** par Méry. — Paris, chez Calmann Lévy, 1880, 1 vol. in-12, demi-rel.

301. **La Guerre de Nizam,** par Méry. — Paris, chez Calmann Lévy, 1877, 1 vol. in-12, demi-rel.

302. **L'Homme de Neige,** par George Sand. — Paris, chez Calmann Lévy, 1879, 3 vol. in-12, demi-rel.

303. **Le Marquis de Villemer,** par George Sand. — Paris, chez Michel Lévy frères, 1869, 1 vol. in-12, demi-rel.

304. **Un Hiver à Majorque,** par George Sand. — Paris, chez Michel Lévy frères, 1869, 1 vol. in-12, demi-rel.

305. **Catherine,** par Jules Sandeau. — Paris, chez Calmann Lévy, 1880, 1 vol. in-12, demi-rel.

306. **Sacs et Parchemin,** par Jules Sandeau. — Paris, chez Calmann Lévy, 1881, 1 vol. in-12, demi-rel.

307. **L'Allumeur de Réverbères,** par Miss Cummins. — Paris, chez Hachette et Cⁱᵉ, 1883, 1 vol. in-18, demi-rel.

308. **Le dernier Rendez-vous,** par Murger. — Paris, chez Michel Lévy frères, 1860, 1 vol. in-12, demi-rel.

309. **Les Veillées militaires de Balleydier,** par Murger. — Paris, chez Aimable Rigaud, 1874, 1 vol. in-12, demi-rel.

310. **Contes de Charles Nodier,** avec grav., 4e édit. — Paris, chez Hetzel et Cie, 2 vol. in-12, demi-rel.

311. **Mare au Diable,** par George Sand. — Paris, chez Michel Lévy frères, 1869, 1 vol. in-12, demi-rel.

312. **La petite Fadette,** par George Sand. — Paris, chez Calmann Lévy, 1881, 1 vol. in-12, demi-rel.

313. **Martin Chuzzelevitt,** par Dickens, trad. par Lorain. — Paris, chez Hachette et Cie, 1879, 2 vol. in-12, demi-rel.

314. **Histoire de Sybille,** par Oct. Feuillet, 35e édit. — Paris, chez Calmann Lévy, 1883, 1 vol. in-12, demi-rel.

315. **Monsieur de Camors,** par Oct. Feuillet, 30e édit. — Paris, chez Calmann Lévy, 1883, 1 vol. in-12, demi-rel.

316. **Mon Oncle Célestin,** par Hector Malot. — Paris, chez E. Dentu, 1 vol. in-12, demi-rel.

317. **Journal de Maurice Guérin,** trad. par Trébutien. — Paris, chez Victor Lecoffre, 1882. 1 vol. in-12, demi-rel.

318. **Xavier de Maistre. Œuvres choisies.** — Paris, chez Hachette et Cie, 1880, 1 vol. in-12, demi-rel.

319. **Sans Famille,** d'Hector Malot. 41e édit. — Paris, chez E. Dentu. 1883. 2 vol. in-12, demi-rel.

320. **La petite Sœur,** d'Hector Malot, 12e édit. — Paris, chez E. Dentu, 1883, 2 vol. in-12, demi-rel.

321. **Histoire d'un sous-maître,** par Erckmann-Chatrian. — Paris, chez Hetzel et Cie, 2 vol. in-12, demi-rel.

322. **Le Maître de Forges,** par Georges Ohnet, 89e édit. — Paris, chez P. Ollendorf, 1883. 1 vol. in-12, demi-rel.

323. **Le Château de Montbrun,** par Elie Berthet, 2e édit. — Paris, chez A. Cadot et Degorce, 1 vol. in-12, demi-rel.

324. **Sœur Marthe,** par Clémence Robert. — Paris, chez Arnaud de Vresse, 1863, 1 vol. in-12, demi-rel.

325. **Don Quichotte,** par Cervantès, trad. par Louis Viardot. Paris, chez Hachette et Cie, 1875, 1 vol. in-12, demi-rel.

326. **Le Béranger des Familles,** avec grav. — Paris, chez Garnier frères, 1 vol. in-12, demi-rel.

327. **Le Désert d'eau,** par MAYNE-REID, trad. d'ALLAURD. — Paris, chez Hetzel et Cⁱᵉ, 1 vol. in-12, br.

328. **Contez-nous cela,** par CELIÈRES, 4ᵉ édit. — Paris, chez Hennuyer, 1 vol. in-12, demi-rel.

329. **Sonia,** par GRÉVILLE, 25ᵉ édit. — Paris, Librairie Plon, 1883, 1 vol. in-12, demi-rel.

330. **Contes de Noël,** par DICKENS, trad. de LORAIN. — Paris, chez Hachette et Cⁱᵉ, 1880, 1 vol. in-12, demi-rel.

331. **Le Roman d'un brave Homme,** par Ed. ABOUT. — Paris, chez Hachette et Cⁱᵉ, 1880, 1 vol. in-12, demi-rel.

332. **Madame Thérèse,** par ERKMANN-CHATRIAN, 25ᵉ édit. — Paris, chez Hetzel et Cⁱᵉ, 1 vol. in-12, demi-rel.

333. **Nouvelles genevoises,** par TOPFFER. — Paris, chez Hachette et Cⁱᵉ, 1882, 1 vol. in-12, demi-rel.

334. **La Vie et les Aventures de Robinson Crusoé,** par FOÉ, avec grav. — Paris, chez Hachette et Cⁱᵉ, 1883, 1 vol. in-12, demi-rel.

335. **Les Planteurs de la Jamaïque,** par MAYNE-REID, 3ᵉ édit., avec grav. — Paris, chez Hetzel et Cⁱᵉ, 1 vol. in-12, demi-rel.

336. **Récits d'un Soldat,** par A. ACHARD. — Paris, chez Calmann Lévy, 1886, 1 vol. in-12, demi-rel.

337. **Les Soirées de Meudon,** par Em. SOUVESTRE. — Paris, chez Calmann Lévy, 1883, 1 vol. in-12, demi-rel.

338. **Contes d'une grand'mère, le Château de Pictordu,** par George SAND. — Paris, chez Calmann Lévy, 1879, 1 vol. in-12, demi-rel.

339. **Récits de tous les Pays,** par BENTZON. — Paris, chez Calmann Lévy, 1879, 1 vol. in-12, demi-rel.

340. **Olivier Twist,** par DICKENS, trad. par LORAIN. — Paris, chez Hachette et Cⁱᵉ, 1883, 1 vol. in-12, demi-rel.

341. **Chine et Japon,** par FONTPERTUIS. — Paris, chez Degorce-Cadet, 1882, 1 vol. in-12, demi-rel.

342. **Récits et menus Propos,** par S. GIRARDIN. — Paris, chez Hachette et Cⁱᵉ, 1882, 1 vol. in-12, demi-rel.

343. **Petite Histoire de la Révolution,** par GUILLON. — Paris, chez E. Martin, 1883, 1 vol. in-12, demi-rel.

344. **Le Tour de France par deux Enfants,** par BRUNO. — Paris, chez Vᵉ Eug. Belin et fils, 1883, 1 vol. in-12, demi-rel.

345. **Bonne Marie**, par H. Gréville. — 1 vol. in-18, br.

346. **Les petits Maraudeurs**, par Aubin. — Paris, chez H.-E.
Martin, 1883, 1 vol. in-12, demi-rel.

347. **Petites ignorances de la Conversation**, par Rozan, 10ᵉ
édit. — Paris, chez Ducrocq, 1881, 1 vol. in-12, demi-rel.

348. **L'Allumeur de Réverbères**, par Miss Cummins. — Paris,
chez Hachette et Cⁱᵉ, 1883, 1 vol. in-12, demi-rel.

349. **Jane Lyre ou les Mémoires d'une Institutrice**, par
Currer-Bell. — Paris, chez Hachette et 1883, 2 vol.
in-12, demi-rel.

350. **Sybil**, roman anglais, par Disraeli, trad. de Lorain. —
Paris, chez Hachette et Cⁱᵉ, 1881, 2 vol. in-12, demi-rel.

351. **Doit et Avoir**, par Freytag, trad. par Suckau. — Paris,
chez Hachette et Cⁱᵉ, 1880, 3 vol. in-12, demi-rel.

352. **Les deux Convicts**, par Gerstacker, trad. par B. Revoil.
— Paris, chez Hachette et Cⁱᵉ, 1880, 1 vol. in-12, demi-rel.

353. **Les Pirates du Mississipi**, par Gerstacker, trad. par B.
Revoil. — Paris, chez Hachette et Cⁱᵉ, 1880, 1 vol. in-12,
demi-rel.

354. **Tarass de Boulda**, par Nicolas Gogol, trad. par L.
Viardot. — Paris, chez Hachette et Cⁱᵉ, 1882, 1 vol. in-12,
demi-rel.

355. **La Caravane**, par Houff, trad. par Tallon, 4ᵉ édit. —
Paris, chez Hachette et Cⁱᵉ, 1877, 1 vol. in-12, demi-rel.

356. **La lettre rouge**, par Hawthorne, trad. par Forgues. —
Paris, chez Hachette et Cⁱᵉ, 1876, 1 vol. in-12, demi-rel.

357. **La Maison aux sept Pigeons**, par Hawthorne, trad.
par Forgues. — Paris, chez Hachette et Cⁱᵉ, 1876, 1 vol.
in-12, demi-rel.

358. **Perdus dans les Glaces**, par Hayes, trad. par Léon
Renard, avec grav. — Paris, chez Hachette et Cⁱᵉ, 1884,
1 vol. in-8, demi-rel.

359. **Contes américains**, par Intosch, avec grav., trad. de Mᵈᵉ
Dionis. — Paris, chez Hachette et Cⁱᵉ, 1868, 2 vol. in-12,
demi-rel.

360. **Chefs-d'œuvre de Papa Schmeltz**, par Célières. —
Paris, chez Hennuyer, 1881, vol. in-12, demi-rel.

361. **Henri Esmond**, par Thackeray, trad. par de Wailly. —
Paris, chez Hachette et Cⁱᵉ, 1882, 2 vol. in-12, demi-rel,

362. **La Foire aux Vanités,** par THACKERAY, trad. par G.
GUIFFREY. — Paris, chez Hachette et Cⁱᵉ, 1884, 2 vol.
in-12, demi-rel.

363. **Histoire de Pendennis,** par THACKERAY, trad. d'Ed.
SCHEFFTER. — Paris, chez Hachette et Cⁱᵉ, 1875, 3 vol.
in-12, demi-rel.

364. **Contes choisis,** par GRIMM frères, trad. par BAUDRY, avec
vign. — Paris, chez Hachette et Cⁱᵉ, 1881, 1 vol. in-12,
demi-rel.

365. **La Vie militaire,** par HACKLANDER, trad. par Léon LE
MAITRE. 4ᵉ édit. — Paris, chez Hachette et Cⁱᵉ, 1873, 4
vol. in-12, demi-rel.

366. **Le Magasin d'Antiquités,** par DICKENS, trad. de DES
ESSARTS. — Paris, chez Hachette et Cⁱᵉ, 1834, 2 vol.
in-12, demi-rel.

367. **Le livre de Snobs,** par THACKERAY, trad. par G. GUIF-
FREY. — Paris, chez Hachette et Cⁱᵉ, 1878, 1 vol. in-12,
demi-rel.

368. **La Vierge au Liban,** par ENAULT, 4ᵉ édit. — Paris, chez
Hachette et Cⁱᵉ, 1882, 1 vol. in-12, demi-rel.

369. **Les Tyrans de Village,** par Paul MEURICE. — Paris, chez
Michel Lévy frères. 1857. 1 vol. in-12, demi-rel.

370. **Histoire de ma Vie,** par George SAND. — Paris, chez
Calmann Lévy, 1879, 4 vol. in-12, demi-rel.

371. **Indiana,** par George SAND. — Paris, chez Calmann Lévy.
1883, 1 vol. in-12, demi-rel.

372. **Lettres d'un bon jeune Homme à sa Cousine Madeleine,** par Ed. ABOUT, 5ᵉ édit. — Paris, chez Calmann
Lévy, 1881. 1 vol. in-12, demi-rel.

373. **A B C du Travailleur,** par Ed. ABOUT. — Paris, chez
Hachette et Cⁱᵉ, 1882. 1 vol. in-12, demi-rel.

374. **Le Roman d'un jeune Homme pauvre,** par Oct. FEUIL-
NET. 88ᵉ édit. — Paris, chez Calmann Lévy, 1884, 1 vol.
in-12. demi-rel.

375. **Le Roman d'une Héritière,** par la comtesse D'ASH. —
Paris, chez Michel Lévy frères, 1886. 1 vol. in-12, demi-rel.

376. **Madelaine,** par Jules SANDEAU. — Paris, chez Charpentier
et Cⁱᵉ, 1884. 1 vol. in-12, demi-rel.

377. **Mademoiselle de la Seiglière,** par Jules SANDEAU. —
Paris, chez G. Charpentier et Cⁱᵉ, 1883. 1 vol. in-12,
demi-rel.

378. **Le Docteur Herbeau,** par Jules Sandeau. — Paris, chez Charpentier et Cⁱᵉ, 1883, 1 vol. in-12, demi-rel.

379. **Fernand,** par Jules Sandeau. — Paris, chez E. Charpentier et Cⁱᵉ. 1881, 1 vol. in-12, demi-rel.

380. **Mᵈᵉ de Sommerville,** par Jules Sandeau. — Paris, chez G. Charpentier, 1879, 1 vol. in-12, demi-rel.

381. **Deux Misères,** par Em. Souvestre. — Paris, chez Michel Lévy frères, 1871, 1 vol. in-12, demi-rel.

382. **La Goutte d'eau,** par Em. Souvestre. — Paris, chez Michel Lévy frères. 1873, 1 vol. in-12, demi-rel.

383. **La Maison rouge,** par Em. Souvestre. — Paris, chez Michel Lévy frères, 1872, 1 vol. in-12, demi-rel.

384. **Les Promenades matinales,** par Em. Souvestre. — Paris, chez Michel Lévy frères, 1866, 1 vol. in-12, demi-rel.

385. **Le Fils de Coralie,** par Delpit. 20ᵉ édit. — Paris, chez P. Ollendorf, 1883, 1 vol. in-12, demi-rel.

386. **Un Cheval de Phidias,** par Cherbuliez, 2ᵉ édit. — Paris, chez Michel Lévy frères, 1864, 1 vol. in-12, demi-rel.

387. **Le Roman d'un Spahi,** par Pierre Loti, 6ᵉ édit. — Paris, chez Calmann Lévy, 1884, 1 vol. in-12, demi-rel.

388. **La bêtise humaine,** par J. Noriac. — Paris, chez Calmann Lévy, 1880, 1 vol. in-12, demi-rel.

389. **Le Grain de sable,** par J. Noriac, 10ᵉ édit. — Paris, chez Michel Lévy frères, 1872, 1 vol. in-12, demi-rel.

390. **Histoires extraordinaires,** par Edgar Poé, trad. par Baudelaire. — Paris, chez Calmann Lévy, 1881, 1 vol. in-12, demi-rel.

391. **Nouvelles histoires extraordinaires,** par Edgar Poé, trad. par Baudelaire. — Paris, chez Calmann Lévy, 1882, 1 vol. in-12, demi-rel.

392. **Un Début dans la Magistrature,** par Jules Sandeau. — Paris, chez Calmann Lévy, 1881, 1 vol. in-18, demi-rel.

393. **La Maison Penarvau,** par Jules Sandeau. — Paris, chez Calmann Lévy, 1884, 1 vol. in-12, demi-rel.

394. **Nouvelles,** par Jules Sandeau. — Paris, chez Michel Lévy frères, 1866.

395. **Don Quichotte de la Manche,** par Cervantès, trad. par L. Viardot. — Paris, chez Hachette et Cⁱᵉ, 1875, 2 vol. in-12, demi-rel.

396. **Causeries,** par Alex. Dumas. — Paris, chez Calmann Lévy, 1860, 2 vol. in-12, br.

397. **Mémoires de Garibaldi,** par Alex. Dumas. — Paris, chez Calmann Lévy, 1866, 2 vol. in-12, br.

398. **Impressions de voyages sur les bords du Rhin,** par Alex. Dumas. — Paris, chez Calmann Lévy, 1866, 2 vol. in-12, demi-rel.

399. **Les deux Dianes,** par Alex. Dumas. — Paris, chez Calmann Lévy, 1882, 3 vol. in-12, demi-rel.

400. **Le Plébiscite,** par Erkmann-Chatrian. — Paris, chez Hetzel et Cie, 1 vol. in-8, demi-rel.

401. **Récits californiens,** par Bret-Harte, trad. par Bentzon. — Paris, chez Calmann Lévy, 1884, 1 vol. in-12, demi-rel.

402. **Olivier Maugant,** par Cherbuliez, 6e édit. — Paris, chez Hachette et Cie, 1885, 1 vol. in-

403. **La grande Marnière,** par Georges Ohnet. — Paris, chez Paul Ollendorf, 1 vol. in-12, br.

404. **Monsieur et Madame Fernel,** par Louis Ulbach. — Paris, chez Calmann Lévy, 1884, 1 vol. in-

405. **Nouveaux Récits californiens,** par Bret-Harte, trad. par Bentzon. — Paris, chez Calmann Lévy, 1884, 1 vol. in-12, br.

406. **Salambo,** par Gustave Flaubert. — Paris, chez Charpentier et Cie, 1885, 1 vol. in-12, br.

407. **Le petit Chose,** par Alph. Daudet, 25e édit. — Paris, chez Hetzel et Cie, 1 vol. in-12, br.

408. **Le Cochon de Saint Antoine,** par Charles Hugo. — Paris, chez Michel Lévy frères, 1865, 1 vol. in-12, br.

409. **Récits d'un Soldat,** par Amédée Achard. — Paris, chez Calmann Lévy, 1886, 1 vol. in-12, br.

410. **Duels et Duellistes,** par Roger de Beauvoir. — Paris, chez Calmann Lévy, 1885, 1 vol. in-12, br.

411. **Nouvelles,** par Mme Emile de Girardin. — Paris, chez Calmann Lévy, 1873, 1 vol. in-12, br.

412. **Le Cas de M. Guérin,** par Ed. About, 11e édit. — Paris, chez Calmann Lévy, 1885, 1 vol. in-12, br.

413. **Le Nez d'un Notaire,** par Ed. About, 13e édit. — Paris, chez Calmann Lévy, 1885, 1 vol. in-12, br.

414. **Ménagerie intime**, par Th. GAUTIER. — Paris, chez Alph. Lemerre, 1869, 1 vol. in-12, br.

415. **Pierrot et Caïn**. par Henri RIVIÈRE. — Paris, chez Hachette et Cⁱᵉ, 1860, 1 vol. in-12, br.

416. **Les jeunes France**, par Th. GAUTIER. — Paris, chez G. Charpentier et Cⁱᵉ, 1 vol. in-12, br.

417. **Les Serments des Hommes rouges**, par PONSON DU TERRAIL. — Paris, chez Calmann Lévy, 1880, 2 vol. in-12, demi-rel.

418. **Le Sphinx aux Perles**, par HALLER. — Paris, chez Calmann Lévy, 1884, 1 vol. in-12, demi-rel.

419. **Anne Séverin**. par Mᵐᵉ Augustus CRAVEN, 12ᵉ édit. — Paris, chez Didier et Cⁱᵉ, 1872, 1 vel. in-12, demi-rel.

420. **L'Etoile du Sud**, par Jules VERNE. — Paris, chez Hetzel et Cⁱᵉ, 1 vol. in-12, br.

421. **Les mille et une Nuits**, trad. de GALLAND, avec grav. — Paris, chez Berhardin-Bechet, 2 vol. in-8, br. Voir L. 20.

422. **La Famille Allain**, par Alph. KARR. — Paris. chez Michel Lévy frères, 1861, 1 vol. in-12, demi-rel.

423. **La vie réelle**, par Mᵐᵉ Mathilde FOAVILLE, 9ᵉ édit. — Paris, chez Ambroise Bray, 1861, 1 vol. in-12, demi-rel.

424. **William le Mousse**, par MAYNE-REID, trad. par ALLOUARD. — Paris, chez Hetzel et Cⁱᵉ, 1 vol. in-8, demi-rel.

425. **La lettre rouge**, par HAWTHORNE, trad. de FORGUES. — Paris, chez Hachette et Cⁱᵉ, 1876, 1 vol. in-12, demi-rel.

426. **Journal d'Eugénie Guérin**, trad. par TRÉBUTIEN, 35ᵉ édit. — Paris, chez Victor Lecoffre, 1881, 1 vol. in-12, demi-rel.

427. **Le petit Duc**, trad. par Eug. BERSIER, 2ᵉ édit. — Paris, chez Sandoz et Fischbacher, 1873, 1 vol. in-12, cart.

428. **Les jeunes France**, par Th. GAUTIER. — Paris, chez Charpentier et Cⁱᵉ, 1885, 1 vol. in-12, demi-rel.

429. **Les Coups d'épée de M. de la Guerche**, par Amédée ACHARD. — Paris, chez Calmann Lévy, 1 vol. in-12, br.

430. **Les Cosaques**, par le comte TOLSTOÏ. — Paris, chez Hachette et Cⁱᵉ, 1886, 1 vol. in-12, br.

431. **Solange de Croix-Saint-Luc**, par Alb. DELPIT, 32ᵉ édit. — Paris, chez Paul Ollendorf, 1886, 1 vol. in-12, br.

432. **La Maison des deux Barbeaux**, par André THEURIET, 7ᵉ édit. — Paris, chez Paul Ollendorf, 1885, 1 vol. in-12, br.

433. **Ange Pitou**, par Alex. Dumas. — Paris, chez Calmann Lévy, 1886, 2 vol. in-12, br.

434. **Fromond jeune et Risler aîné**, par Alph. Daudet, 75ᵉ édit. — Paris, chez Charpentier et Cⁱᵉ, 1886, 1 vol. in-12, br.

435. **Le Chevalier d'Harmental**, par Alex. Dumas. — Paris, chez Calmann Lévy, 1884, 1 vol. in-12, br.

436. **Sylvandire**, par Alex. Dumas. — Paris, chez Calmann Lévy, 1883, 1 vol. in-12, br.

437. **Monte Cristo**, par Alex. Dumas. — Paris, chez Calmann Lévy, 1887, 6 vol. in-12, br.

438. **Georges**, par Alex. Dumas. — Paris, chez Calmann Lévy, 1887, 1 vol. in-12, br.

439. **Les Quarante-Cinq**, par Alex. Dumas. — Paris, chez Calmann Lévy, 1886, 3 vol. in-12, br.

440. **Vingt ans après**, par Alex. Dumas. — Paris, chez Calmann Lévy, 1887, 3 vol. in-12, br.

441. **Les trois Mousquetaires**, par Alex. Dumas. — Paris, chez Calmann Lévy, 1886, 2 vol. in-12, br.

442. **Promenade autour d'un Village**, par George Sand. — Paris, chez Calmann Lévy, 1887, 1 vol. in-12, br.

443. **Aventures merveilleuses du capitaine Corcoran**, par Assolant, avec vign. de Neuville. — Paris, chez Hachette et Cⁱᵉ, 1886, 2 vol. in-12, br.

444. **Le Conscrit**, par Henri Conscience. — Paris, chez Calmann Lévy, 1884, 1 vol. in-12, br.

445. **Miette et Noré**, par Jean Ricard. — Paris, chez Paul Ollendorf, 1885, 1 vol. in-12, br.

446. **Elisabeth aux Cheveux d'or**, par Marlitt, trad. par Mᵐᵉ Emma Raymond, 8ᵉ édit. — Paris, chez Firmin Didot et Cⁱᵉ, 1886, 2 vol. in-18, br.

447. **La Faute du Père**, par Maryan, 2ᵉ édit. — Paris, chez Firmin Didot et Cⁱᵉ, 1886, 1 vol. in-18, br.

448. **Ellen Gordon**, par Maryan. — Paris, chez Firmin Didot et Cⁱᵉ, 1887, 1 vol. in-18, br.

449. **Le Secret de la vieille Demoiselle**, par Marlitt, trad. de l'allemand par Mᵐᵉ Emmeline Raymond, 11ᵉ édit. — Paris, chez Firmin Didot et Cⁱᵉ, 1887, 2 vol. in-18, br.

450. **La petite Princesse des bruyères**, par Marlitt, trad. de l'allemand par Mᵐᵉ Emmeline Raymond, 5ᵉ édit. — Paris, chez Firmin Didot et Cⁱᵉ, 1883, 2 vol. in-18, br.

451. **Rosa Trevern,** par Maryan, 5e édit. — Paris, chez Firmin Didot et Cie, 1886, 1 vol. in-18, br.

452. **Un Mariage à l'étranger,** par Mlle Marie Maréchal, 4e édit. — Paris, chez Firmin Didot et Cie, 1885, 1 vol. in-18, br.

453. **L'erreur d'Isabelle,** par Maryan, 3e édit. — Paris, chez Firmin Didot et Cie, 1885. 1 vol. in-18, br.

454. **L'Hôtel Woronzoff,** par Marie Maréchal, 3e édit. — Paris, chez Firmin Didot et Cie, 1883. 1 vol. in-18, br.

455. **La Roche-Noire,** par Marie Maréchal. 4e édit. — Paris, chez Firmin Didot et Cie. 1885, 1 vol. in-18, br.

456. **Le Manoir des Célibataires,** par Maryan, 4e édit. — Paris, chez Firmin Didot et Cie, 1886, 1 vol. in-18, br.

457. **Une Nichée de Gentilshommes,** par Ivan Tourgueneff, 4e édit. — Paris, chez Hetzel et Cie, 1 vol. in-18, br.

458. **Les deux Cousines,** roman chinois, par Stanislas Julien. 2e édit. — Paris, chez Didier et Cie, 1864, 2 vol. in-18, br.

459. **Histoire du bon vieux temps,** par Jules Glorwet. — Paris, chez Calmann Lévy, 1882, 1 vol. in-18, br.

460. **Récits champêtres,** par Eug. Muller. — Paris, chez Didier et Cie. 1873, 1 vol. in-18, br.

461. **Ivan l'imbécile,** par le comte Léon Tolstoï, trad. du russe par Halperine-Kaminski, 2e édit. — Paris, chez Perrin et Cie. 1887. 1 vol. in-18, br.

462. **Candidat!** par Jules Claretie. — Paris, chez Dentu et Cie, 1887, 1 vol. in-18, br.

463. **Histoire d'un Prince et d'une princesse,** par P.-J. Stahl. — Paris, chez Hetzel et Cie, 1 vol. in-18, br.

464. **Récits de Grève,** par Ch. Deslys. — Paris, chez Didier et Cie, 1878, 1 vol. in-18, br.

465. **Les Veillées flamandes,** par Henri Conscience. — Paris, chez Calmann Lévy, 1884, 1 vol. in-18, br.

466. **La Puissance des Ténèbres,** par le comte Léon Tolstoï, trad. par Halpérine. 2e édit. — Paris, chez Perrin et Cie, 1887, 1 vol. in-18, br.

467. **Aventures de trois Amis,** par Henri Rivière. — Paris, chez Michel Lévy, 1875, 1 vol. in-18, br.

468. **Nelly des Allouettes,** par Mme Céline Malraison. — Paris, chez Didier et Cie, 1879, 1 vol. in-18, br.

469. **Contes émouvants,** par Constant AMERO. — Paris, chez Didier et Cie, 1876, 1 vol. in-18, br.

470. **Jean de Thommeray,** par Jules SANDEAU, nouv. édit. — Paris, chez Calmann Lévy, 1879, 1 vol. in-18, br.

471. **Marthe,** par Marie GUERRIER DU HAUPT. 3e édit. — Paris, chez Didier et Cie, 1882, 1 vol. in-18, br.

472. **Fleurange,** par Mme Aug. CRAVEN, 26e édit. — Paris, chez Perrin et Cie, 1885, 2 vol. in-18, br.

473. **Nouvelles andalouses,** par Fernand CABALLERO, trad. par Germond DE LAVIGNE. — Paris, chez Hachette et Cie, 1882, 1 vol. in-18, br.

474. **Autour de la Table,** par George SAND. — Paris, chez Calmann Lévy, 1882, 1 vol. in-18, br.

475. **Les Bourgeois de Malinchard,** par CHAMPFLEURY. — Paris, chez E. Dentu, 1884, 1 vol. in-18, br.

476. **Les Cœurs hantés,** par Miss CUMMINS, trad. par Mlle DE MARCHES. — Paris, chez Hachette et Cie, 1886, 1 vol. in-18, br.

477. **Propos d'exil,** par Pierre LOTI, 17e édit. — Paris, chez Calmann Lévy, 1887, 1 vol. in-18, br.

478. **Récit d'une Sœur,** par Mme Aug. CRAVEN, 39e édit. — Paris, chez Perrin et Cie, 1885, 2 vol. in-18, br.

479. **Le petit Duc,** trad. de l'anglais par Mme BERSIER. — Paris, chez Sandoz et Fischbacher, 1873, 1 vol. in-18, cart.

480. **Chez le Conseiller,** par E. MARLITT, trad. par Emm. RAYMOND, 3e édit. — Paris, chez Firmin Didot et Cie, 1886, 2 vol. in-18, br.

481. **Gisèle, comtesse de l'Empire,** par E. MARLITT, trad. par Mme Emm. RAYMOND, 4e édit. — Paris, chez Firmin Didot et Cie, 1886, 2 vol. in-18, br.

482. **L'Héritage de Paule,** par MARYAN, 5e édit. — Paris, chez Firmin Didot et Cie, 1885, 1 vol. in-18, br.

483. **Mademoiselle Breval,** par S. DE LALAING. — Paris, chez Firmin Didot et Cie, 1886, 1 vol. in-18, br.

484. **Madeleine Green et la Nièce du Président,** par Mlle Marie MARÉCHAL. — Paris, chez Firmin Didot et Cie, 1886, 1 vol in-18, br.

485. **Deux Mariages,** par Paul BONHOMME. — Paris, chez Firmin Didot et Cie, 1886, 1 vol. in-18, br.

HISTOIRE

1. **Les grands Hommes de France** (Guerriers), par Gœpp et Cordier, avec portr. et cart. — Paris, chez Ducroq, 1874, 2 vol. in-8, demi-rel.

2. **Les grands Hommes de France** (Marins), par Gœpp et Cordier, avec portr. et cart. — Paris, chez Ducroq, 1873-1878, 2 vol. in-8, demi-rel.

3. **Etude sur la Monarchie prussienne**, par Lavisse. — Paris, chez Hachette et Cie, 1875, 1 vol. in-8, demi-rel.

4. **Biographie de François Villon**, par Longnon. — Paris, chez Henri Menu, 1877, 1 vol. in-8, demi-rel.

5. **Belfort et son Territoire**, par Lieblin, 2e édit., avec grav. — Mulhouse, chez Mme veuve Bader et Cie, 1877, 1 vol. in-8, demi-rel.

6. **L'abbé Martin, premier Directeur du Gymnase de Colmar**, par M. l'abbé Mercklen. — Colmar, chez J.-B. Jung, 1873, 1 vol. in-8, demi-rel.

7. **Toscane et Rome**, par Poujoulat. — Paris, chez Desobry, E. Magdeleine et Cie, 1840, 1 vol. in-8, demi-rel.

8. **Les Ducs de Bourgogne**, par Valentin. — Tours, chez Alph. Mame et Cie, 1876, 1 vol. in-8, cart.

9. **Histoire d'Italie**, par Vimercati, avec grav. — Paris, chez Henri et Charles Noblet, 1858, 1 vol. in-8, demi-rel.

10. **Histoire de la Marine française**, par Eug. Sue, avec grav. — Paris, chez Félix Bonnaire, 1835, 5 vol. in-8, demi-rel.

11. **Captivité de la Duchesse de Berry**, par Menière. — Paris, chez Calmann Lévy, 1882, 2 vol. in-8, demi-rel.

12. **La Tribune moderne, Chateaubriand, Fox, etc.**, par Villemain. — Paris, chez Michel Lévy frères, 1858, 2 vol. in-8, demi-rel.

13. **Marc-Aurèle**, par E. Renan. — Paris, chez Calmann Lévy, 1882, 1 vol. in-8, demi-rel.

14. **Histoire de France**, par Anquetil, continuée par E. de Malastrie, avec portr. — Paris, chez Philippe, 1838, 6 vol. in-8, demi-rel.

15. **Histoire du règne de Guillaume III,** par Macaulay, trad. par le vicomte de Peyronnet. — Paris, chez Garnier frères, 1875, 7 vol. in-8, br.

16. **Histoire de France,** par Michelet. — Paris, chez A. Lacroix, 1876-77, 19 vol. in-8, br.

17. **Le Mémorial de Sainte-Hélène,** par le comte de Lascases, avec vign. — Paris, chez Gust. Barba, 1 vol. in-4, br.

18. **Histoire des Croisades,** par Michaud, avec grav. — Paris, chez Jouvel et Cie, 4 vol. in-8, demi-rel.

19. **Cicéron et ses Amis,** par G. Boissier, 5e édit. — Paris, chez Hachette et Cie, 1879, 1 vol. in-12, demi-rel.

20. **Montcalm et Canada,** par Bonnechose, 3e édit., avec grav. et cart. — Paris, chez Hachette et Cie, 1879, 1 vol. in-12, demi-rel.

21. **De Montalembert en Franche-Comté,** par l'abbé Besson. — Besançon, chez Tubergue, 1872, 1 vol. in-12, demi-rel.

22. **Charles-Quint au Monastère de Saint-Just,** par Bertrand. — Paris, 1 vol. in-18, br.

23. **Vie d'Oberlin,** par Bernard, 2e édit. — Paris, chez Hachette et Cie, 1879, 1 vol. in-12, demi-rel.

24. **Histoire ancienne et moderne,** par Burette et Charpentier. — Paris, chez Chamerot, 1837, 4 vol. in-12, br.

25. **Le Siège de Bitsche,** par d'Alsème. — Paris, chez Dentu, 1877, 1 vol. in-12, demi-rel.

26. **Histoire de France,** de Bachelet. — Paris, chez A. Courcier, 1 vol. in-12, demi-rel.

27. **Souvenir de Solférino,** par Dumont, 4e édit. — Paris, chez Hachette et Cie, 1 vol. in-18, br.

28. **Souvenirs militaires,** par Fezensac, 3e édit. — Paris, chez J. Dumaine, 1870, 2 vol. in-12, demi-rel.

29. **Francs-Comtois et Suisses,** par Fleury. — Besançon, chez J. Jacquin, 1869, 1 vol. in-12, demi-rel.

30. **Histoire de la Butte des Moulins,** par Fournier, avec grav. — Paris, chez F. Henry et Lepin, 1877, 1 vol. in-12, demi-rel.

31. **La Guerre en province,** par de Freycinet. — Paris, chez Michel Lévy, 1872, 1 vol. in-12, demi-rel.

32. **La Cité antique,** par Fustel de Coulanges, 8e édit. — Paris, chez Hachette et Cie, 1880, 1 vol. in-12, demi-rel.

33. **Le Patriotisme,** par Gœpp et Ducoudray. — Paris, chez Hachette et Cⁱᵉ, 1878, 1 vol. in-12, demi-rel.

34. **Histoire de Charles XII,** par Voltaire. — Paris, chez Eug. Belin, 1 vol. in-12, cart.

35. **Guillaume-le-Conquérant,** par Guizot, 5ᵉ édit. — Paris, chez Hachette et Cⁱᵉ, 1867, 1 vol. in-12, br.

36. **Edouard III et les Bourgeois de Calais,** par Guizot, 4ᵉ édit. — Paris, chez Hachette et Cⁱᵉ, 1870, 1 vol. in-12, demi-rel.

37. **La Guerre franco-allemande,** par Fabre-Meissas, 2ᵉ édit. avec cart. — Paris, chez E. Plon et Cⁱᵉ, 1876, 1 vol. in-12, cart.

38. **Les Sièges de Paris,** par Borel d'Hauterive. — Paris, chez E. Dentu, 1871, 1 vol. in-12, demi-rel.

39. **Les grandes époques de la France,** par Hubault, 3 ex. — Paris, chez Delagrave, 1872, 3 vol. in-12, demi-rel.

40. **Souvenirs d'un Amiral,** par l'amiral J. de la Gravière. — Paris, chez Hachette et Cⁱᵉ, 1872, 2 vol. in-12, demi-rel.

41. **La Marine d'autrefois,** par l'amiral J. de la Gravière. — Paris, chez Hachette et Cⁱᵉ, 1865, 1 vol. in-12, demi-rel.

42. **La Marine d'aujourd'hui,** par l'amiral J. de la Gravière. — Paris, chez Hachette et Cⁱᵉ, 1872, 1 vol. in-12, demi-rel.

43. **Les Marins du XVᵉ et du XVIᵉ Siècles,** par l'amiral J. de la Gravière. — Paris, chez Plon et Cⁱᵉ, 1879, 2 vol. avec cart. et fig.

44. **Histoire anecdotique du Drapeau français,** par Lacroix. — Paris, chez André Sagnier, 1876, 1 vol. in-12, cart.

45. **Christophe Colomb,** par Lamartine. — Paris, chez Calmann Lévy, 1877, 1 vol. in-12, cart.

46. **Les Girondins,** par Lamartine. — Paris, chez Hachette et Cⁱᵉ, 1870, 6 vol. in-12, demi-rel.

47. **Naufrages et Sauvetages,** par de La Landelle. — Paris, chez Hachette et Cⁱᵉ, 1867, 1 vol. in-12, br.

48. **L'Alsace reconquise,** par Michel Laporte. — Paris, libr. Francklin, 1873, 2 vol. in-12, demi-rel.

49. **Histoire de la Turquie,** par Lavallée. — Paris, chez Hachette et Cⁱᵉ, 1859, 2 vol. in-12, cart.

50. **Histoire d'un prisonnier d'Adb-el-Kader,** par Langlois, avec dessins. — Paris, chez Henri Plon, 1859, 1 vol. in-12, demi-rel.

51. **La Révolution de Thermidor**, par Ch. D'HÉRICAULT. — Paris, chez Didier et Cⁱᵉ, 1878, 1 vol. in-18, br.

52. **L'Empire d'Allemagne**, par LEGOYT. — Paris, chez E. Dentu, 1877, 1 vol. in-12, demi-rel.

53. **Souvenirs d'un Officier de Zouaves**, par un anonyme. — Paris, chez Calmann Lévy, 1 vol. in-12, demi-rel.

54. **Jeanne d'Arc**, par MICHELET, 2ᵉ édit. — Paris, chez Hachette et Cⁱᵉ, 1863, 1 vol. in-12, demi-rel.

55. **Rivalité de François Iᵉʳ et de Charles-Quint**, par MIGNET. — Paris, chez Didier et Cⁱᵉ, 1876, 2 vol. in-12, demi-rel.

56. **Souvenirs de Bourgogne**, par MONTAIGUT. — Paris, chez Hachette et Cⁱᵉ, 1874, 1 vol. in-12, br.

57. **L'Année historique de Boulogne-sur-Mer**, par MORAND. — Boulogne-sur-Mer, chez Vᵉ Deligny, 1859, 1 vol. in-12, br.

58. **Souvenirs d'un Sibérien**, par PIOTROWSKI. — Paris, chez Hachette et Cⁱᵉ, 1872, 1 vol. in-12, demi-rel.

59. **Souvenirs et Mélanges**, par le comte D'HAUSSONVILLE, 2ᵉ édit. — Paris, chez Calmann Lévy, 1879, 1 vol. in-18, br.

60. **Campagne de 1815**, par Edg. QUINET. — Paris, chez Germer-Baillière, 1 vol. in-12, demi-rel.

61. **Grands faits de l'Histoire de France**, par RAFFY. — Paris, chez Aug. Durand, 1 vol. in-12, cart.

62. **Français et Russes**, par RAMBAUD. — Paris, chez Berger-Levrault, 1877, 1 vol. in-12, demi-rel.

63. **Les Marines de la France et de l'Angleterre**, par X. RAYMOND. — Paris, chez Hachette et Cⁱᵉ, 1863, 1 vol. in-12, cart.

64. **Les Français : Les grandes époques de leur histoire**, par RENDU, 5ᵉ édit. — Paris, chez Fourant et fils, 1873, 1 vol. in-12, demi-rel.

65. **Les Sièges mémorables des Français**, par ROBERT et H. ARNOUL. — Paris, chez J. Dumaine, 1855, 1 vol. in-12, br.

66. **Histoire des Empereurs romains**, extraite de CRÉVIER par J.-F. ROLLAND. — Lyon, chez Rolland, 1826, 5 vol. in-12, br.

67. **Histoire de Vauban**, par ROY. — 1 vol.

68. **Les Brienne de Lecce et d'Athènes**, par le comte Fernand SASSENAY. — Paris, chez Hachette et Cⁱᵉ, 1869, 1 vol. in-12, demi-rel.

69. **Watterloo,** par Thiers. — Paris, chez Furne, Jouvet et Cie, 1862, 1 vol. in-12, cart.

70. **Un séjour en France,** par Taine. 2e édit. — Paris, chez Hachette et Cie, 1872, 1 vol. in-12, demi-rel.

71. **La Terreur,** par Wallon. — Paris, chez Hachette et Cie, 1873, 2 vol. in-12, cart.

72. **Le général Kléber,** par le baron Ernouf. — Paris, chez Didier et Cie, 1870, 1 vol. in-18, br.

73. **Souvenirs des ambulances en 1870-1871,** par Doncourt, 3e édit. avec grav. — Lille et Paris, chez Lefort, 1874, 1 vol. in-12, demi-rel.

74. **Histoire de Fénélon,** par Roy, 3e édit., avec grav. — Tours, chez Mame et Cie, 1841, 1 vol. in-12, demi-rel.

75. **La Ligue d'Alsace,** par un anonyme, 1re série. — Paris, chez Lemerre, 1873, 1 vol. in-12, demi-rel.

76. **Histoire de la Révolution de 1848,** par A. de Lamartine, 4e édit. — Paris, chez Garnier frères, 1859, 2 vol. in-12, demi-rel.

77. **Mémoires de la Baronne d'Oberkirch.** — Paris, chez Charpentier, 1869, 2 vol. in-12, br.

78. **Introduction à l'Histoire de France,** par Duruy. — Paris, chez Hachette et Cie, 1874, 1 vol. in-12, br.

79. **Histoire de France,** par Duruy, avec cart. et grav. — Paris, chez Hachette et Cie, 1880, 2 vol. in-12, cart.

80. **Histoire grecque,** par Duruy. — Paris, chez Hachette et Cie, 1 vol. in-12, demi-rel.

81. **Histoire romaine,** par Duruy, 14e édit. — Paris, chez Hachette et Cie, 1879, 1 vol. in-12, br.

82. **Histoire du Moyen-Age,** par Duruy, 10e édit. — Paris, chez Hachette et Cie, 1880, 1 vol. in-12, br.

83. **Histoire des Temps modernes,** par Duruy, 9e édit. — Paris, chez Hachette et Cie, 1881, 1 vol. in-12, br.

84. **Histoire de la Russie,** par Rambaud, 2e édit. — Paris, chez Hachette et Cie, 1879, 1 vol. in-12, demi-rel. 2 ex.

85. **Histoire de la Navigation,** par Zurcher et Margolli. — Paris, chez Hetzel et Cie, 1 vol. in-12, br.

86. **Le Royaume d'Annam et les Annamites,** par Du Theil, avec cart. et grav. — Paris, chez E. Plon et Cie, 1879, 1 vol. in-12, demi-rel.

87. **La Révolution** suivie de la **Critique de la Révolution,** par Edg. QUINET, 9e édit. — Paris, chez Germer-Baillière et Cie, 3 vol..in-12, br.

88. **Hommes et Choses d'Allemagne,** par VALBERT. — Paris, chez Hachette et Cie, 1877, 1 vol. in-12, br.

89. **Jérôme Savonarole,** par PERRENS, 3e édit. — Paris, chez Hachette et Cie, 1859. 1 vol. in-12, br.

90. **Histoire et Critique,** par MACAULAY, trad. de LISSE et PETROZ. — Paris, chez Firmin Didot frères, 1860, 1 vol. in-12, demi-rel.

91. **Histoire d'Autriche et de Hongrie,** par SAINT-LÉGER. — Paris, chez Hachette et Cie, 1879, 1 vol. in-12, br.

92. **Histoire ancienne des peuples d'Orient,** par MASPERO. — Paris, chez Hachette et Cie, 1878, 1 vol. in-12, br.

93. **Histoire des Etats-Unis,** par Ed. LABOULAYE, 6e édit. — Paris, chez Didier et Cie, 1880, 2 vol. in-18, br.

94. **Etudes historiques,** par MIGNIER, 4e édit. — Paris, chez Didier et Cie, 1877, 1 vol. in-12, demi-rel.

95. **Histoire et Conquêtes de l'Angleterre,** par A. THIERRY. — Paris, chez Garnier frères, 4 vol. in-12, br.

96. **Récits des Mérovingiens,** par A. THIERRY. — Paris, chez Garnier frères, 2 vol. in-12, br.

97. **Le Thiers-Etat,** par A. THIERRY. — Paris, chez Garnier frères, 1882, 1 vol. in-12, br.

98. **Dix ans d'études historiques,** par A. THIERRY. — Paris, chez Garnier frères, 1 vol. in-12, demi-rel.

99. **Lettres sur l'Histoire de France,** par A. THIERRY. — Paris, chez Garnier frères, 1 vol. in-12, demi-rel.

100. **Histoire des origines du Gouvernement représentatif,** par GUIZOT. — Paris, chez Charpentier, 1880, 1 vol. in-18, br.

101. **Souvenirs et Correspondance de Mme de Caylus,** annotés par Em. RAUNIÉ. — Paris, chez Charpentier, 1881, 1 vol. in-12, br.

102. **Histoire de Grégoire VII,** par VILLEMAIN, 2e édit. avec portr. — Paris, chez Didier et Cie, 1874, 2 vol. in-8. br.

103. **Campagnes d'Italie, d'Egypte et de Syrie,** par NAPOLÉON. — Paris, chez Hachette et Cie, 1872, 3 vol. in-12, demi-rel.

104. **Portraits et Notices,** par Mignet, 4ᵉ édit. — Paris, chez Didier et Cⁱᵉ, 1877, 2 vol. in-12, demi-rel.

105. **République romaine,** par Michelet, 5ᵉ et 6ᵉ édit. — Paris, chez Calmann Lévy, 1876, 2 vol. in-12, demi-rel. 2 exempl.

106. **La Révolution d'Angleterre,** par Guizot, 12ᵉ édit. — Paris, chez Didier et Cⁱᵉ, 1882, 6 vol. in-12, br.

107. **Chroniques du temps de Charles IX,** par Mérimée. — Paris, chez Charpentier, 1 vol. in-12, demi-rel.

108. **Eloges historiques,** par Mignet, 2ᵉ édit. — Paris, chez Didier et Cⁱᵉ, 1878, 1 vol. in-12, demi-rel.

109. **Histoire de Russie,** par Rambaud. — Paris, chez Hachette et Cⁱᵉ, 1878, 1 vol. in-18, br.

110. **Histoire de la réunion de la Bretagne à la France,** par Dupuy. — Paris, chez Hachette et Cⁱᵉ, 1880, 2 vol. in-12, br.

111. **Histoire de Charles XII,** par Voltaire, nouv. édit. — Paris, chez Garnier frères, 1883, 1 vol. in-12, br.

112. **La Vie et les Découvertes de Christophe Colomb,** par Fern. Colanb, trad. par Eug. Muller. — Paris, chez Maurice Dreyfous, 1 vol. in-12, br.

113. **Kléber,** par H. Maze. — Paris, chez H.-E. Martin, 1880, 1 vol. in-12, br.

114. **La Défense nationale en 1792,** par Gaffarel. — Paris, chez Germer-Baillière, 1 vol. in-12, br.

115. **Histoire romaine,** par Talbot. — Paris, chez Alph. Lemerre, 1 vol. in-18, cart.

116. **Histoire des Temps modernes,** par Zevort. — Paris, chez Alph. Lemerre, 1881, 2 vol. in-18, cart.

117. **La Grèce ancienne,** par Combes. — Paris, chez Germer-Baillière, 1 vol. in-18, cart.

118. **Océans et Continents,** par Crove. — Paris, chez Germer-Baillière, 1 vol. in-18, cart.

119. **Histoire de la Terre,** par Crove. — Paris, chez Germer-Baillière, 1 vol. in-18, cart.

120. **Torrents, Fleuves, Canaux,** par Blerzy. — Paris, chez Germer-Baillière, 1 vol. in-18, cart.

121. **Colonies anglaises,** par Blerzy. — Paris, chez Germer-Baillière, 1 vol. in-18, cart.

122. **Histoire de Louis-Philippe,** par Zevort. — Paris, chez Germer-Baillière, 1 vol. in-18, br.

123. **Carnot,** par Dépasse. — Paris, chez H.-E. Martin, 1883, 1 vol. in-12, br.

124. **Histoire de France,** par Duruy, nouv. édit. — Paris, chez Hachette et Cie, 1883, 2 vol. in-12, br.

125. **Bayard,** par Hardy. — Paris, chez Dumaine, 1880, 1 vol. in-8, br.

126. **L'Opposition sous les Césars,** par Gaston Boissier. — Paris, chez Hachette et Cie, 1885, 1 vol. in-12, br.

127. **Commentaires de César,** par Napoléon III. — Paris, chez Hachette et Cie, 1872, 2 vol. in-12, br.

128. **Expédition des Deux-Siciles,** par Maxime Ducamp. — Paris, chez Bourdillat et Cie, 1861, 1 vol. in-12, br.

129. **Lettres d'Evrard,** par Lanfrey, nouv. édit. — Paris, chez Calmann Lévy, 1878, 1 vol. in-12, br.

130. **La Ligue,** par Vitet, nouv. édit. — Paris, chez Calmann Lévy, 1883, 2 vol. in-12, br.

131. **Promenades archéologiques, Rome et Pompeï,** par Boissier, avec plans. — Paris, chez Hachette et Cie, 1881, 1 vol. in-12, br.

132. **L'Avenir de la Turquie,** par Fr. Charmes. — Paris, chez Calmann Lévy, 1882, 1 vol. in-12, br.

133. **Bonaparte et son temps,** par Jung, 4e édit. — Paris, chez Charpentier et Cie, 1883, 3 vol. in-12, br.

134. **Souvenirs de la Révolution et de l'Empire,** par Ch. Nodier. — Paris, chez G. Charpentier, 2 vol. in-12, br.

135. **Histoire de la Société française pendant la Révolution,** par Goncourt. — Paris, chez G. Charpentier, 1880, 1 vol. in-12, br.

136. **Histoire de la Société française pendant le Directoire,** par Goncourt. — Paris, chez G. Charpentier, 1886, 1 vol. in-12, br.

137. **Œuvres de Desmoulins,** par Jules Claretie. — Paris, chez Charpentier, 1874, 1 vol. in-12, br.

138. **Trois Générations,** par Guizot. — Paris, chez Michel Lévy frères, 1863, 1 vol. in-12, br.

139. **Histoire et Critique,** de Macaulay, trad. par Lisse et Petroz. — Paris, chez Firmin Didot frères et fils, 1860, 1 vol. in-12, demi-rel.

140. **Histoire de France,** de L. Anquez, avec grav. — Paris, chez Hetzel et Cie. 1 vol. in-12. br.

141. **Vie de Francklin,** par Mignet. — Paris, chez Didier et Cie, 1883, 1 vol. in-12, br.

142. **Le Japon,** par Depping. avec grav. — Paris, chez Jouvet et Cie, 1884, 1 vol. in-12, br.

143. **L'Espagne,** par Edmondo de Amicis, trad. de Mde Colomb, 3e édit. avec grav. — Paris. chez Hachette et Cie. 1884, 1 vol. in-12, br.

144. **Le général Lée,** par Mme Lée-Childe. avec portr. — Paris, chez Hachette et Cie. 1874, 1 vol. in-18, br.

145. **Aventures de Corps de Garde,** par Victor Tissot, avec vign. — Paris, chez Dentu et Cie, 1887. 1 vol. in-8, br.

146. **Le général Chanzy** (1833-1883). par Arthur Chuquet, 4e édit. — Paris, chez Léopold Cerf, 1886, 1 vol. in-18, br.

147. **L'amiral Courbet,** par Emile Ganneron, 4e édit. — Paris, chez Léopold Cerf, 1887, 1 vol. in-18, br.

148. **Quatre Femmes au temps de la Révolution,** par Mme Lenormant. — Paris, chez Didier et Cie, 1872, 1 vol. in-18, br.

149. **Histoire de la Politique extérieure du Gouvernement français,** par J. d'Haussonville. — Paris. chez Michel Lévy frères, 1850, 2 vol. in-18, br.

GÉOGRAPHIE, VOYAGES

1. **Le lac Albert,** par Baker, trad. de G. Masson, avec dessins et cart. — Paris, chez Hachette et Cie. 1869, 1 vol. in-12, demi-rel.

2. **Le Conflit américain,** par Boissier. — Paris, chez Bocquet, 1870, 1 vol. in-12, demi-rel.

3. **Eléments de Statistique et de Géographie,** par Boudin et Blanc. — Paris, chez H. Plon, 1860, 1 vol. in-12, cart.

4. **A travers l'Afrique,** par Cameron, avec vign. et cart., trad. par Mme Loreau. — Paris, chez Hachette et Cie, 1878, 1 vol. in-12, demi-rel.

5. **Les Bassoutos,** par Casalis, avec grav. — Paris, chez Hachette et Cie. 1 vol. in-12, demi-rel.

6. **La vie chez les Indiens,** par Catelin, avec grav. — Paris, chez Hachette et Cie, 1876, 1 vol. in-12, demi-rel.

7. **L'Afrique centrale,** par Chaillé-Long, avec grav. — Paris, chez E. Plon et Cie, 1877, 1 vol. in-12, demi-rel.

8. **Les Vosges,** par Charton. — Mirecourt, chez Chassel, 1 vol. in-12, cart.

9. **L'Egypte et le Canal de Suez,** par la comtesse Drohojowska. — Paris, chez H. Laporte et Cie, 1 vol. in-12, cart.

10. **Voyage d'une Femme au Spitzberg,** par Mme Léonie d'Aunet. 5e édit. avec grav. — Paris, chez Hachette et et Cie. 1875. 1 vol. in-12, demi-rel.

11. **Impressions de Voyage,** par Alex. Dumas, nouv. édit. — Paris, chez Michel Lévy frères, 1875. 3 vol. in-12, demi-rel.

12. **Notre Planète,** par J. Duval. — Paris, chez Hachette et Cie, 1870, 1 vol. in-12, demi-rel.

13. **Aventures du capitaine Ruberto,** par Gab. Ferry. — Paris, chez Maurice Dreyfous, 1878, 1 vol. in-12, demi-rel.

14. **Voyages et Chasses dans l'Himalaya,** par Gérard. — Paris, chez Michel Lévy frères, 1863, 1 vol. in-12, demi-rel.

15. **La Station du Levant,** par l'amiral J. de la Gravière. — Paris, chez E. Plon et Cie, 1876, 2 vol. in-12, demi-rel.

16. **L'Algérie,** par J.-H. Lemonnier, avec grav. — Paris, chez Martin, 1884, 1 vol. in-12, br.

17. **Voyages dans les Glaces,** par Hervé et de Lanoye, avec grav. — Paris, chez Hachette et Cie, 1873, 1 vol. in-12, cart.

18. **Voyages humoristiques,** par Haussaye. — Paris, chez Hachette et Cie, 1866, 1 vol. in-12, demi-rel.

19. **Le Rhin,** de Victor Hugo. — Paris, chez Hachette et Cie, 1863, 2 vol. in-12, demi-rel.

20. **Voyages au Rhin,** par P. Huot. — Paris, chez Ve Berger-Levrault et fils, 1868, 1 vol. in-12, demi-rel.

21. **Correspondance de Jacquemont,** par un anonyme, 5e édit. avec cart. — Paris, chez Garnier frères, 1861, 2 vol. in-12, demi-rel.

22. **Les Richesses de la France,** par E. Klein. — Paris, chez Ducrocq, 1877, 1 vol. in-12, cart.

23. **La Vie navale,** par de la Landelle, 2e édit. — Paris, chez Hachette et Cie, 1867, 1 vol. in-12, demi-rel.

24. **Voyage en Orient,** par de Lamartine. — Paris, chez Hachette et Cie, 1876, 2 vol. in-12, demi-rel.

25. **Cinq mois chez les Français d'Amérique,** par de Lamotte, avec grav. et cart. — Paris, chez Hachette et Cie, 1879, 1 vol. in-12, demi-rel.

26. **La Mer polaire,** par de Lanoye, avec vign. — Paris, imp. de Lalloux fils et Guillot, 1868, 1 vol. in-12, demi-rel.

27. **Les Etats-Unis pendant la guerre,** par Laugel. — 1 vol.

28. **De Marseille à Sanghaï et Yedo,** par Mme Laure D. F., avec cart. — Paris, chez Hachette et Cie, 1879, 1 vol. in-12, demi-rel.

29. **Un Été en Amérique,** par Leclerq, avec grav. — Paris, chez E. Plon et Cie, 1877, 1 vol. in-12, demi-rel.

30. **Voyage de Cook,** par Lebrun, avec vign. — Tours, chez Alf. Mame et fils, 1869, 1 vol. in-12, demi-rel.

31. **Un Missionnaire en Californie,** par Lelièvre. — Paris, imp. par Meyrueis, 1870, 1 vol. in-12, demi-rel.

32. **La Cochinchine française,** par Lemire, avec cart. et grav. — Paris, chez Challamel aîné, 1877, 1 vol. in-12, demi-rel.

33. **Vingt journées d'un Touriste au pays de Luchon,** par Liégeard. — Paris, chez Hachette et Cie, 1874, 1 vol. in-12, br.

34. **Exploration de l'Afrique australe,** par Levingstone, trad. par Mme H. Loreau. — Paris, chez Hachette et Cie, 1876, 1 vol. in-12, demi-rel.

35. **Nouvelles et Voyages,** par Rondelet. — Paris, chez Adrien Leclerc et Cie. 1863, 1 vol. in-12, demi-rel.

36. **Lettres sur le Nord.** par X. Marmier, 5e édit. — Paris, chez Hachette et Cie, 1857, 1 vol. in-12, br.

37. **En pays lointain,** par X. Marmier. — Paris, chez Hachette et Cie, 1876, 1 vol. in-12, demi-rel.

38. **Scènes et Paysages dans les Andes,** par Marcoy. — Paris, chez Hachette et Cie, 1861, 1 vol. in-12, demi-rel.

39. **Voyages et Aventures de Christophe Colomb,** par Weshinglier Irvind, trad. par Merruau, 10e édit. avec grav. — Tours, chez Alf. Mame et fils, 1869, 1 vol. in-12. cart.

40. **Madagascar et ses habitants,** de James Sibrée, trad. par Mormot, avec grav. — Toulouse, chez Chauvin et fils, 1873, 1 vol. in-8, demi-rel.

41. **Voyage dans le royaume de Siam et au Cambodge,** de Mouhot, trad. par F. Lanoye, avec grav. — Paris, chez Hachette et Cie, 1872, 1 vol. in-12, demi-rel.

42. **Géographie de l'Algérie,** par O. Niel. — Paris, chez Legendre, 1874, 1 vol. in-12, br.

43. **L'Afrique ouverte,** par Paumier. — 1 vol.

44. **Voyage à Madagascar,** par Mme Pfeiffer. — Paris, chez Hachette et Cie, 1862. 1 vol. in-12, demi-rel.

45. **Voyage d'une Femme autour du Monde,** par Mme Pfeiffer, 5e édit. — Paris, chez Hachette et Cie, 1872, 1 vol. in-12, demi-rel.

46. **Mon second Voyage autour du Monde,** par Mme Pfeiffer. — Paris, chez Hachette et Cie, 1875, 1 vol. in-12, demi-rel.

47. **Géographie de la France,** par Périgot, (après le traité de 1871). — Paris, chez Aureau et Cie, 1 vol. in-12. cart.

48. **Les derniers Sauvages,** par Radiguet. — Paris, chez Hachette et Cie, 1 vol. in-12, demi-rel.

49. **Les Continents,** par E. Reclus, 2e édit. avec vign. — Paris, chez Hachette et Cie, 1874, 1 vol. in-12, cart.

50. **Un Coin des Alpes,** par Robischung. — Belfort, chez P. Pélot, 1879, 1 vol. in-12, demi-rel.

51. **Le Dictionnaire de la Terre Sainte**, par DE SAULCY. — Paris, chez Vieweg, 1877, 1 vol. in-12, br.

52. **Voyage littéraire en Alsace au XVIIe Siècle**, par BURNARD, trad. par MATTER. — Strasbourg, imp. Levrault, 1826, 1 vol. in-8, br.

53. **Voyage en Perse**, par SCHEFFER, avec grav. — Paris, chez Ern. Leroux, 1877, 1 vol. in-12, br.

54. **Voyage au cœur de l'Afrique**, par SCHWEINFURTH, avec fig., trad. par LOREAU. — Paris, chez Hachette et Cie, 1875, 2 vol. in-8, demi-rel.

55. **Voyage en Italie**, par TAINE. 3e édit. avec grav. — Paris, chez Hachette et Cie, 1876, 2 vol. in-12, demi-rel.

56. **Voyage aux Pyrennées**, par TAINE. — Paris, chez Hachette et Cie, 1878, 1 vol. in-12, demi-rel.

57. **Aventures de trois Russes et de trois Anglais**, par J. VERNE. 17e édit. — Paris, chez Hetzel et Cie, 1 vol. in-12, demi-rel.

58. **Les Anglais au Pôle nord**, par J. VERNE. — Paris, chez Hetzel et Cie, 1 vol. in-12, demi-rel.

59. **Voyage au Centre de la Terre**, par J. VERNE. — Paris, chez Hetzel et Cie, 1 vol. in-12, demi-rel.

60. **Le Désert de Glace**, par J. VERNE. — Paris, chez Hetzel et Cie, 1 vol. in-12, demi-rel.

61. **Le Tour du Monde en 80 jours**, par J. VERNE. 61e édit. — Paris, chez Hetzel et Cie, 1 vol. in-12, demi-rel.

62. **Vingt mille lieues sous les Mers**, par Jules VERNE. — Paris, chez Hetzel et Cie, 2 vol. in-12, demi-rel.

63. **Introduction à l'étude de la Géographie**, par un Marin. — Paris, chez Furne, Jouvet et Cie, 1 vol. in-12, demi-rel.

64. **L'Allemagne**, par un Officier français. — Rouen, chez L. Deshays et Cie, 1871, 1 vol. in-12, cart.

65. **Abrégé des voyages en Afrique**, de LEVAILLANT. nouv. édit. — Tours, chez Alf. Mame et Cie, 1872, 1 vol. in-12, demi-rel.

66. **La Grèce contemporaine**, par ABOUT. 7e édit. — Paris, chez Hachette et Cie, 1880, 1 vol. in-12, demi-rel.

67. **De Paris à Pékin par terre**, par MEIGNAN. — Paris, chez E. Plon et Cie, 1877, 1 vol. in-12, br.

68. **Un Été dans le Sahara**, par FROMENTIN. — Paris, chez E. Plon et Cie, 1879, 1 vol. in-12, br.

69. **Les grands Voyages et les grands Voyageurs**, par J. VERNE. — Paris, chez Hetzel et Cie, 2 vol. in-12, br.

70. **La Hollande pittoresque**, par HAVARD, avec cart. — Paris, chez E. Plon et Cie, 1877, 2 vol. in-12, br.

71. **La France et Rome,** par JUNG. — Paris, chez Charpentier et Cie, 1874, 1 vol. in-12, demi-rel.

72. **Promenade autour du Monde,** par HÜBNER, 7e édit. — Paris, chez Hachette et Cie, 1881, 2 vol. in-12, br.

73. **En Bourbonnais et en Forez,** de MONTÉGUT, 2e édit. — Paris, chez Hachette et Cie, 1881, 1 vol. in-12, br.

74. **Les Balkans et l'Adriatique,** par DUMONT. — Paris, chez Didier et Cie, 1874, 1 vol. in-12, br.

75. **L'Autriche-Hongrie,** par LÉGER. — Paris, chez Hachette et Cie, 1874, 1 vol. in-12, br.

76. **De l'Allemagne,** par HEIME. — Paris, chez Calmann Lévy, 1877, 2 vol. in-12, br.

77. **L'Italie d'après nature,** par L. FIGUIER. — Paris, chez Jouvet, Furne et Cie, 1868, 1 vol. in-12, br.

78. **L'Algérie,** par LEMONNIER. — Paris, chez H. Martin, 1881, 1 vol. in-12, br.

79. **Les Anglais au Pôle nord,** par J. VERNE. — Paris, chez Hetzel et Cie, 1 vol. in-12, br.

80. **Les Frontières de la France,** par GAZEAU. — Paris, 1881, 1 vol. in-12, br.

81. **Voyage dans les Steppes,** par Mme Adèle HOMMAIRE DE HELLE. — Paris, chez Hachette et Cie, 1860, 1 vol. in-12, demi-rel.

82. **Le Voyageur français,** par l'abbé DE LAPORTE. — Paris, chez G. Cellot, 1773, 23 vol. in-12, veau.

83. **Un Touriste en Laponie,** par KOECHLIN-SCHWARTZ. — Paris, chez Hachette et Cie, 1882, 1 vol. in-12, br.

84. **L'Alsace,** Récits historiques, par SIEBECKER. — Paris, chez Polo, 1873, 1 vol. in-8, demi-rel.

85. **Chine et Japon,** par FONPERTUIS. — Paris, chez Degorce-Cadot, 1882, 1 vol. in-12, br.

86. **Quatre mois de Sahara,** par BERNARD, avec grav. — Paris, chez Ch. Delagrave, 1881, 1 vol. in-12, br.

87. **Promenades en Russie,** par Ed. BALCAM, avec grav. — Paris, à la librairie de Vulgarisation. 1 vol. in-12, br.

88. **L'Afrique,** par LANIER, 2e édit. avec vign. — Paris, chez Eug. Belin et fils, 1885, 1 vol. in-12, br.

89. **De Paris au Japon à travers la Sibérie,** par Ed. COTTEAU, avec grav. — Paris, chez Hachette et Cie, 1885, 1 vol. in-12, br.

SCIENCES

1. **Voyage aux sept Merveilles du Monde,** par L. Augé, avec vign. — Paris, chez Hachette et Cie, 1879, 1 vol. in-12, br.

2. **Les Tombeaux,** par L. Augé, avec vign. — Paris, chez Hachette et Cie, 1879, 1 vol. in-12, br.

3. **Grottes et Cavernes,** par Badin, avec vign. — Paris, chez Hachette et Cie, 1 vol. in-12, demi-rel.

4. **L'Electricité,** par Baille, avec vign. — Paris, chez Hachette et Cie, 1869, 1 vol. in-12, demi-rel.

5. **Les Fêtes célèbres,** par Bernard, avec vign. — Paris, chez Hachette et Cie, 1878, 1 vol. in-12, demi-rel.

6. **Les Evasions célèbres,** par Bernard, 3e édit. avec vign. — Paris, chez Hachette et Cie, 1874, 2 vol. in-12, demi-rel.

7. **La Vie des Plantes,** par Boquillon. — Paris, chez Hachette et Cie, 1 vol. in-12, demi-rel.

8. **La Migration des Oiseaux,** par de Brevans, avec vign. et cart. — Paris, chez Hachette et Cie, 1878, 1 vol. in-12, demi-rel.

9. **Les Tapisseries,** par Castel, avec vign. par Sellier. — Paris, chez Hachette et Cie, 1876, 1 vol. in-12, demi-rel.

10. **Les Forces physiques,** par Cazin, 3e édit. avec vign. — Paris, chez Hachette et Cie, 1871, 1 vol. in-12, demi-rel.

11. **La Chaleur,** par Cazin, 3e édit. avec vign. — Paris, chez Hachette et Cie, 1873, 1 vol. in-12, demi-rel.

12. **L'Etincelle électrique,** par Cazin, avec vign. — Paris, chez Hachette et Cie, 1876, 1 vol. in-12, demi-rel.

13. **Les Machines,** par Collignon, 2e édit. avec vign. — Paris, chez Hachette et Cie, 1876, 1 vol. in-12, demi-rel.

14. **La Musique,** par Colomb, avec vign. — Paris, chez Hachette et Cie, 1878, 1 vol. in-12, br.

15. **Les Merveilles de la locomotion,** par Décharme, 12e édit. avec vign. — Paris, chez Hachette et Cie, 1878, 1 vol. in-12, demi-rel.

16. **Les Merveilles de la Chimie,** par DEHERRYPON. 2ᵉ édit. avec grav. — Paris, chez Hachette et Cⁱᵉ, 1873, 1 vol. in-12, demi-rel.

17. **Les Merveilles de la Force et de l'Adresse,** par DEPPING, 3ᵉ édit. avec grav. — Paris, chez Hachette et Cⁱᵉ, 1878, 1 vol. in-12, demi-rel.

18. **Les Diamants et les Pierres précieuses,** par DIEULAFAIT, avec vign. — Paris, chez Hachette et Cⁱᵉ, 1871, 1 vol. in-12, demi-rel.

19. **Le Téléphone, le Microphone et le Phonographe,** par DUMONCEL, 3ᵉ édit. avec vign. — Paris, chez Hachette et Cⁱᵉ, 1880, 1 vol. in-12, demi-rel.

20. **L'Eclairage électrique,** par DUMONCEL, avec fig. — Paris, chez Hachette et Cⁱᵉ, 1879, 1 vol. in-12, demi-rel.

21. **Les Merveilles de la Gravure,** par DUPLESSIS, avec vign. — Paris, chez Hachette et Cⁱᵉ, 1869, 1 vol. in-12, demi-rel.

22. **Les Merveilles célestes,** par FLAMMARION, 5ᵉ édit. avec vign. — Paris, chez Hachette et Cⁱᵉ, 1875, 1 vol. in-12, demi-rel.

23. **Contemplations scientifiques,** par FLAMMARION. — Paris, chez Hachette et Cⁱᵉ, 1 vol. in-12, demi-rel.

24. **Le Monde invisible,** par FONVIELLE. — Paris, chez Hachette et Cⁱᵉ, 1 vol. in-12, demi-rel.

25. **Les Eclairs et le Tonnerre,** par FONVIELLE, 2ᵉ édit. avec vign. — Paris, chez Hachette et Cⁱᵉ, 1869, 1 vol. in-12, demi-rel.

26. **Le Fer,** par J. GARNIER. — Paris, chez Hachette et Cⁱᵉ, 1878, 1 vol. in-12, br.

27. **Les Plantes étudiées au microscope,** par J. GIRARD, 2ᵉ édit. avec grav. — Paris, chez Hachette et Cⁱᵉ, 1877, 1 vol. in-12, demi-rel. 2 exempl.

28. **Les Métamorphoses des Insectes,** par GIRARD, 3ᵉ et 4ᵉ édit. avec vign. — Paris, chez Hachette et Cⁱᵉ, 1870, 1 vol. in-12, demi-rel. 2 exempl.

29. **La Vapeur,** par GUILLEMIN, 2ᵉ édit. avec vign. — Paris, chez Hachette et Cⁱᵉ, 1876, 1 vol. in-12, demi-rel.

30. **Les Chemins de fer,** par JACQMIN, 3ᵉ édit. avec vign. — Paris, chez Hachette et Cⁱᵉ, 1869, 1 vol. in-12, demi-rel.

31. **Les Chemins de fer pendant la Guerre,** par JACQMIN, 2ᵉ édit. avec vign. — Paris, chez Hachette et Cⁱᵉ, 1874, 1 vol. in-12, demi-rel.

32. **La Poudre à canon,** par Hélène, avec vign. — Paris, chez Hachette et Cᵢₑ, 1878. 1 vol. in-12, demi-rel.

33. **Les Galeries souterraines,** par Hélène, avec vign. — Paris, chez Hachette et Cᵢₑ, 1876, 1 vol. in-12. demi-rel.

34. **Les Merveilles de la Céramique,** par Jacquemart, 3ᵉ édit. avec vign. — Paris, chez Hachette et Cᵢₑ, 3 vol. in-12, demi-rel.

35. **L'Imagination,** par Joly, avec grav. — Paris, chez Hachette et Cᵢₑ, 1877, 1 vol. in-12, demi-rel.

36. **Les Armes et les Armures,** par Lacombe, 3ᵉ édit. avec vign. — Paris, chez Hachette et Cᵢₑ, 1877, 1 vol. in-12, demi-rel.

37. **Le Patriotisme,** par Lacombe, avec grav. — Paris, chez Hachette et Cᵢₑ, 1878, 1 vol. in-12. demi-rel.

38. **Les Inondations,** par Landrin, avec vign. — Paris, chez Hachette et Cᵢₑ, 1880, 1 vol. in-12, demi-rel.

39. **Les Plages de la France,** par Landrin, 3ᵉ édit. avec vign. — Paris, chez Hachette et Cᵢₑ, 1873, 1 vol. in-12. demi-rel.

40. **Les Monstres marins,** par Landrin, 2ᵉ édit. avec grav. — Paris, chez Hachette et Cᵢₑ, 1877, 1 vol. in-12, demi-rel.

41. **L'Homme sauvage,** par Lanoye, 2ᵉ édit. avec vign. — Paris, chez Hachette et Cᵢₑ, 1877. 1 vol. in-12, demi-rel.

42. **L'Orfèvrerie,** par de Lasteyrie. — Paris, chez Hachette et Cᵢₑ, 1877, 1 vol. in-12, demi-rel.

43. **Etudes scientifiques,** par Laugel. — Paris, chez Hachette et Cᵢₑ, 1859, 1 vol. in-12, br.

44. **Les Parcs et les Jardins,** par Lefèvre, 2 édit. avec vign. — Paris, chez Hachette et Cᵢₑ, 1871, 1 vol. in-12, demi-rel.

45. **Les Merveilles de l'Architecture,** par Lefèvre, 4ᵉ édit. avec vign. — Paris, chez Hachette et Cᵢₑ, 1874, 1 vol. in-12, demi-rel.

46. **Le Corps humain,** par Lepilleur, avec vign. — Paris, chez Hachette et Cᵢₑ, 1877. 1 vol. in-12, demi-rel.

47. **Les Colosses anciens et modernes,** par Lesbazeilles, avec grav. — Paris, chez Hachette et Cᵢₑ, 1876, 1 vol. in-12, demi-rel.

48. **Les Harmonies providentielles,** par Lévêque, 3ᵉ édit. avec grav. — Paris, chez Hachette et Cᵢₑ, 1877, 1 vol. in-12, demi-rel.

49. **La Végétation,** par Marion. 3ᵉ édit. avec grav. — Paris, chez Hachette et Cⁱᵉ, 1872, 1 vol. in-12, demi-rel.

50. **Les Ballons et les Voyages aériens,** par Marion, 3ᵉ édit. avec vign. — Paris, chez Hachette et Cⁱᵉ, 1874, 1 vol. in-12, demi-rel.

51. **L'Optique,** par Marion. 3ᵉ édit. avec vign. — Paris, chez Hachette et Cⁱᵉ, 1874, 1 vol. in-12, demi-rel.

52. **L'Hydraulique,** par Marsy, 2ᵉ édit. avec grav. — Paris, chez Hachette et Cⁱᵉ, 1871, 1 vol. in-12, demi-rel.

53. **Le Dévouement,** par Masson, 8ᵉ édit. avec grav. — Paris, chez Hachette et Cⁱᵉ, 1877, 1 vol. in-12, demi-rel.

54. **L'Amour maternel chez les animaux,** par E. Menault, avec vign. — Paris, chez Hachette et Cⁱᵉ, 1874, 1 vol. in-12, demi-rel.

55. **L'Intelligence chez les animaux,** par E. Menault, avec vign. — Paris, chez Hachette et Cⁱᵉ, 1874, 1 vol. in-12, demi-rel.

56. **Les grandes Pêches,** par Victor Meunier. 2ᵉ édit. avec vign. — Paris, chez Hachette et Cⁱᵉ, 1871, 1 vol. in-12, demi-rel.

57. **Les grandes Chasses,** par Victor Meunier, 4ᵉ édit. avec vign. — Paris, chez Hachette et Cⁱᵉ, 1877, 1 vol. in-12, demi-rel.

58. **Les Merveilles des Fleuves et des Ruisseaux,** par Millet. 2ᵉ édit. avec vign. — Paris, chez Hachette et Cⁱᵉ, 1875, 1 vol. in-12, demi-rel.

59. **L'Air,** par Moitessier, avec grav. — Paris, chez Hachette et Cⁱᵉ, 1871, 1 vol. in-12, demi-rel.

60. **La Lumière,** par Moitessier, avec vign. — Paris, chez Hachette et Cⁱᵉ, 1876, 1 vol. in-12, demi-rel.

61. **L'Envers du Théâtre,** par Moynet, 2ᵉ édit. avec vign. — Paris, chez Hachette et Cⁱᵉ, 1874, 1 vol. in-12, demi-rel.

62. **L'Acoustique,** par Radau, 2ᵉ édit. avec vign. — Paris, chez Hachette et Cⁱᵉ, 1870, 1 vol. in-12, demi-rel.

63. **Le Magnétisme,** par Radau. — Paris, chez Hachette et Cⁱᵉ, 1 vol. in-12, demi-rel.

64. **Les Phares,** par Renard. 2ᵉ édit. avec vign. — Paris, chez Hachette et Cⁱᵉ, 1871, 1 vol. in-12, demi-rel.

65. **L'Art naval,** par Renard, 3ᵉ édit. avec vign. — Paris, chez Hachette et Cⁱᵉ, 1873, 1 vol. in-12, demi-rel.

66. **L'Héroïsme,** par Renan, avec grav. — Paris, chez Hachette et Cⁱᵉ, 1876, 1 vol. in-12, demi-rel.

67. **Les Minéraux usuels,** par Reynaud, 5ᵉ édit. avec planch. — Paris, chez Hachette et Cⁱᵉ, 1873, 1 vol. in-12, demi-rel.

68. **La Verrerie,** par Saucey, 2ᵉ édit. avec grav. — Paris, chez Hachette et Cⁱᵉ, 1869, 1 vol. in-12, demi-rel.

69. **L'Or et l'Argent,** par Simonin, avec vign. — Paris, chez Hachette et Cⁱᵉ, 1877, 1 vol. in-12, demi-rel.

70. **Le Monde souterrain,** par Simonin, avec vign. — Paris, chez Hachette et Cⁱᵉ, 1874, 1 vol. in-12, demi-rel.

71. **Le Fond de la Mer,** par Sonrel, 3ᵉ édit. avec grav. — Paris, chez Hachette et Cⁱᵉ, 1874, 1 vol. in-12, demi-rel.

72. **L'Eau,** par Tissandier, 2ᵉ édit. avec vign. — Paris, chez Hachette et Cⁱᵉ, 1869, 1 vol. in-12, demi-rel.

73. **Les Merveilles de la Photographie,** par Tissandier, 2ᵉ édit. avec vign. — Paris, chez Hachette et Cⁱᵉ, 1874, 1 vol. in-12, demi-rel.

74. **La Houille,** par Tissandier, 2ᵉ édit. avec vign. — Paris, chez Hachette et Cⁱᵉ, 1872, 1 vol. in-12, demi-rel.

75. **Les Merveilles de la Sculpture,** par Viardot, 2ᵉ édit. avec vign. — Paris, chez Hachette et Cⁱᵉ, 1872, 1 vol. in-12, demi-rel.

76. **Les Merveilles de la Peinture,** par Viardot, 3ᵉ édit. avec vign. — Paris, chez Hachette et Cⁱᵉ, 1875, 2 vol. in-12, demi-rel.

77. **Les Météores,** par Zurcher, 3ᵉ et 4ᵉ édit. avec vign. — Paris, chez Hachette et Cⁱᵉ, 1869 et 1875, 1 vol. in-12, demi-rel. 2 exempl.

78. **Trombes et Cyclones,** par Zurcher et Margollé, avec vign. — Paris, chez Hachette et Cⁱᵉ, 1 vol. in-12, demi-rel.

79. **Volcans et Tremblements de terre,** par Zurcher et Margollé, avec vign. — Paris, chez Hachette et Cⁱᵉ, 1876, 1 vol. in-12, demi-rel.

80. **Les Glaciers,** par Zurcher et Margollé, 3ᵉ édit. avec vign. — Paris, chez Hachette et Cⁱᵉ, 1875, 1 vol. in-12, demi-rel.

81. **Les Ascensions célèbres,** par Zurcher et Margollé, 3ᵉ édit. avec vign. — Paris, chez Hachette et Cⁱᵉ, 1874, 1 vol. in-12, demi-rel.

82. **Les Naufrages célèbres,** par Zurcher et Margollé, 3ᵉ édit. avec vign. — Paris, chez Hachette et Cⁱᵉ, 1877, 1 vol. in-12, demi-rel.

83. **Histoire d'une Chandelle**, par FARADIA. — Paris, chez Hachette et Cie, 1 vol. in-12, demi-rel.

84. **Les Féeries du Travail**, par FERTIAUD. — Paris. chez Hachette et Cie, 1 vol. in-12, demi-rel

85. **Les grandes Inventions modernes,** par L. FIGUIER, 4e édit. — Paris, chez Hachette et Cie, 1867. 1 vol. in-8, demi-rel.

86. **Histoire de trois Ouvriers français,** par ERNOUF. — 1 vol. in-8 cart.

87. **Histoires des Chars, Carosses et Voitures,** par RAMÉE. — Paris, chez Amyot. 1856, 1 vol. in-12, br.

88. **Les Serviteurs de l'estomac,** par J. MACÉ, 8e édit. — Paris. chez Hetzel et Cie, 1 vol. in-12, demi-rel.

89. **Histoire d'une Bouchée de pain,** par J. MACÉ. 44e édit. — Paris. chez Hetzel et Cie, 1 vol. in-8.

90. **La Terre avant le Déluge,** par L. FIGUIER, 5e édit. avec fig. — Paris, chez Hachette et Cie. 1866, 1 vol. in-8, demi-rel.

91. **La Terre et les Mers,** par L. FIGUIER, 3e édit. avec fig. — Paris, chez Hachette et Cie, 1866, 1 vol. in-8, demi-rel.

92. **L'Homme primitif,** par L. FIGUIER. — Paris, chez Hachette et Cie, 1 vol. in-8, demi-rel.

93. **Les Races humaines,** par L. FIGUIER. 2e édit. avec fig. — Paris, chez Hachette et Cie, 1873, 1 vol. in-8, demi-rel.

94. **Le Savant du Foyer,** par L. FIGUIER. 4e édit. avec fig. — Paris, chez Hachette et Cie, 1867, 1 vol. in-8, cart.

95. **Les grandes Inventions,** par L. FIGUIER. 4e édit. avec fig. — Paris, chez Hachette et Cie, 1867. 1 vol. in-8, cart.

96. **La Vie et les Mœurs des Animaux,** par L. FIGUIER, avec fig. — Paris, chez Hachette et Cie, 1869. 4 vol. in-8, cart.

97. **Histoire des Plantes,** par L. FIGUIER. avec fig. — Paris, chez Hachette et Cie, 1865, 1 vol. in-8, cart.

98. **L'Espèce humaine,** par QUATREFARGE. — Paris, chez Germer-Baillière. 1877, 1 vol. in-8. demi-rel.

99. **De la Foudre, ses Formes et ses Effets sur l'Homme,** par SESTIER. — Paris. chez J.-B. Baillière et fils, 1866. 1 vol. in-8. br.

100. **Sciences naturelles,** par Dumeril, 4ᵉ édit. avec fig. —
Paris, chez Deterville, 1830, 1 vol. in-8, demi-rel.

101. **La Terre et l'Homme,** par Maury, 4ᵉ édit. — Paris, chez
Hachette et Cⁱᵉ, 1877, 1 vol. in-8, br.

102. **Les Etoiles,** par le Père Secchi, avec fig. — Paris, chez
Germer-Baillière, 1879, 2 vol. in-8, cart.

103. **Commençaux et Parasites,** par Séneden, 2ᵉ édit. avec
fig. — Paris, chez Germer-Baillière, 1 vol. in-8, cart.

104. **Les Sens,** par Bernstein. 5ᵉ édit. avec fig. — Paris, chez
Germer-Baillière, 2 vol. in-8, cart. 2 exempl.

105. **Synthèse chimique,** par Berthelot, 3ᵉ édit. — Paris,
chez Germer-Baillière, 1 vol. in-8, cart.

106. **Le Cerveau,** par Luys, 4ᵉ édit. avec fig. — Paris, chez
Germer-Baillière. 1 vol. in-8, cart.

107. **L'Ecrevisse,** par Huxley. avec fig. — Paris, chez Germer-
Baillière, 1880. 1 vol. in-8, cart.

108. **Les Glaciers,** par Tyndal. 3ᵉ édit. avec fig. — Paris, chez
Germer-Baillière, 1880. 1 vol. in-8, cart.

109. **La Sociologie,** par de Roberty. — Paris, chez Germer-
Baillière, 1881, 1 vol. in-8, cart.

110. **Le Crime et la Folie,** par Mansdeley, 4ᵉ édit. — Paris,
chez Germer-Baillière, 1880, 1 vol. in-8, cart.

111. **Conservation de l'énergie,** par Balfour Stewart, 3ᵉ édit.
— Paris, chez Germer-Baillière, 1879, 1 vol. in-8, cart.

112. **Lois scientifiques,** par Bagehot, 3ᵉ édit. — Paris, chez
Germer-Baillière, 1879, 1 vol. in-8, cart.

113. **L'Homme avant les Métaux,** par Joly, 2ᵉ édit. avec fig.
— Paris, chez Germer-Baillière. 1880, 1 vol. in-8, cart.

114. **La Mosaïque,** par Gerspach. — Paris, chez Quantin,
1882, 1 vol. in-8, cart.

115. **L'Archéologie grecque,** par Collignon. — Paris, chez
Quantin, 1882, 1 vol. in-8, cart.

116. **Les Camps retranchés,** par Brialmont, 2ᵉ édit. avec fig.
— Paris, chez Germer-Baillière, 1880, 1 vol. in-8, cart.

117. **L'Anatomie artistique,** par Duval. — Paris, chez Quantin, 1 vol. in-8, cart.

118. **La Peinture hollandaise**, par HAVARD. — Paris, chez Quantin, 1 vol. in-8, cart.

119. **De la Physionomie**, par GRATIOLET, avec portr. — Paris, chez Hetzel et Cie. 1 vol. in-12, br.

120. **La Morale évolutionniste**, par SPENCER. — Paris, chez Germer-Baillière. 1880. 1 vol. in-8, cart.

121. **Les Fermentations**, par SCHUTZENBERG, 3e édit. avec fig. — Paris, chez Germer-Baillière, 1879, 1 vol. in-8, cart.

122. **La Théorie atomique**, par WURTZ. 2e édit. — Paris, chez Germer-Baillière. 1879, 1 vol. in-8, cart.

123. **Théorie scientifique de la Sensibilité**, par DUMONT. 2e édit. — Paris, chez Germer-Baillière, 1877, 1 vol. in-8, cart.

124. **Les Procédés de la Gravure**, par LOSTALOT, avec fig. — Paris, chez Quantin, 1 vol. in-8, cart.

125. **La Peinture anglaise**, par CHESNEAU. avec fig. — Paris, chez Quantin, 1 vol. in-8, cart.

126. **La Mosaïque**, par GERSPACH, avec fig. — Paris, chez Quantin, 1882. 1 vol. in-8, cart.

127. **La Gravure**, par DELABORDE. avec fig. — Paris, chez Quantin, 1 vol. in-8, cart.

128. **La Peinture hollandaise**, par HAVARD. avec fig. — Paris, chez Quantin. 1 vol. in-8, cart.

129. **L'Architecture grecque**, par COLLIGNON, avec fig. — Paris, chez Quantin. 1 vol. in-8, cart.

130. **La Tapisserie**, par MUNTZ, avec fig. — Paris, chez Quantin, 1 vol. in-8, cart.

131. **Les Merveilles de la Locomotion**, par DÉCHARME. — Paris, chez Hachette et Cie. 1878, 1 vol. in-12, cart.

132. **Menus Propos des Sciences**, par HÉMENT. — Paris, chez Ch. Delagrave, 1880. 1 vol. in-12, br.

133. **Morceaux choisis de Buffon**, par HERMADINGER. — Paris, chez Ch. Delagrave, 1 vol. in-12, cart.

134. **Les Aérostats**, par L. FIGUIER. — Paris, chez Jouvet et Cie. 1882, 1 vol. in-12, br.

135. **Mécanique**, par BROTHIER. — Paris, chez Germer-Baillière, 1 vol. in-

136. **A travers nos Campagnes,** par DELON. — Paris, chez Hachette et Cie, 1 vol. in-12.

137. **La Terre et l'Homme,** par MAURY. — Paris, chez Hachette et Cie, 1877, 1 vol. in-12, br.

138. **Les Merveilles du Fer,** par BOUANT, avec vign. — Paris, chez Hachette et Cie, 1883, 1 vol. in-12, br.

139. **Les grands Froids,** par BOUANT, avec vign. — Paris, chez Hachette et Cie, 1880, 1 vol. in-12, br.

140. **Les Nains et les Géants,** par GARNIER, avec vign. — Paris, chez Hachette et Cie, 1884, 1 vol. in-12, br.

141. **Les Bouffons,** par GAZEAU, avec vign. — Paris, chez Hachette et Cie, 1882, 1 vol. in-12, br.

142. **Les Villes retrouvées,** par HANOTEAU, 2e édit. avec vign. — Paris, chez Hachette et Cie, 1885, 1 vol. in-12, br.

143. **Histoire d'un Pont,** par NARJOUX, avec vign. — Paris, chez Hachette et Cie, 1884, 1 vol. in-12, br.

144. **Le Courage civique,** par PETIT, avec grav. — Paris, chez Hachette et Cie, 1885, 1 vol. in-12, br.

145. **Les grands Incendies,** par PETIT, avec grav. — Paris, chez Hachette et Cie, 1882, 1 vol. in-12, br.

146. **L'An Mil,** par ROY, avec grav. — Paris, chez Hachette et Cie, 1885, 1 vol. in-12, br.

147. **Les Télégraphes,** par TERNAUT, 2e édit. avec grav. — Paris, chez Hachette et Cie, 1884, 1 vol. in-12, br.

148. **Bibliothèques des Mémoires,** par BARRIÈRE. — Paris, chez Firmin Didot et Cie, 1881, 1 vol. in-12, br.

149. **Le bon Jardinier,** par VILMORIN. — Paris, à la Librairie agricole, 1883, 1 vol. in-12.

150. **Histoire d'une Chandelle.** — Paris, chez Hachette et Cie, 1 vol. in-12.

151. **Les Serviteurs de l'estomac,** de Jean MACÉ. — Paris, chez Hetzel et Cie, 1 vol. in-12, br. rel.

152. **Chars et Carosses,** par D. RAMÉE, avec grav. — Paris, chez Amyot, 1856, 1 vol. in-12, br.

153. **Les grandes Inventions modernes,** par L. FIGUIER, 3e édit. — Paris, chez Hachette et Cie, 1874, 1 vol. in-12, br.

154. **L'Art et les Artistes modernes,** par CHENEAU. — Paris, chez Didier et Cⁱᵉ, 1864, 1 vol. in-12, br.

155. **Les Féeries du Travail,** par FERTIAULT. — Paris, chez Didier et Cⁱᵉ, 1875, 1 vol. in-12, cart.

156. **Histoire d'une Bouchée de pain,** 44ᵉ édit. — Paris, chez Hetzel et Cⁱᵉ, 1 vol. in 12, demi-rel.

157. **Histoires de trois Ouvriers,** par le baron ERNOUF. — Paris, chez Hachette et Cⁱᵉ, 1867, 1 vol. in-12, demi-rel.

158. **Les Harmonies providentielles,** par Ch. LÉVÊQUE, 3ᵉ édit. — Paris, chez Hachette et Cⁱᵉ, 1877, 1 vol. in-12, cart.

159. **Les Parcs et les Jardins,** par André LEFÈVRE. — Paris, chez Hachette et Cⁱᵉ, 1867 1 vol. in-12, cart.

160. **La Gravure à l'eau-forte,** par   . — Paris, chez Vᵉ Cadort, 1876, 1 vol. in-8, br.

161. **Histoire du Merveilleux dans les temps modernes,** par L. FIGUIER. 3ᵉ édit. — Paris, chez Hachette et Cⁱᵉ, 1881, 4 vol. in-12, br.

162. **La Pluralité des Mondes habités,** par C. FLAMMARION, 32ᵉ édit. — Paris, chez Didier et Cⁱᵉ, 1867, 1 vol. in-12, br.

163. **L'Art du XVIIIᵉ Siècle,** par Edmond et Jules GONDRE-COURT. — Paris, chez G. Charpentier, 1882, 2 vol. in-12, br.

164. **Histoire du Merveilleux aux temps modernes,** par L. FIGUIER. — Paris, chez Hachette et Cⁱᵉ, 1874, 3 vol. in-12, br.

165. **Histoire de la Terre,** par Léon BROTTIER, 6ᵉ édit. — Paris, chez Germer-Baillière, 1 vol. in-32, br.

166. **Lecture sur l'histoire des Animaux,** par Paul BERT, avec grav. — Paris, chez Hachette et Cⁱᵉ, 1886, 1 vol. in-16, cart.

167. **Les Animaux utiles,** par BOULARD, avec grav. — Paris, chez Rothchild, 1883, 1 vol. in-12, br.

168. **La Matière et ses transformations,** par P. DELEVEAU, avec grav. — Paris, chez Hachette et Cⁱᵉ, 1882, 1 vol. in-18, br.

169. **Les Torpilles,** par le colonel HENNEBERT, avec vign. — Paris, chez Hachette et Cⁱᵉ, 1884, 1 vol. in-18, br.

170. **Les Merveilles du Monde souterrain,** par L. SIMONIN, 5ᵉ édit. avec grav. — Paris, chez Hachette et Cⁱᵉ, 1884, 1 vol. in-18, br.

171. **Les Paquebots à grande vitesse,** par Maurice Dumoulin, avec grav. — Paris, chez Hachette et Cie. 1887, 1 vol. in-18, br.

172. **L'Œuf chez les Plantes et les Animaux,** par Guillaume Capus, avec grav. — Paris, chez Hachette et Cie, 1885, 2 vol. in-18, br.

173. **Les grands Fleuves,** par Henri Jacottet, avec vign. — Paris, chez Hachette et Cie. 1887, 1 vol. in-18, br.

174. **Simples discours sur la Terre et sur l'Homme,** par Félix Hément. — Paris, chez Didier et Cie, 1875, 1 vol. in-18, br.

DIVERS

1. **Causeries,** par Ed. About. 2ᵉ édit. — Paris, chez Hachette et Cⁱᵉ, 1867, 2 vol. in-12, demi-rel.

2. **Le Progrès,** par Ed. About. 4ᵉ édit. — Paris, chez Hachette et Cⁱᵉ, 1867, 1 vol. in-12, demi-rel.

3. **Les Ouvriers en famille,** par Audiganne. 7ᵉ édit. — Paris, chez Capelle, 1866, 1 vol. in-12, demi-rel.

4. **La belle Saison à la campagne,** par Bautain, 3ᵉ et 4ᵉ édit. — Paris, chez Hachette et Cⁱᵉ, 1863, 1 vol. in-12, demi-rel. 2 exempl.

5. **Les Chrétiens de nos jours,** par Bautain. — Paris, chez Hachette et Cⁱᵉ, 1882, 2 vol. in-12, br.

6. **Du Plaisir et de la Douleur,** par Bouillier. 2ᵉ édit. — Paris, chez Hachette et Cⁱᵉ, 1877, 1 vol. in-12, demi-rel.

7. **Les Jours d'épreuves,** par Caro. — Paris, chez Hachette et Cⁱᵉ, 1872, 1 vol. in-12, demi-rel.

8. **France et Progrès,** par Maria Deraismes. — Paris, Librairie de la Société des Gens de Lettres, 1 vol. in-12, demi-rel.

9. **Influence de l'éducation sur la moralité et le bien-être des classes laborieuses,** par Desseligny. — Paris, chez Hachette et Cⁱᵉ, 1869, 1 vol. in-12, demi-rel.

10. **L'Egalité,** par A. de Gasparin. — Paris, chez Michel Lévy frères, 1869, 1 vol. in-12, br.

11. **Homme et Nature,** par Kœppelin, 4ᵉ édit. — Paris, chez Ern. Thorin, 1867, 1 vol. in-12, demi-rel.

12. **Méditations religieuses,** par Levy Bing. — Paris, chez Didier et Cⁱᵉ, 1868, 1 vol. in-12, demi-rel.

13. **L'Ouvrière,** par J. Simon. 8ᵉ édit. — Paris, chez Michel Lévy frères, 1876, 1 vol. in-12, demi-rel..

14. **La Mission des Femmes en temps de guerre,** par Monnot. — Paris, chez   , 1876, 1 vol. in-12, demi-rel.

15. **L'Ecole du Sens commun,** par un Paysan. — Paris, chez André Sagnier, 1872, 1 vol. in-12, demi-rel.

16. **Notre Habitation terrestre et son Architecte,** par un
Anonyme. — Toulouse, Librairie religieuse, 1871, 1 vol.
in-12. demi-rel.

17. **Les Militaires blessés et les Invalides,** par DE RIENCOURT.
— Paris, chez Dumaine, 1875, 2 vol. in-8, demi-rel.

18. **Conseils aux Mères,** par THÉRY. — Paris, chez Hachette
et Cie, 1859, 2 vol. in-12, demi-rel.

19. **Les deux Mères,** par Mme COLOMB. 2e édit. avec grav. —
Paris, chez Hachette et Cie, 1876, 1 vol. in-8. demi-rel.

20. **Etudes morales des Temps présents,** par CARO. 4e édit.
— Paris, chez Hachette et Cie, 1879, 1 vol. in-12, demi-rel.

21. **Morale familière,** par STAHL. — Paris, chez Hetzel et Cie,
1 vol. in-12, demi-rel.

22. **Philosophie de l'Art,** par TAINE, 3e édit. — Paris, chez
Hachette et Cie, 1881, 2 vol. in-12, demi-rel.

23. **Notes sur l'Angleterre,** par TAINE, 6e édit. — Paris, chez
Hachette et Cie, 1880, 1 vol. in-12, demi-rel.

24. **De l'Intelligence,** par TAINE. — Paris, chez Hachette et
Cie, 2 vol. in-12, demi-rel.

25. **De l'Economie politique populaire,** par BAUDRILLART.
— Paris, chez   , 1 vol. in-12, demi-rel.

26. **La Morale dans la Démocratie,** par BARNI. — Paris, chez
Germer-Baillière, 1868, 1 vol. in-8, demi-rel.

27. **Dieu, Patrie, Liberté,** par J. SIMON, 12e édit. — Paris,
chez Calmann Lévy, 1883, 1 vol. in-12, demi-rel.

28. **De la Morale de Plutarque,** par GREARD, 3e édit. — Paris,
chez Hachette et Cie, 1880, 1 vol. in-12, demi-rel.

29. **Le Médecin des Enfants,** par BARTHÉLEMY, 3e édit. —
Paris, chez Rothchild, 1883, 1 vol. in-12, demi-rel.

30. **Les Moralistes sous l'Empire romain,** par Constant
MARTHA, 4e édit. — Paris, chez Hachette et Cie, 1881, 1
vol. in-12, demi-rel.

31. **Etudes d'Histoire religieuse,** par RENAN, 7e édit. — Paris,
chez Calmann Lévy, 1880, 1 vol. in-8, br.

32. **Un Moraliste,** par BERSOT, avec portr. — Paris, chez
Hachette et Cie. 1882, 1 vol. in-12, br.

33. **La Philosophie de Gœthe,** par CARO, 2e édit. — Paris,
chez Hachette et Cie, 1880, 1 vol. in-12, br.

34. **La Liberté morale,** par le comte Agénor DE GASPARIN, 5ᵉ édit. — Paris, chez Calmann Lévy, 1879, 2 vol. in-16, br.

35. **La Bible,** par le comte Agénor DE GASPARIN, 2ᵉ édit. — Paris, chez Calmann Lévy, 1880, 2 vol. in-16, br.

36. **L'Eglise selon l'Evangile,** par le comte Agénor DE GASPARIN, 2ᵉ édit. — Paris, chez Calmann Lévy, 1882, 2 vol. in-16, br.

37. **La Famille,** par le comte Agénor DE GASPARIN, 12ᵉ édit. — Paris, chez Calmann Lévy, 1884, 2 vol. in-16, br.

38. **La France,** par le comte Agénor DE GASPARIN, 5ᵉ édit. — Paris, chez Calmann Lévy, 1881, 2 vol. in-16, br.

39. **Le bon vieux Temps,** par le comte Agénor DE GASPARIN, 5ᵉ édit. — Paris, chez Calmann Lévy, 1884, 1 vol. in-16, br.

40. **La Conscience,** par le comte Agénor DE GASPARIN, 6ᵉ édit. — Paris, chez Calmann Lévy, 1878, 1 vol. in-16, br.

41. **L'Amérique devant l'Europe,** par le comte Agénor DE GASPARIN, 3ᵉ édit. — Paris, chez Calmann Lévy, 1879, 1 vol. in-16, br.

42. **L'Egalité,** par le comte Agénor DE GASPARIN, 5ᵉ édit. — Paris, chez Calmann Lévy, 1886, 1 vol. in-16, br.

43. **Discours politiques,** par le comte Agénor DE GASPARIN, 4ᵉ édit. — Paris, chez Calmann Lévy, 1881, 1 vol. in-16, br.

44. **Les Droits du Cœur,** par le comte Agénor DE GASPARIN, 4ᵉ édit. — Paris, chez Calmann Lévy, 1885, 1 vol. in-16, br.

45. **Les Ecoles du Doute et celles de la Foi,** par le comte Agénor DE GASPARIN, 4ᵉ édit. — Paris, chez Calmann Lévy, 1883, 1 vol. in-16, br.

46. **Un grand Peuple se relève,** par le comte Agénor DE GASPARIN, 6ᵉ édit. — Paris, chez Calmann Lévy, 1873, 1 vol. in-16, br.

47. **Pensées de Liberté,** par le comte Agénor DE GASPARIN, 4ᵉ édit. — Paris, chez Calmann Lévy, 1882, 1 vol. in-16, br.

48. **Innocent III,** par le comte Agénor DE GASPARIN, 5ᵉ édit. — Paris, chez Calmann Lévy, 1884, 1 vol. in-16, br.

49. **Luther et la Réforme au XVIᵉ Siècle,** par le comte Agénor DE GASPARIN, 6ᵉ édit. — Paris, chez Calmann Lévy, 1882, 1 vol. in-16, br.

50. **Questions diverses,** par le comte Agénor DE GASPARIN, 3ᵉ édit. — Paris, chez Calmann Lévy, 1886, 1 vol. in-16, br.

51. **Paroles de Vérité,** par le comte Agénor DE GASPARIN, 5ᵉ édit. — Paris, chez Calmann Lévy, 1883, 1 vol. in-16, br.

52. **Le Bonheur,** par le comte Agénor DE GASPARIN, 8ᵉ édit. — Paris, chez Calmann Lévy, 1878, 1 vol. in-16, br.

53. **Les Perspectives du temps présent,** par le comte Agénor DE GASPARIN, 4ᵉ édit. — Paris, chez Calmann Lévy, 1882, 1 vol. in-16, br.

54. **Trois Paroles de Paix,** par le comte Agénor DE GASPARIN, 4ᵉ édit. — Paris, chez Calmann Lévy, 1883, 1 vol. in-16, br.

55. **Liberté religieuse,** par le comte Agénor DE GASPARIN, 3ᵉ édit. — Paris, chez Calmann Lévy, 1883, 1 vol. in-16, br.

56. **Les Classes dirigeantes,** par Ch. BIGOT. — Paris, chez Charpentier, 1881, 1 vol. in-12, br.

57. **Un Devoir social et les Logements d'ouvriers.** — Paris, chez Calmann Lévy, 1885, 1 vol. in-16, br.

58. **La Lutte contre la Misère,** par Hippolyte MAZE. — Paris, chez Léopold Cerf, 1883, 1 vol. in-12, br.

AGRICULTURE ET INDUSTRIE

1. **L'Astronomie pratique, Angleterre,** par ANDRÉ et ANGOT. — Paris, chez Gauthier-Villars, 1871, 1 vol. in-12, demi-rel.

2. **L'Astronomie pratique, Ecosse, Irlande,** par ANDRÉ et RAYET. — Paris, chez Gauthier-Villars, 1874, 1 vol. in-12, demi-rel.

3. **L'Astronomie pratique, Etats-Unis,** par ANDRÉ et ANGOT, — Paris, chez Gauthier-Villars, 1877, 1 vol. in-12, demi-rel.

4. **L'Astronomie pratique, Italie,** par ANDRÉ, RAYET et ANGOT. — Paris, chez Gauthier-Villars, 1878, 1 vol. in-12, demi-rel.

5. **Le Blé et le Pain,** par BARRAL. — Paris, à la Librairie de la Maison Rustique, 1863, 1 vol. in-12, demi-rel.

6. **Les grands Inventeurs (Arts et Industries),** par BEAUFRAND et DESCLOSIÉRES, 4ᵉ édit. — Paris, chez Pigoreau, 1877, 1 vol. in-12, demi-rel.

7. **Etude de la Nature,** par BERNARDIN DE SAINT-PIERRE, avec grav. — Chez Martial Ardant frères, 1846, 3 vol. in-12, demi-rel.

8. **Chimie agricole,** par FABRE. — Paris, chez Delagrave et Cⁱᵉ, 1867, 1 vol. in-12, demi-rel.

9. **L'Industrie,** par FABRE. — Paris, chez Delagrave et Cⁱᵉ, 1875, 1 vol. in-12, cart.

10. **Les Serviteurs (Animaux domestiques),** par FABRE. — Paris, chez Delagrave et Cⁱᵉ, 1875, 1 vol. in-12, cart.

11. **Nécessité de protéger les Animaux utiles,** par GLOGER, trad., 2ᵉ édit. — Paris, chez Victor Masson, 1868, 1 vol. in-12, demi-rel.

12. **Causeries sur l'Agriculture et l'Horticulture,** par JOIGNEAUX, 2ᵉ édit. — Paris, Librairie de la Maison Rustique, 1 vol. in-12, demi-rel.

13. **Le Camp, la Ferme, la Fabrique,** par L. DE JUSSIEU. — Paris, chez Louis Colas et Cⁱᵉ, 1860, 1 vol. in-12, demi-rel.

14. **Considération sur l'amélioration du sort de l'Ouvrier,** par Mme Lucie Laboulay. — Paris, chez A. Laporte, 1873, 1 vol. in-12, br.

15. **De l'Agriculture au point de vue chrétien,** par Laurens. — Toulouse, Librairie religieuse, 1863, 2 vol. in-12, demi-rel.

16. **Sol et Engrais,** par Lefour, 3e édit. — Paris, Librairie de la Maison Rustique, 1 vol. in-12, demi-rel.

17. **Géologie agricole,** par Stan. Meunier, avec cart. et vign. — Paris, chez Rothschild, 1875, 1 vol. in-16, cart.

18. **Géologie appliquée aux Arts et à l'Industrie,** par David Page, trad. par Stan. Meunier. — Paris, chez Rothschild, 1877, 1 vol. in-16, cart.

19. **Détermination des Minéraux,** par Kobell, trad. par le comte Ludovic de La Tour du Pin, revue par Pisani. — Paris, chez Rothschild, 1875, 1 vol. in-12, demi-rel.

20. **Entretiens populaires,** par Thévenin, 2e édit. — Paris, chez Hachette et Cie, 1867, 7 vol. in-12, demi-rel.

21. **Les Veillées de la Ferme, Entretien sur l'Agriculture,** par de Varennes. — Paris, chez Victor Masson et fils, 1868, 1 vol. in-12, demi-rel.

REVUES

1. **Le Tour du Monde,** sous la direction de CHARTON. — Paris. chez Hachette et Cⁱᵉ, de 1860 à 1888. 56 vol. in-4. demi-rel.

2. **Revue européenne,** de 1859-1860-1861. — Paris, imprimerie Panckouck et Cⁱᵉ, 18 vol. in-8, demi-rel.

3. **Illustration,** années 1855 à 1858. — Paris, chez Firmin Didot et Cⁱᵉ, 9 vol. in-fol., demi-rel.

4. **Revue des Deux-Mondes,** dirigée par BULOW, de 1881 à 1887. — Paris, chez Quantin, 42 vol. in-8, demi-rel.

5. **Revue d'Alsace,** dirigée par LIEBLIN, années 1851. 1852. 1853, 1865, 1872 à 1886.

6. **Revue de Paris et Saint-Pétersbourg,** de Arsène HOUSSAYE. — Paris. chez Marpon et Flammarion, 1887-1888, 4 vol. in-8, demi-rel.

7. **Revue contemporaine,** 1863. — Paris, imprimerie Dubuisson et Cⁱᵉ, 6 vol. in-8, demi-rel.

8. **Revue pittoresque,** dirigée par Ed. CHARTON. 1833 à 1888, 55 vol. in-4, demi-rel.

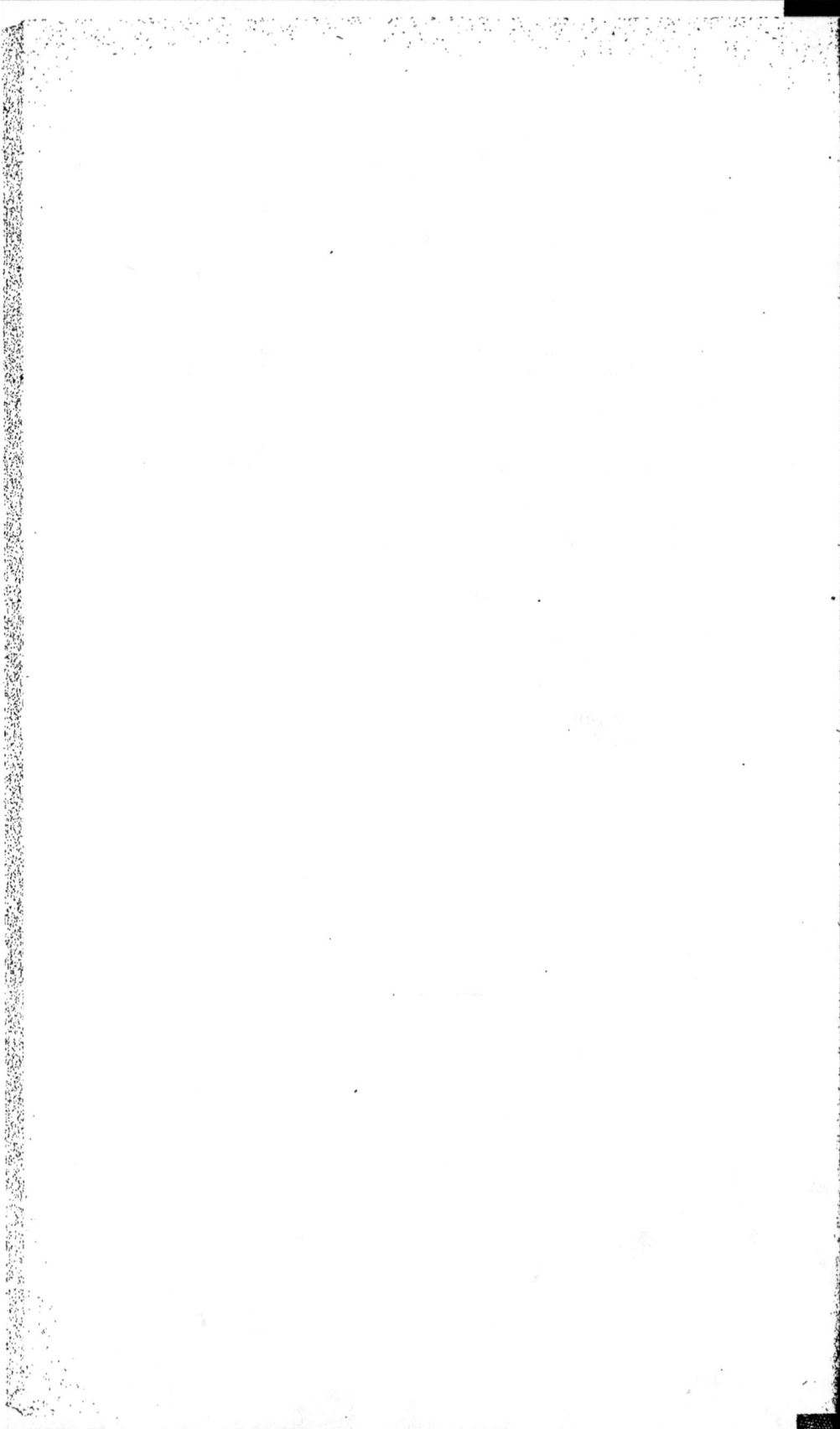

ADDITIONS

HISTOIRE *(Page 58).*

8 36. **Histoire des Découvertes,** par Barrow, trad. de l'anglais par Targe. — Paris, chez Saillant, 1766, 12 vol. in-8, veau.

837. **Histoire de la Révolution française,** par Carlyle, trad. de l'anglais par Élias Regnault, Odysse Barot et Jules Roche. — Paris, chez Germer Baillière et Cie, 1866-1867, 3 vol. in-18, br.

838. **Mémoires de Madame de Staël,** par le duc de Broglie et le baron de Stael. — Paris, chez Charpentier, 1862, 1 vol. in-18, br.

839. **Etudes philosophiques et littéraires,** par Vitet, avec notice de Guizot. — Paris, chez Michel Lévy frères, 1874. 1 vol. in-8.

840. **Victor Cousin,** par Jules Simon, 2e édit. avec portr. — Paris, chez Hachette et Cie, 1887. 1 vol. in-18, br.

841. **Histoire des Inquisitions,** avec grav. — Cologne, chez Pierre Marteau, 1759, 2 vol. in-8, veau.

842. **Histoire d'Angleterre,** par Macaulay, trad. par le vicomte de Peyronnet, 2e édit. — Paris, chez Garnier frères, 1875, 7 vol. in-8, demi-rel.

843. **Annuaire du Haut-Rhin pour 1812.** — Colmar, chez Decker, 1 vol.

Annuaire pour 1846, par Lieblin. — Guebwiller, chez Bruckert, 1 vol. br.

844. **Annuaire encyclopédique pour 1865-66.** — Paris, au Bureau de l'Encyclopédie du XIXe siècle, 1866, 1 vol. in-8, cart.

845. **Annuaire de la Haute-Marne,** par le baron Jerphanion. — Chaumont, chez Ve Bouchart, 1811, 1 vol. in-8, br.

846. **Quelques Points des Sciences de l'antiquité,** par B. Julien. — Paris, chez Hachette et Cie, 1884, 1 vol. in-8, br.

847. **Mémoires pour servir à l'Histoire de mon temps,** par GUIZOT. — Paris, chez Calmann Lévy, 1872, 8 vol. in-8, br.

848. **Les Blessés et les Invalides,** par le comte DE RIENCOURT. Paris, chez Dumaine, 2 vol. in-8, br.

849. **Origines de la France contemporaine,** par TAINE, 14ᵉ édit. — Paris, chez Hachette et Cⁱᵉ, 1881, 2 vol. in-8, br.

850. **L'ancien Régime et la Révolution,** par Alexis DE TOC-QUEVILLE, 6ᵉ édit. — Paris, chez Calmann Lévy, 1877, 1 vol. in-8, br.

851. **Souvenirs diplomatiques, l'Allemagne et l'Italie,** par G. ROTHAN. — Paris, 2 vol. in-18, br.

852. **Souvenirs diplomatiques, la France et sa politique extérieure,** par G. ROTHAN. — Paris, chez Calmann Lévy, 1887, 2 vol. in-18, br.

853. **Madame de Miramion, sa vie, ses œuvres,** par le comte BONNEAU-AVENANT, avec portr. — Paris, chez Didier et Cⁱᵉ, 1882, 1 vol. in-18, br.

854. **Thiers, Guizot, Rémusat,** par Jules SIMON, 2ᵉ édit. — Paris, chez Calmann Lévy, 1885, 1 vol. in-8, br.

855. **Victor Cousin et son œuvre,** par Jules JANET. — Paris, chez Calmann Lévy, 1885, 1 vol. in-8, br.

856. **Histoire du Gouvernement parlementaire,** avec introduction de DUVERGIER DE HAURANNE. — Paris, chez Michel Lévy frères, 1874, 10 vol. in-8, br.

857. **Le Commandant Gusman,** par le colonel DUMAS, 2ᵉ édit. Paris, chez E. Plon, Nourrit et Cⁱᵉ, 1 vol. in-8, br.

858. **Carte de l'Alsace ancienne,** dessinée par LEROI. — Paris, 1639, 1 fol.

859. **Les Eglises de Belfort,** par J. LIBLIN, 2ᵉ édit. — Belfort, chez Paul Pélot, 1882, 1 vol. in-12, br.

SCIENCES *(Page 88)*.

444. **Dispensatorium,** auct. Valerio Cordo. — Lugduni, apud Theob. Paganum, 1549. 1 vol. in-18, veau.

445. **Le Manuel du Chasseur,** par un ancien Canonnier. — Paris, chez Roret, 1825. 1 vol. in-18.

446. **Lexicon medicum græco-latinum,** a Bartholomeo Castella. — Roterodami, apud Arnoldum Leers, 1657. 1 vol. in-12, veau.

447. **Les Chevaux du Sahara,** par le général Daumas. — Paris, chez Calmann Lévy. 1881. 1 vol. in-18, br.

448. **Catalogue des Plantes de France, de Suisse et de Belgique,** par E.-G. Camus. — Paris, chez Paul Dupont, 1888, 1 vol. in-8, cart.

449. **Nouvelle Flore,** par G. Bonnier et G. de Layens, avec fig. — Paris, chez Paul Dupont, 1887, 1 vol. in-12, cart.

461. **Athanasii Kircheri Scrutinium physico-medicum.** — Lipsiæ, Sungptibus Nœred. Schurenianor et Jos. Fritzschii, 1671, 1 vol. in-4, parch.

462. **Guide du Géologue en Lorraine,** par G. Bleicher, avec planches. — Paris, chez Berger-Levrault, 1888, 1 vol. in-12, br.

463. **Les Manœuvres de la Cavalerie,** grav. in-fol., dess. de van Blaremberger, gravées par divers artistes, 1775, cart.

464. **Description géologique et minéralogique du Territoire de Belfort,** par L. Parisot, avec planches. — Belfort, chez Pélot, imp., 1877, 1 vol. in-8, br. 2 exempl.

465. **Notice sur la Flore des environs de Belfort,** par L. Parisot et L. Pourchot. — Belfort, chez Spitzmuller, imp., 1883, 1 br. in-8, 3 exempl.

PHILOSOPHIE, THÉOLOGIE, PÉDAGOGIE

(Page 118).

468. **Dictionnaire français,** par LITTRÉ. — Paris, chez Hachette et Cie, 1873, 5 vol. in-fol., demi-rel.

469. **Du Vrai, du Beau, du Bien,** par V. Cousin, 16e édit. — Paris, chez Didier et Cie, 1872, 1 vol. in-12, demi-rel.

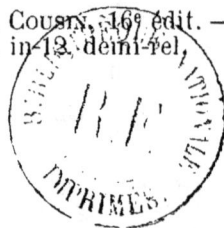

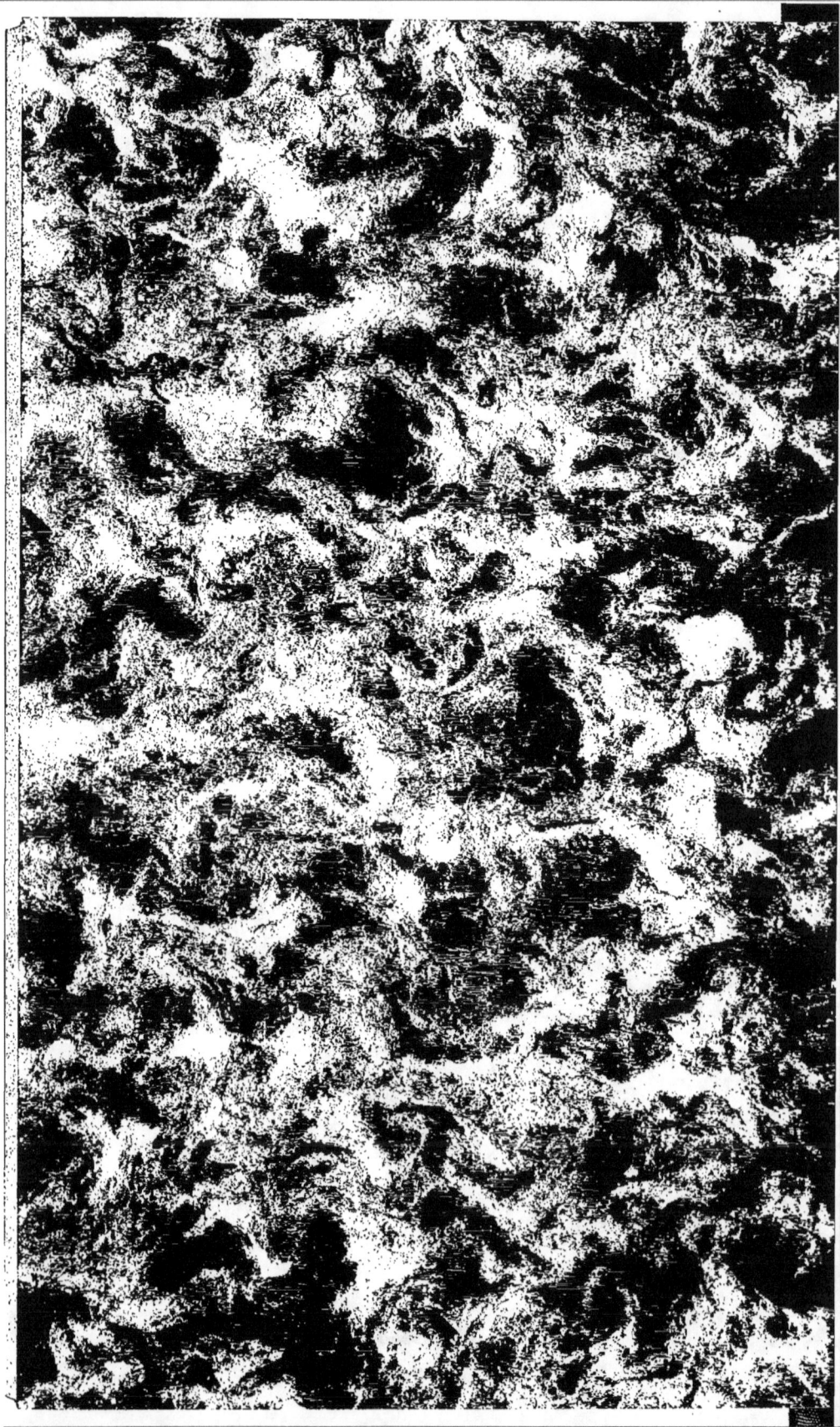